间架与当代德育

《大学》

孙迎光 李瑞瑞 著

上海三联书店

内容提要

　　本书探讨儒家经典著作《大学》间架的修身价值，解析间架的结构，分析《大学》的解读方法。《大学》提出了一个治国安邦、经世济民的间架，它是儒家理想与实践的中介，是通向修身世界的桥梁。它以止于至善为总目标，以明明德和亲民为分目标，以格物、致知、诚意、正心、修身、齐家、治国、平天下为子目标，形成了一个以修身为本、纲目结合、修己安人的目标网络。间架作为儒家修身的完整价值系统，它有纵向深入和横向扩展两个相互作用、相互影响的维度。《大学》的修身过程既是一个由近及远、由易而难的升华过程，又是一个逐步展开、环环相扣的相融过程。间架使修身按最低层次、中间层次、最高层次的秩序分阶段、双向互动地加以实施。《大学》的子目标是实现分目标的步骤，分目标是完成总目标的方略。它通过知与行达到至善，不仅使德育成为知、情、信、意、行的过程，而且深化了"行"这一环节，使"行"与家、国、天下联系起来。本书将《大学》间架作为诠释目标，着眼于三纲领、八条目的伦理内涵与内在逻辑，通过"间架"的结构去把握"大学之道"的意蕴，开显间架的当代意义。

　　当代德育借鉴《大学》间架，设立德育目标树。德育目标树为德育提供了一个规范性的"间架"，它规定了德育行为应当具有什么样的性质并且应当如何进行，它为德育实践提供了规范标准和行动准则，让德育实践成为一种具有价值意义的行动，使修身行为由被动走向主动、由自在走向自为、由自发走向自觉。本书主旨在于以马克思主义为指导，分析《大学》间架，建构身、家、国、天下的当代德育目标体系，寻找间架与当代人格塑造的契合之处，吸取《大学》间架人才培养模式的精华，构建当代德育模式。

关键词：《大学》　间架　德育　目标树　修身

目 录

绪 论

在儒家文化这片土地上，只有通过"大学之道"才能成圣成贤。儒家修身的世界是通过《大学》间架而展开的。"奥古斯丁问道：谁能揭开这个疑案？谁能了解真相？答曰：主，我正在探索，在我身内探索：我自身成为我辛勤耕耘的田地。"[1]《大学》的人生探索也是这样，它使我自身成为自我辛勤耕耘的田地，所谓"壹是皆以修身为本"。《大学》的修身是在一套特定的框架作用下的实践，是按照三纲领、八条目来进行的实践活动，间架使修身者走上了合规范的修身之路，它体现了中华民族对德育理解的独特形式。本书不停留于祖述孔子与《大学》思想，而是分析大学之道的意蕴，从当代德育思考《大学》间架的价值与意义。

研究背景：

2016年习近平在全国高校思想政治工作会议的讲话中指出："我国有独特的历史、独特的文化、独特的国情，决定了我国必须走自己的高等教育发展道路，扎实办好中国特色社会主义高校。"[2] 办好中国特色社会主义学校需要继承中国优秀传统文化。

孔子的理想人格是君子。《论语·宪问》记载：子路问君子。子曰："修己以敬。"曰："如斯而已乎？"曰："修己以安人。"曰："如斯而已

1　海德格尔. 存在与时间 [M]. 北京：生活·读书·新知三联书店，1987：55.

2　习近平在全国高校思想政治工作会议上强调：把思想政治工作贯穿教育教学全过程开创我国高等教育事业发展新局面 [N]. 人民日报，2016-12-09.

乎?"曰:"修己以安百姓。修己以安百姓,尧舜其犹病诸?"子路一连三问,孔子的回答越来越深入,展现了君子的修炼格局。"修己以安百姓"是尧舜都无法做到的事情,是孔子仁爱的最高境界。"子路问君子"是"大哉问",这是破天荒之问与终极之问,它成为儒家修身的主导性问题,此后沿着此一追问不断生成孟子、荀子、朱熹、王阳明等等新的追问与解答。这一追问与解答又以变化了的形式出现在今天的德育之中,它体现为"培养什么样的人""如何培养人""为谁培养人"。海德格尔说:"唯伟大的开创才有伟大的事业。伟大事业的开创从来是至为伟大的。"[1] 今天,实现中国梦的伟大创举需要培养担当民族复兴大任的时代新人,这决定了当代德育要与"大哉问"精准对接,《大学》间架与当代德育有着"一脉相引"的圣学真血脉。《大学》是按照子路设问与孔子的回答来进行的:

修己以敬——格物、致知、诚意、正心

修己以安人——齐家(安身边的人)

修己以安百姓——治国、平天下

当代德育传承"大学之道",通过修己安人、明德亲民,培养德智体美全面发展的社会主义建设者与接班人,使"大哉问"与教育"根本问题"融合是本书的写作宗旨。

理论意义:

首先,从目标树上解读《大学》间架,开启《大学》德育传承的新视角。

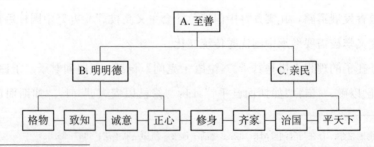

1　陈嘉映. 海德格尔哲学概论 [M]. 北京:生活·读书·新知三联书店,1995:43.

　　从目标树上看，《大学》的总目标是止于至善，分目标是明明德与亲民，子目标是格物、致知、诚意、正心（归属于明明德分目标）、修身、齐家、治国、平天下（归属于亲民分目标）。止于至善 A 包含明明德 B 和亲民 C，B 和 C 又以展开的方式（B 包含格致诚正，C 包含齐治平）被包含于 A 之中，B 与 C 沿着展开的道路充实着 A。八条目有纵向深入（格物、致知、诚意、正心的内心修养——向里用力）和横向扩展（齐家、治国、平天下的修身范围不断扩大——向外用力）两个相互作用的维度。《大学》修身是纵向深入和横向拓展同时进行的过程，它既是一个由近及远、由易而难的升华过程，又是一个层层落实修身目标的过程。本书通过目标树分析法揭示《大学》的修身是在一套特定的框架作用下的实践，是按照三纲领、八条目来进行的实践活动，间架使修身者走上了合规范的修身之路。《大学》自上而下，将作为总目标的至善逐级展开，产生了一个以修身为本、纲目交融、修己安人的目标网络。本书将传统文化视为土壤，至善视为树根，明明德与亲民视为树干，八条目视为树枝。从整体上描绘了修身的目标树，使无法直观的东西变得可见，使抽象的三纲领、八条目变成了形象的树结构。在这方面，目前学界缺少系统的研究。这一解读，从理论上开启《大学》德育传承的新视角。

　　其次，将"大学之道"融入德育，确立新时代德育间架。习近平指出："对历史文化，要注重发掘和利用，溯到源、找到根、寻到魂"[1]，这一思想指导我们向一种本源性的研究领域推进。今天的具有德育意蕴的大学精神可以追溯到"大学之道"，大学精神的实质是修己安人。本书分析在德育中如何传承"大学之道"，培养学生的明德亲民、经世济民的家、国、天下情怀，在新时代如何让学生实践"大学之道"。将《大学》间架创造性改造，形成今天的德育间架，使《大学》间架与德

---

[1]　引自赵世超. 以文化人，以史资政——学习习近平总书记关于黄帝陵指示的体会，载陕西省公祭黄帝陵工作委员会办公室编："文以载道·文以化人"清明黄帝文化学术交流会论文选集 [C]. 西安：陕西人民出版社，2015：10-11.

育相互融合，让"大学之道"在今天焕发出新的生命活力，成为培养担当民族复兴大任的时代新人的大道。

实践价值：

首先，有助于提升教育者的素质。《大学》提出"上老老而民兴孝，上长长而民兴弟，上恤孤而民不倍"，提倡教育者的以身作则。它说："君子有诸己而后求人，无诸己而后非诸人。"自己有优秀品德，才能要求别人有优秀品德；自己没有不良品行，才能批评别人的不良品行。倡导"大学之道"，分析《大学》中"絜矩之道"的当代意义，有助于教育者在教育实践中己正正人，己立立人，己达达人。

其次，有助于提升学生的素质。传承《大学》间架，在德育中提倡修身为本，将思想品德修养过程划分为道德意识（知、情、信、意）和道德行为（齐家、立业、治国、平天下）两个方面，深化行的诸环节，使行与"大学之道"的精神相契合，从而提升学生的自身素质。

研究目标：

研究目标是将《大学》间架与当代德育有机结合。本研究在两个方面从事着观念的生产：一方面，在马克思主义哲学和习近平新时代中国特色社会主义思想指导下，依据管理学的目标树和哲学解释学方法来诠释《大学》意蕴。通过对《大学》的诠释，在学术界为《大学》文本的理解增添新的观点。如康德所说："理解话语首先做到和作者理解得一样好，然后做到比作者理解得更好。"[1] 这一"理解得更好"是一种理想的解释学目标，它是永无止境的任务，就像《大学》的"止于至善"，是一个不断深入的无限过程。尽管达不到这一目标，努力做到"理解得更好"是值得追求的学术目标。《大学》间架既是有着内在理路的独立结构，又是开放的文本。本书将《大学》间架作为诠释目标，考察三纲领、八条目的内涵与内在逻辑，通过对"间架"结构的诠释去把握"大学之道"的意蕴。

1　让·格朗丹. 哲学解释学导论 [M]. 北京：商务印书馆，2009：120.

　　另一方面，将《大学》间架与当代德育有机结合，古为今用，通过传承性的探讨去增加对《大学》当代意义与应用价值的新见解。这一结合不断地引领研究步伐，它拟定了研究的任务是《大学》间架的创造性地古为今用，划定了研究的问题域是从当代德育的视角分析如何创造性地古为今用，而"今用"处于问题的中心地位。解读《大学》并非只是为了把握其语言构建的意义空间，而是使其渗透进当下的生活世界。研究领域的开掘是《大学》间架及其当代意义，这成为课题领域之规定与限定。

　　为了不盲目地、随意地抛出问题，使问题成为探索性的、依据事实本身而得到探询的问题，本书研究的问题不是借用过来的问题（照搬照抄西方的现代性理论，简单地将它们移植到中国本土。用西方社会中的现代性问题追问《大学》间架能否、如何发生所谓的"现代化转化"）；不是已经隐蔽着某个特定答案中的问题（例如，机械地运用一分为二的辩证法，追问如何继承中国传统文化。这本身已经隐藏着取其精华、去其糟粕的现成答案。这种问题由于过于简单且有现成答案，在学术研究中它就成为伪问题）；不是对某个不可如此追问的事物提出追问的问题（如，提出作为教育史中德育学"萌芽"的《大学》间架如何实现现代性转化？因为《大学》及中国古代德育思想有其自身的特色，它们不是作为德育学"萌芽"——这是写中国德育史的一些学者所津津乐道的——而存在的）；更不是日常闲谈中疑问句式的陈词（因为这种疑问只是问问而已，并非真正的学术问题）。做出这些限定可以防止研究变成无意义的空洞言说。借用过来的问题、伪问题、不可如此追问的问题、日常闲谈中疑问句式的问题遮蔽和阻断了对真正问题的探讨，只会产生平庸的解释和专断的发挥。《大学》间架与当代德育探讨的道路并非是一马平川的坦途。本书探究两者之间的融通性，既深入其里（阐释间架结构）又超乎其外（联系当代，探究间架的现代性转化），在文本的入与出之间几经循环往复，本书的创新性的理解（将《大学》间架与德育模式结合起来）之实现（使新的认识付诸言辞）需要艰苦探索。

总体框架：

研究节点：《大学》间架由三纲领、八条目的纲与目的节点组成，三纲领表示修身所欲达到的某种境界，八条目表示修身的具体操作环节。一方面节点与节点之间彼此有差异，具有一定的独立性；另一方面，节点与节点之间具有一定的关联性。好像盖房子，节点是大学之道最小的义理单元，是构成大学之道的脚手架。这些节点不反映、指代个别对象，而是脱离了个别的、具体的对象的一般义理范畴，是对修身实践的总结与概括。恰如列宁所说："当思维从具体的东西上升到抽象的东西时，它不是离开……真理，而是接近真理。物质的抽象，自然规律的抽象，价值的抽象及其他等等，一句话，那一切科学的（正确的、郑重的、不是荒唐的）抽象，都更深刻、更正确、更完全地反映着自然。"[1]《大学》的节点就是列宁所说的"价值的抽象"，它们有着一定的区别和先后次序，在一定程度上更深刻、更正确、更完全地揭示了修身的真义。在朱熹看来，掌握大学之道需要"节节用工"，就是一个节点一个节点地实践。不能将三纲领、八条目仅仅作为知识点，因为节点的掌握不只是教育心理学意义上的符号学习。节点是关于修身义理的思考，而不是单纯的知识。理论研究要对每一纲与目的节点进行阐释，找出其核心意义。只有抓住了核心意义，才能探究节点之间联系的规律，进而掌握"大学之道"的基本义理。

研究中枢：找到《大学》三纲领、八条目节点之间的联系，一级节点至善为总纲，所谓纲举目张，其他的节点都是在一级节点的基础上逐步、逐级展开。《大学》由一级节点（止于至善）扩展到二级节点（明明德与亲民），由二级节点扩展到三级节点（八条目），形成按层次组织起来的"诸多类属者"（即节点）。节点之间有横向的联系与纵向的包含。从一级节点过渡到二级节点、再到三级节点表明了节点之间的上下级的包含关系。整个节点联系方式是一个修身系统，它们之间有纵向与

1　列宁. 列宁全集（第38卷）[M]. 北京：人民出版社，1959：181.

横向的层级联系与逻辑关系。在建立当代德育节点图时，借鉴《大学》的节点图式，能使当代德育运行机制直观、形象地展示出来。

孔子的君子具有修己安人的积极入世情怀，它是"大学之道"思想的源头，《大学》的三纲领、八条目围绕修己安人展开。本书所描绘的当代德育节点图贯穿"大学之道"，根据新时代的德育目标与要求，形成具有时代特色的层次结构图与修身行为策略。

研究范围：从《大学》的节点图式到当代德育节点图式。将《大学》间架创造性改造，形成当代德育的间架，使《大学》间架与当代德育相互融合、相互渗透。

研究边界：研究边界影响着研究目标、研究方法的确定。边界的划定与定位有助于研究的明晰性与合理性，实现研究边界、研究目标和研究方法的高度统一，使所有努力都集中在《大学》间架的当代传承之上。开掘《大学》间架及其当代意义，这成为课题领域之规定与限定。研究框架是建构一个点、线、面的结构框架图，结构框架图展示节点之间的区别与联系，促进教育活动系统化。

创新之处：

第一，区分了物的塑造与人的塑造，打破了传统德育对方法与目标关系的理解。在物的塑造中方法与目标是分离的，被塑造的客体独立于方法，当目标达成后方法就失去了作用。在人的塑造中方法与目标是融为一体的，《大学》的目标是止于至善，这个目标并非先于方法，并独立地对应方法，方法即目标，止于至善的目标存在于方法（八条目）的结构之中。方法既是潜在的目标（八条目的实施过程就是修身目标的逐渐实现过程），又是展开的目标（达到了八条目即彻底地展开了并实现了止于至善的目标）。通过对《大学》的三纲八目的分析，打破了传统德育对方法与目标关系的理解。方法（八条目）就是目标（止于至善），如果将八条目当成过河的桥梁与船只，永远达不到止于至善的目标。方法不是一个纯粹的技术理性意义下的手段。

《大学》的"絜矩之道"传承了孔子的忠恕之道，其方法为将心比心，以己度人。本书把"絜矩之道"的体验方法视为儒家教育达成的目标（仁爱），而不是达到目标的手段，仁爱之心就是"絜矩之道"。方法在实现目标的过程中内化为受教育者的素质。本书打破对方法与目标二元分立的理解方式。通过对《大学》间架的诠释，展示了对德育方法的新的理解。

第二，在新时代，依据目标树方法分析《大学》间架，建构身、家、国、天下的当代德育目标体系。《大学》间架表现在三纲领、八条目之中，本书寻找间架与今天人格塑造的契合之处，吸取《大学》间架人才培养模式的精华，构建当代德育模式。荀子说："君子之学也，以美其身。"[1]《大学》就是以美其身的君子之学。《大学》引《诗经》中的"如切如磋，如琢如磨"来形容人生修养，这是比德的诗性修养，它形容制作美玉，《大学》就是要把人生打造成一件美玉一样的艺术品。当代德育借鉴《大学》间架，"如切如磋，如琢如磨"，培养学生经世济民的精神，以天下为己任的情怀，以美大学生之"身"，形成现代人格修养间架。在德育中尚没有专题化的以大学之道为支撑的系统分析当代修身间架的理论，从《大学》三纲领、八条目的间架角度探讨德育模式，在一定程度上填补《大学》修身理想模式与今天培养模式相结合的研究方面的空白。

第三，将社会主义核心价值观教育与"大学之道"结合起来。社会主义核心价值观有个体、社会和国家三个层面，说明了建设什么样的国家、什么样的社会及培育什么样的公民的问题。《大学》有修身、齐家、治国三个层面，回答了如何治国、如何齐家、如何修身的问题。虽然今天的社会不同于过去的家族社会，但都在个体与国家之间设置了一个环节：《大学》通过齐家实现一个仁、敬、孝、慈、信的社会，社会主义核心价值观要实现自由、平等、公正、法治的社会。由于社会结构不同，环节也有所不同，内容有差异，但仁、敬、孝、慈、信的传统精神

1　荀子·劝学.

对于实现自由、平等、公正、法制的社会有积极的促进作用。在此之上它们都有治国。社会主义核心价值观把国家、社会、公民三个层面的价值要求融为一体，大学之道把修身、齐家、治国打成一片。《大学》最后要达到平天下境界，社会主义核心价值观以马克思主义理论为指导，最终是要实现共产主义社会，这是新的平天下的境界。因此，弘扬社会主义核心价值观要吸取《大学》的优秀文化因素。社会主义核心价值观，要具有实践性和操作性，就必然有修身、齐家、治国、平天下的步骤，使社会主义核心价值观的培育扎根于中国优秀传统文化的丰厚土壤，推动传统文化的创造性转化，有助于增强文化自信、价值观自信。

研究思路：

研究思路为整—分—合的探索路线。马克思指出："完整的表象蒸发为抽象的规定……抽象的规定在思维行程中导致具体的再现。"[1] 认识是一个整（完整的表象）——分（抽象的规定）——合（思维具体）的过程。本书依据马克思的辩证认识路线，首先从整体上认识《大学》，对其有一个初步的、粗浅的、完整的认识。虽然这种认识不是处于感性的完整表象阶段，但由于对《大学》的认识是笼统的、完整的，所以处于"整"的阶段，是"完整的表现"（不是表象）阶段。其次，对《大学》的三纲领、八条目进行具体分析，对《大学》这一整体的每一部分分别进行认识，处于"抽象的规定"阶段，即本书对格物、致知、诚意、正心、修身、齐家、治国、平天下——解析，这种认识处于"分"的阶段。分析结束后，将《大学》与当代德育相结合，将对《大学》的"分"的认识综合起来，形成当代德育修身间架，达到"合"（综合成整体性认识）的阶段。整—分—合的探讨思路符合马克思的认识路线。这一探索路线与《大学》的叙述不谋而合。《大学》开篇先叙述三纲领和八条目。《大学》说："大学之道，在明明德，在亲民，在止于至善。"

1　马克思、恩格斯. 马克思恩格斯文集（第8卷）[M]. 北京：人民出版社，2009：25.

此为"三纲领"。《大学》又说："古之欲明明德于天下者，先治其国；欲治其国者，先齐其家；欲齐其家者，先修其身；欲修其身者，先正其心；欲正其心者，先诚其意；欲诚其意者，先致其知；致知在格物。"此为"八条目"。这里，将三纲领、八条目全部呈现出来，让人对"大学之道"有一整体的初步的印象，然后再分别解析一个个条目。例如，解析诚意："所谓诚其意者，毋自欺也，如恶恶嗅，如好好色。"这里，处于对《大学》的"分"的认识。《大学》在最后一章阐述了平天下在治其国的道理，提倡"絜矩之道"，提出"德者本也"、"以义为利"等等重要思想，丰富了儒家思想。然而，《大学》没有上升到"合"的阶段。论文通过批判继承，上升到"合"的阶段。整—分—合的探索路线与《大学》的叙述路线有相同之处，这一探索路线可以丰富对《大学》的认识。

研究重点：

从空间上看《大学》间架具有内在的（格物、致知、诚意、正心）道德意识修养和外在的（齐家、治国、平天下）道德实践修养两个维度；从时间上看，《大学》间架传承文武之道、孔孟之道，开启后来儒家修身思想（代表人物如朱熹、王阳明），影响着今天的教育和未来的教育，有过去、现在与未来三个时段。本书重点是从空间与时间的不同维度上探讨儒家君子与德智体美劳全面发展的社会主义建设者和接班人培养方式的异同，探讨从传统的人的依赖阶段的人的培养方式到从以人的依赖和以物的依赖向自由个性发展的社会转变（社会主义初级阶段）中人的培养方式的异同；在历史转变为世界历史的经济全球化状态下，思考如何借鉴《大学》间架，使德育在新时代中国特色社会主义教育实践中修己安人，探讨当今的修身、齐家、治国、平天下的新内涵，使"大学之道"与社会主义核心价值观相融合，依据《大学》间架，探讨新时代的人格培育间架。

研究方法：

1. 马克思总体性方法。在马克思看来，总体始终保持着对部分的优越性，部分因总体而有意义，部分"只能作为一个具体的、生动的既定整体的抽象的单方面的关系而存在。"[1] 孤立杂陈的事件、事实，如果脱离了总体就成为不可理解的。本书始终以马克思总体性方法为指导，将《大学》置于总体性视域之中，吸取《大学》间架精华，培养现代人格，其目的是激发起学生对"总体性的人"（自由全面发展意义上的人）的渴望，使学生"成为有责任并且愿意创造将来的人"[2]，培养学生具有曾子"任重而道远"的历史使命感，使他们继承中华优秀传统文化，具有"弘道"精神，把当下的历史阶段视为历史总体（马克思的人类社会发展的三大社会形态）中的一个环节，把个体修身的实践活动看作新时代中国特色社会主义建设的总体性实践活动而不是单独的个人实践活动，把眼前的学习与长远社会目标联系起来，使生活获得意义。马克思总体性方法兼容了宏观分析与微观考察，本书既有宏观分析，将《大学》放入历史长河的人的依赖阶段考察其德育思想产生的土壤和其历史价值，将其价值与新时代社会主义核心价值观结合起来，以过去、现在与未来的长时段历史视野探索《大学》古为今用的意义；又有微观考察，将古今结合的德育思想运用于当下、当代具体的德育生活情景之中。

2. 哲学解释学方法。解释是运用符号将事物的意义表达出来。《大学》为我们提供了关于修身的意义筹划的话语世界，这一文本的意义不能脱离读者而存在，只有理解与解释才能使凝固的文字变成富有生气的意义。借用加达默尔的话，《大学》的作品在阅读过程中完成，文本的意义在读者的理解中完成。解释学方法既关心文本的内容，又关心文本的运用；既有创造性解读，又不损伤文本的语意。今天，解释《大学》是根据当下人的存在（中国特色社会主义实践），按照自身的可能性（实现中国梦）去筹划自身。只有这样的解释，才能开启可能性，将格

1　马克思、恩格斯. 马克思恩格斯文集（第 8 卷）[M]. 北京：人民出版社，2009：25.
2　卢卡奇. 历史与阶级意识 [M]. 杜章智、任立燕、宏远译. 北京：商务印书馆，1992：147.

物、致知、诚意、正心、修身、齐家、治国、平天下创造性地转化，使它们具有新时代的内涵。基于当下人的生存可能性的自我筹划的解释，使古老的《大学》不断增生着新的意义关联（新时代中国特色社会主义的文化关联）。理解不仅是解释意义而且是自我筹划。在筹划意义上，理解是一种超越，解释是一种创造。它既不同于文本中心主义意义上的"传统解释学"，理解不是单纯的复制活动，不是完全回归与寻找作者的本意；又不同于"接受解释学"的过度诠释，天马行空、无拘无束、随心所欲地借助古人的话语表达自己的观点，将传统文化解释得面目全非。

3. 文献分析方法。通过文献中心馆藏资源及国内外较为全面、权威的各种电子资源，尽可能大量收集《大学》研究文献与德育理论文献，对文献进行梳理与分析，找出可借鉴的理论，为研究打下理论基础，在充分借鉴专家学者们的前期学术研究成果的基础上，为本书拓宽理论借鉴资源，寻找出适合当代德育的探讨路径。

第一章　《大学》间架的修身价值

习近平说："中国古代历来讲格物致知、诚意正心、修身齐家、治国平天下。"[1] 大学之道模铸了中国人人生修养之路，涵养了中国人深厚的家国情怀，使"中国人看待世界、看待社会、看待人生，有自己独特的价值体系。"[2]

"大学之道"的精义在间架。它是儒家立身之所，使修身行为从其所出并向之所归。间架既是解释道德世界的原则，又是道德实践的模型。它引导着世人进入具有儒家特色的修身领域。人一旦领会了它，就会在修身实践中展示着其意义。

《大学》间架不专属于某个人或某个阶层，每个人都可以掌握它、拥有它。这一间架使至善美德具有政治意义，修身、齐家与治国联系在一起，政治问题的解决需要道德实践。同时，它具有社会意义，修身最终指向平天下。下面分析《大学》间架修身价值。

一、为学纲目

《大学》作为儒家早期经典是《礼记》的一篇。在历史上，《礼记》

1　习近平. 青年要自觉践行社会主义核心价值观——在北京大学师生座谈会上的讲话 [M]. 北京：人民出版社，2014：5.

2　习近平. 在布鲁日欧洲学院的演讲 [N]. 人民日报，2014-04-02（02）.

是中国古代一部重要的典章制度书籍，《大学》出自《小戴礼记》的第四十二篇。朱熹指出"子程子曰：'大学，孔氏之遗书'。"[1] 他把《大学》分为十一章，以首章为经，"盖孔子之言，而曾子述之"[2]。以其余十章为传，"曾子之意而门人记之"[3]。这里"经"与"传"有区分。朱熹说："述，传旧而已。作，则创始也。故作非圣人不能，而述则贤者可及。"[4] 孔子是圣人，所说的为"经"，曾子是贤者，所说的为"传"。这与韦伯的说法相类似："不管在哪里都会发生两个现象：即'圣典'与'教义'……圣典包含了启示及神统，教义则是祭司对圣典意义的解说。"[5] "圣典"是原创性的东西，"教义"是对原创性东西的诠释。如果把"不管在哪里"放在中国，那么"圣典"是经，"教义"是传。在朱子看来，思想学说是有严格等级的，"经"与"传"具有"源"与"流"的关系。

《大学》有一个修身的规范性框架和意义纲领，它在历史上为人们所重视，首先得力于韩愈的推崇。韩愈著《原道》力排佛老，他不仅编排了一个从尧、舜、禹、汤、文、武、周公到孔子、孟子一脉相传的道统，而且为这个道统找到了一个可以与佛道经典相抗衡的儒家经典，这就是《礼记》中的《大学》。二程和朱熹等宋代理学家都非常推崇《大学》。

二程认为《大学》是"孔氏之遗书，而初学入德之门也。"[6] 在二程看来，研读《大学》就等于推开了儒家修身的大门，学问由此开始。2014 年 5 月 4 日习近平总书记到北京大学考察与师生座谈时，说了这样一段话："青年的价值取向决定了未来整个社会的价值取向，而青年正处在价值观形成和确立的时期，抓好这一时期的价值观养成十分重要。

---

1   朱熹. 四书章句集注 [M]. 北京：中华书局，1983：3.
2   朱熹. 四书章句集注 [M]. 北京：中华书局，1983：4.
3   朱熹. 四书章句集注 [M]. 北京：中华书局，1983：4.
4   朱熹. 四书章句集注 [M]. 北京：中华书局，1983：93.
5   马克斯·韦伯. 宗教社会学·宗教与世界 [M]. 桂林：广西师范大学出版社，2011：58-59.
6   朱熹. 四书章句集注 [M]. 北京：中华书局，1983：5.

这就像穿衣服扣扣子一样，如果第一粒扣子扣错了，剩余的扣子都会扣错。人生的扣子从一开始就要扣好。"[1] 初学入德之门与扣好第一粒扣子的隐喻精神相通，都涉及人生关键的第一课。古人的学问有先后次序，今天扣好人生的扣子也有先后次序。若想扣好人生的扣子必须关注"初学入德之门"，将第一粒扣子扣在《大学》"间架"上，使修身行为具有更基础、更广泛、更深厚的文化自信。

朱熹三十四岁开始为"四书"作集注与章句，去世前一天还在注《大学》。他说："我平生精力尽在此书，先须通此，方可读书。"[2] 他认为《大学》"义理无穷，心力有限，奈何奈何！唯需毕力钻研，死而后已耳。"[3]《大学》严格说来并不是书，但文本有着深厚的无穷尽的有待挖掘的意义。"四书"中的《大学》有一个突出的特色，就是有一套系统的修己安人的方法，这体现为朱熹说的"间架"。

朱熹指出，"大学"是相对于"小学"而言的。他说："三代之隆，其法寝备，然后王宫国都以及闾巷，莫不有学。人生八岁，则自王公之下，至于庶人之子弟，皆入小学，而教之以洒扫、应对、进退之节，礼乐、射御、书数之文。及其十有五年，则自天子之元子、众子，以至公、卿、大夫、元士之嫡子，与凡民之俊秀，皆入大学，而教之以穷理、正心、修己、治人之道。此又学校之教、大小之节所以分也。"[4] 8 至 14 岁进入小学，学习洒扫、应对、进退、礼乐、射御、书数。15 岁进入大学，学习穷理、正心、修己、治人之道。朱熹这种划分是根据自然年龄区分"小学"与"大学"。朱熹将时间性的"小学"与"大学"与空间性的王宫国都以及闾巷及超时间性的"理"联系起来，以解说"大学"，有一定道理。

但是，这存在着一个问题："大人之学"中的大人就成为一个年龄

1　习近平. 青年要自觉践行社会主义核心价值观——在北京大学师生座谈会上的讲话 [M]. 北京：人民出版社，2014：9.
2　黎靖德. 朱子语类 [M]. 王星贤点校. 北京：中华书局，1986：258.
3　朱熹. 晦庵文集（卷五九）《答余正叔》（四书备要）[M]. 北京：中华书局，1936：177.
4　朱熹. 四书章句集注 [M]. 北京：中华书局，1983：1.

的标识，它指 15 岁以上的人。然而，人不是一种自然存在，不能仅仅从生理年龄上理解《大学》中的大人，而应该从孟子的"大人"出发来理解大人。孟子说："从其大体为大人，从其小体为小人。"[1] 人心是大体，眼、耳等感觉器官是小体，它们能感知外物却不能思考。大人是从其大体的人，这种人不会牺牲大体，放纵于小体。

王阳明在给学生讲解《大学》时，一开始就将《大学》定义为大人之学，他说："大人者，以天地万物为一体也，其视天下犹一家，视中国犹一人焉。"[2] 大人"视人犹己，视国犹家，而以天地万物为一体。"[3] 王阳明在《传习录》中说："所以谓之圣，只论精一，不论多寡。"[4] 在王阳明看来，《大学》中的大人是追求"精一"的人。关于修身，他强调两点：一是成色足，以德为本；二是讲求"斤两"，分量重，尽显才干。

《大学》就是求大人之心，做大人之事。习近平说："修德，既要立意高远，又要立足平实。要立志报效祖国、服务人民，这是大德，养大德者方可成大业。"[5] 今天修德是养大德者、成大业，它与《大学》的大人所做之事相通。它们都有"新意"，《大学》让人做新民，当代德育让人做担当民族复兴大任的时代新人。

海德格尔说："此在在谈起它自己的时候也许总是说：我就是这个存在者；而偏偏它'不'是这个存在者的时候它说得最响。"[6] 这说明人对自身的理解是很困难的。理解自身要关注康德的人生四个问题："1）我能知道什么？2）我应当做什么？3）我可以希望什么？4）人是

1　孟子·告子上.

2　王守仁. 王阳明全集（下卷）[M]. 吴光、钱明、董平等编校. 上海：上海古籍出版社，1992：968.

3　王守仁. 王阳明全集（卷二）[M]. 上海：上海古籍出版社，2011：79.

4　王守仁. 王文成公全书 [M]. 王晓昕、赵平略、点校. 北京：中华书局，2015：82.

5　习近平. 青年要自觉践行社会主义核心价值观——在北京大学师生座谈会上的讲话 [M]. 北京：人民出版社，2014：10.

6　海德格尔. 存在与时间 [M]. 北京：生活·读书·新知三联书店，1987：142-143.

什么?"[1] 《大学》从儒家文化修养上思考了这四个问题:我能知道什么——知止。对于儒家来说,没有知止,修身的意义乃至人生意义都是闭锁的;我应当做什么——明明德与亲民,具体是实践八条目;我可以希望什么——成为大人,掌握大学之道;人是什么——人之为人在于修身与道德。

卢卡奇指出:"以处在自身历史再生产过程中的整个社会为一方,以在社会中从单纯的个人向个性发展着的人为另一方,构成了社会存在这个整体的两个极端。"[2] 社会存在具有相互作用的两极性:社会与个体,它们是共属一体的。朱熹认为《大学》是"为学纲目",是"修身治人底规模"。它展示了社会存在这个整体的两个极端:修身的个体与社会的平天下。它在人身上唤起了新的能力和需要(修、齐、治、平)。《大学》有高远终极的寥廓境界。《大学》间架使个体的道德修养走向越来越广阔的社会生活。在《大学》看来,人的发展没有预先规定的先验的界线,它是一个无限发展过程。

朱熹将《大学》的为学纲目称为间架,阐明了它在儒家经典中的位置,确定了对《大学》的根本理解。朱熹不再从礼仪上阐述《大学》,不再将它还原到《礼记》的文本结构与思想脉络中,从礼仪上对之进行挖掘,而是从《礼记》中将它抽出来,成为修身读本,让修身成为《大学》唯一主题。《大学》将内圣外王、修己安人作为自己追求的目标,大学之道就是圣贤"规模"。追根溯源,间架来自孔子的修己安人的"君子"。

孔子的理想人格是君子。韦伯指出:作为儒家君子,"他们没有事先确定下来的超验的伦理,没有超世的上帝的律令与现世之间的对峙;他们没有对彼岸目标的追求,也没有极恶的观念……根据我们的回忆,在中国从未出现过与'现世'的紧张对峙,因为从来没有一个超世的、提出伦理要求的上帝作过伦理的预言。"[3] 这种追求现世修身的君子人格

---

1 海德格尔. 现象学之基本问题 [M]. 上海:上海译文出版社,2008:9.
2 卢卡奇. 关于社会存在的本体论(下卷)[M]. 重庆:重庆出版社,1993:437-438.
3 马克斯·韦伯. 儒教与道教 [M]. 南京:江苏人民出版社,1997:195-196.

与追求西方彼岸目标的人格完全不同，它是积极入世的。

二、修身的选择标准

荀子说："水火有气而无生；草木有生而无知；禽兽有知而无义；人有气有生有知亦且有义，故最为天下贵也。"[1] 荀子将宇宙的进化过程揭示得具有等级性：无机物、植物、动物、人直至"义"。然而，人不是附加着无机物属性的具有道德的动物有机体。我们不会将人首先视为无机物，进而视为有机物，再将人视为无机物的属性、有机物的属性、心理的各种属性相加的一个综合体。

在海德格尔看来，生存是人的特殊存在方式。这在今天看来普通平常。然而，在哲学上，提出"此在生存"是海德格尔对人的理解的一大贡献。甚至，伟大的哲学家康德都将生存看作自然物的存在方式。对此，海德格尔说："物体决不生存，而是现成存在。相反，此在，我们自身，决不现成存在，而是生存。"[2] 他为人的存在提供了新观点，只有人才生存。此前"对于康德和经院派而言，生存是自然物的存在方式。"[3] 因此，海德格尔认为，人不是与房屋、树木、岩石比肩并列的"块然一物"。可以追问岩石、树木、马"是什么"，但不可以按照追问物的方式去追问人。人的存在就其本质来说是由生存规定的。"我们自身所是的存在者，此在，就其本身是根本不能以'这是什么？'这个问题来询问的。仅当我们问'它是谁'，才能接近这一存在者……［对该问题的］回答给出的不是一个事物，而是一个我、你、我们。"[4] 因为人生存，它对生存有一种领悟并对自身的存在有所作为。对人来说，存在或隐或显地是一个问题，这使人区别于物。对《大学》的解释是生存论上的，修身必

1　荀子·王制.
2　海德格尔. 现象学之基本问题 [M]. 上海：上海译文出版社，2008：33.
3　海德格尔. 现象学之基本问题 [M]. 上海：上海译文出版社，2008：32.
4　海德格尔. 现象学之基本问题 [M]. 上海：上海译文出版社，2008：157.

须在生存论上从人的存在方式得到说明。人的存在方式与其他任何存在者的存在方式不同，它在世，生存。人的所是必须通过它的生存来理解。

海德格尔说："唯独人才生存。岩石存在着，但它并不生存。树木存在着，但它并不生存。马存在着，但它并不生存。"[1] 岩石、树木、马并不生存，而人生存。岩石、树木、马不"能"存在，而人"能"存在。对人而言，"只要它活着，它就不断地以逾越出自身的方式'去生存'。"[2] 生存不是类似或高或矮的固定品质，不是人的一种属性，而是一种可能性，一种人的存在方式。人如何实现其可能性，它就如何存在。"对这种存在，我们可以这样说道：我是，这就是说，我能。"[3] 人从其可能性规定了其本质。这种可能性不是空洞的逻辑上的可能性，例如，罗马教皇可能去当国王；不是作为随机事件的或然性，例如，人攀登时可能跌落；不是物的可能性，例如，暴风雨可能来临。它是人的生存选择的可能性。人要将自我筹划到这种或那种可能性之中。从浅层次上说，生存选择的可能性是一种主观能动性或意志自由。从深层次上说，它是人的一种存在状态——去生存。只要人存在，就始终有"所能是"和"所将是"的东西悬临着，始终是其"尚未所是"的东西。因此，人始终是"能在"。"这个此在却不是此在本身，因为此在恰恰在超越自己之际有其本身。"[4] 超越自己之际就是"能在"。即使放弃了一切希望的人，仍然处于"能在"之中。人不是偶然地获得"能在"，而是以"能在"的方式生存。每一当下的行为与选择都与"能在"相关。在这个意义上说，人就是它自己的可能性。"能在"决定了人可能成为的不同方式。修身是"能在"的一种方式。人能成为什么源于人的选择自由的存在方式。选择不是人的一种属性，人已经投身于选择之中。人是

---

1 王庆节、张任之. 海德格尔：翻译、解释与理解 [M]. 北京：生活·读书·新知三联书店，2017：20.
2 王庆节、张任之. 海德格尔：翻译、解释与理解 [M]. 北京：生活·读书·新知三联书店，2017：19.
3 海德格尔. 时间概念史导论 [M]. 北京：商务印书馆，2009：415.
4 陈嘉映. 海德格尔哲学概论 [M]. 北京：生活·读书·新知三联书店，1995：181.

谁，取决于他选择做什么和如何做。

只有意识到人是一种能在，才能谈及修身问题。孟子关心成人问题，担心人变成非人。儒家的成人学说追求"内在于实践的利益"。麦金太尔指出："美德是一种获得性的人类品质，对它的拥有与践行使我们能够获得那些内在于实践的利益。"[1] 什么是内在于实践的利益？麦金太尔举例说明：为了鼓励小孩下棋，每下一次奖励五十美分的糖果，如果下赢了，还有五十美分的糖果。孩子为了糖果而下棋，随着时间的延续、经验的增长、技艺的成熟，孩子对下棋有了兴趣。糖果是外在于下棋实践的利益，而下棋中获得的乐趣、技艺的增长、棋文化的习得属于内在于下棋实践的利益。对于成人来说，从事某一类实践所获得的利益（满足、快乐体验等等）属于内在利益。由这一实践所获得的金钱、地位、名誉属于外在利益。内在利益的获得只存在于某一具体的、特殊的实践类型之中，外在利益的获得可以通过众多渠道。美德的实践属于内在利益，对它的拥有与践行使我们能够获得那些"内在于实践的利益"。助人为乐之乐，就属于美德实践的内在利益。孟子说："求则得之，舍则失之；是求有益于得也，求在我者也。求之有道，得之有命，是求无益于得也，求在外者也。"[2] 道德、良心是"求在我者也"，只要有决心去做，就必然得到。财富、地位是"求在外者也"，它的获得具有一定的偶然性。当然，不排除追寻美德会获得这些，所谓"邦有道"，可能"富且贵"。然而，孔子的"朝闻道，夕死可矣"[3]，就是追求美德的内在价值。孔子说："饭疏食，饮水，曲肱而枕之，乐亦在其中矣。"[4] 这就是追求内在利益的真实写照。外在利益（财富与地位）的获得具有个体性、竞争性，内在利益的获得具有促进共同体（如儒家文化共同体）实践发展的价值。如孔子、孟子追求美德，对中华民族有着深刻影响，使

1　麦金太尔. 追寻美德［M］. 宋继杰，译. 南京：译林出版社，2003：242.
2　孟子·尽心上.
3　论语·里仁.
4　论语·述而.

民族成为礼仪之邦。《大学》追求至善就是在追求内在利益，它培养出许多以家、国、天下为己任的君子。

从儒家文化上看，人有三种利益追求方式：一是追求道德实践的内在利益。二是追求道德实践的外在利益，却可能"挂榜修行"。明代洪应明针对当时作伪的"道学家"，曾有过这样一番嘲讽："口里圣贤，心中戈剑，劝人不劝己，名为挂榜修行。"[1] 三是追求与道德无关的、甚至是有违道德的纯粹的个人利益。孟子突出了一与三这两种方式。孟子让人追求人性的至善。《孟子》说："鸡鸣而起，孳孳为善者，舜之徒也；鸡鸣而起，孳孳为利者，跖之徒也。欲知舜与跖之分，无他，利与善之间也。"[2] 对于人的存在方式，孟子主要从烦忙于事的"孳孳为"上得以阐释，"鸡鸣而起"说的是每天的生存方式。这里，舜与跖具有明确特征的生存模式被推举出来，意在说明人可以以孳孳为善与孳孳为利的方式，采取选择做舜一类的人与做跖一类的人的途径来生存，从而实现自我的本质。孟子具有对人的能在的领会，在所有"孳孳为"的操心中，人最终都关系到他自己的存在和可能性。

孳孳为利者处于"放其心"的生存状态，这种人遁入功利性事物之中，他获得的东西越多，丧失的东西就越多。这种人像柏拉图的洞穴隐喻中的囚徒，"柏拉图在象征中正是将这些存在者、日常的事务描画为阴影，并因而暗示说，我们周围的存在者，我们如此投入地居持于其中的事事物物，不是唯一的东西或存在者真实所是——不是在其无蔽之中的存在者。"[3] 正如孟子所说的孳孳为利者处于"放其心"的生存状态，这种人遁入功利性事物之中，仿佛柏拉图的洞穴隐喻中的囚徒专注于洞壁上显示的影子。"放其心而不知求，哀哉！"本心为利益的东西所深深遮蔽，这种丧失对他来说是避而不见的。

1　参见老愚. 从"做人"两字说到真伪兼及孔子识人法 [J]. 新华文摘，1992 (12).

2　孟子·尽心上.

3　海德格尔. 论真理的本质——柏拉图的洞喻和《泰阿泰德》讲疏 [M]. 北京：华夏出版社，2008：47.

自我筹划是人的存在方式，人可以以"放其心"和"求其放心"的方式筹划自身。这是孟子向人呈现的两种可能性。这样，人就不是一个既定的物，它具有可能为善与可能为恶的存在方式。在道德上，自我不仅能够选择存在与否（舍生取义），而且能选择如何存在。选择做舜一类人的筹划过程就否定了做跖一类人的筹划过程，否定了其他的可能性。选择的现实化意味着选择的排他性，使其他选择在现实上变得不可能。在做舜一类人的筹划中可能性与现实性在某个时间地点上融合在一起，可能性变成现实性，此前的其他可能性变成了曾经的可能性。孟母三迁是一种向善的选择，使孟子受环境影响的其他可能性（使学为丧葬、嬉为贾人炫卖之事、学为买卖屠杀之事）变成了曾经的可能性。孟母三迁开启了孟子为善的境域。

孟子说："人之所以异于禽兽者几希，庶民去之，君子存之。"[1] 孟子不断变换措辞（"鸡鸣而起""放其心""求其放心"等等）就是展示这种可能性，人的存在的这种选择自由的基本特征被《孟子》反复说明。

间架"悬挂"于选择之上。海德格尔说："这个存在者可以在它的存在中'选择'自己本身、获得自己本身；它也可以失去自身，或者则说绝非获得自身而只是'貌似'获得自身。"[2] 在《大学》看来，按照三纲领、八条目来修身就是去实现君子的具体可能性，这取决于人何时何地如何做出选择。人生有三种可能性：一是选择《大学》间架赢获自身，二是背离间架失去自身，三是挂榜修行貌似赢获了自身。

筹划是人的自由存在的方式，海德格尔说：人"一向只是它所已经选择成的东西，亦即，它一向只是它在对其最本己存在能力的筹划中所领会成的东西。"[3] 选择与筹划决定着人生。人有选择能力，其能够对其存在方式进行选择并筹划，将人看作是开放的可能性。《大学》

---

1   孟子·离娄下.
2   海德格尔. 存在与时间 [M]. 北京：生活·读书·新知三联书店，1987：53.
3   海德格尔. 现象学之基本问题 [M]. 上海：上海译文出版社，2008：379.

能够提供正确的目标、架构与路径，为人进行选择和筹划提供依据，目标的设定正是尊重人的可能性的体现。选择与拒绝《大学》间架，所遭遇的事物具有不同的特征。前者使修身活动具有浓厚的儒家文化色彩，后者，例如，选择杨朱的"人人不损一毫，人人不利天下，天下治矣"的思想，格物、致知就失去了在间架中的位置，甚至就没有格物致知，一切"天下治"的认识与实践活动都与间架无关。在一定的历史境域中，在《大学》间架内遭遇的事物与放弃间架所遭遇的事物具有不同的特征，修身的选择展开了一个境域。在《大学》间架中，修身的目标、途径、方法等等都得以确定，间架使人走上了修身的道路。

《大学》间架以人的选择的可能性为依据。人的可能性高于现实性。例如，面对孟子幼年所处的现实的环境，孟母可以选择默认它，赞同它，忽略它，拒绝它等等，选择哪一种方式并不由环境这一现实状态机械地规定，而是孟母的自由抉择。人从可能性上理解自我，所以海德格尔认为：人"一直大于它的实际存在。"[1] 选择大学之道来修身就可能使人成圣成贤，超出现在的自我。八条目展示了修身的可能性。修身者选择了格物，后续的选择自然就是致知、诚意、正心……当下做的事情就是以前所做的事情的跟进，《大学》间架有计划地决定着人应当如何行动。它针对着人的何所来（天赋明德）、何所往（止于至善）、何所为（格物至天下），为修身者指路，成为行为的路标。

海德格尔说："教化是人的被塑造状态，源自于持之以恒地贯彻着'塑造过程'，在这个过程中，人在存在者之中通过自由的选择，为其自己的存在而接受塑造。"[2] 间架就是人的自由选择中的被塑造过程，它是一种教化过程。人出于选择而接受塑造。

1　迈克尔·英伍德. 海德格尔 [M]. 南京：译林出版社，2013：47.
2　海德格尔. 论真理的本质——柏拉图的洞喻和《泰阿泰德》讲疏 [M]. 北京：华夏出版社，2008：111.

三、 修身的实践指南

《大学》的运动方式有一个不断的自我提升的过程（体现为道德境界不断向止于至善提升）和自我扩充过程（体现为把自己融入家、国、天下，小我不断地进入大我）。这里既有量上的扩大，又有质上的提升。这种运动区别于机械运动，在机器的机械运动中，周而复始地循环，是这种运动中"静止不变"的要素，运动仅仅是重复。《大学》中的大人即使达到了圣人的境界，修身运动也不是不断地在某一水平线上的自我重复。止于至善是一个永无止境的方向性目标，它不是人生道路的终点站，而是生存路标。修身者永远在路上，它"永远不能在严格的意义上是其所能是，它事实上只是其尚未所是。"[1] 它永远不能与止于至善相重合。

八条目之间相互作用，不是纯粹的一条直线。然而，我们可以在思维上通过抽象，把八条目视为一条直线，其道德行为可以依照时间的绵延来验证。格物、致知是早期的学习行为，了解道德修养的知识。然而，一个初学者可能仅仅停留在这一层面，或许他的学习是为了取悦他人，或许他了解道德修养的知识后并不相信这种知识。如此，这种格物、致知最后不能成为《大学》八条目中的要素，这种学习行为在道德上没有绵延性。诚意、正心属于培养自律精神和磨炼意志阶段，这是中间学习行为，它的目的是使最近的学习行为（格物致知）得以巩固，使其绵延。若不成功，意志动摇，早期行为就不能转化成后期行为，道德修养没有绵延性。齐家、治国、平天下是后期学习行为，它使道德行为得以绵延。只有将最近的学习行为、中期学习行为和后期学习行为综合起来考察，才能看出修养者的道德修为。当修身者的行为指向平天下，就使儒家整个修养行为得以完整，张载的"为万世开太平"就体现了这

---

1   约瑟夫·科克尔曼斯. 海德格尔的《存在与时间》[M]. 北京：商务印书馆，1996：281.

种修养行为。这样，八条目是一个连续序列，后面的每一要素都包含着前面的要素。

八条目彰显了儒家修养的行为特征，使不同时代、不同地点的修身者体现为同一儒者风格。当然，一个真正的修身者的行为是在齐家、治国、平天下中格物、致知、诚意、正心，在格物、致知、诚意、正心中齐家、治国、平天下。然而，对于起步者来说，就仿佛一条直线，能否绵延取决于后面一步步扎实的修养。这就好比一本书有开头、中间和结尾，作者通过"写一个句子"，"完成一章"等等，最后"完成一本书稿"。在这个过程中，人随时可以放弃写作，使整个"句子"、"章"失去了作为书稿的意义。

《大学》修身不是直线式的趋向至善，而是一种整体在场的修为。《大学》修身的感知是一个完整的系统，在诚意、正心的感知中，有回溯式的历史记忆和面向未来的生活向往。记忆中的曾是、未来的想象与当下的感知整体在场。面向未来的修身聚合为复合行为：齐家、治国、平天下。所谓家齐而后国治、国治而后天下平，不是在齐家之后再去治国，治国之后再去平天下。齐家蕴含着治国、平天下，齐家包含着身、家、国、天下的意义域。在君子修身中，任何一目都有这种包含关系。

四、"求其放心"的生存蓝图

胡塞尔说："对于一种行为的——例如绘画、唱歌、骑马的——工艺论，我们首先会要求它指明，人们必须做什么，以便使有关的行为能正确地得以进行，例如，在绘画时必须如何握笔和用笔，在唱歌时必须如何用胸腔、嗓和嘴，在骑马时必须如何收缰、放缰和夹腿。"[1]《大学》是修身的工艺论，它规定了修身实践活动进程的方向和顺序，决定着修身

1　胡塞尔. 逻辑研究（第 1 卷）[M]. 上海：上海译文出版社，1994：23.

是否合乎儒家行为规范的标准，它是修身实践的最终根据，使修身在空间和时间上伸展。大学之道是规范性的道，使修身行为能正确地得以进行。

《大学》的间架是建立在性善论的基础之上的。人的所有规范行为都奠基于一种先天的善心，它是道德意义的源泉。《大学》对人的存在的领悟与孟子相同。孟子认为人性善，它具有先天性与普遍性。善心与生俱来，《孟子》说固有，它是先天的；《孟子》说皆有，它是普遍的。道德有先天根据（善心）和后天结果（为善实践）。孟子认为人有"求其放心"与"放其心"的选择自由。

孟子说："仁，人心也；义，人路也。舍其路而弗由，放其心而不知求，哀哉！人有鸡犬放而知求之，有放心而不知求？学问之道无他，求其放心而已矣。"[1] 孟子从对一个具体事情的理解（丢失鸡犬）引回到对人的生存状态的领悟。求其放心是对君子修身具有构成作用的道德行为。

仁之端潜在地蕴含着儒家仁爱的一切精神形态（君仁、臣敬、父慈、子孝、友信）。在道德价值链中，存在着一种单向度的奠基关系，君仁、臣敬、父慈、子孝、友信的道德规范奠基于仁爱情感之中，仁爱情感派生于仁之端中，仁之端生于先天的善性之中。这个发生顺序与奠基顺序是不可逆转的。从仁之端——仁爱情感——道德规范的发展有一个经验性的、时间性的发生顺序，它们有着单向度的可分离性：有仁之端没有扩充，没有出现仁爱情感；有仁爱情感，没有道德实践，尚不能很好地实施道德规范的行为。人的成长体现为：仁之端——扩而充之——浩然之气——所过者化、所存者神的"大人"。借用舍勒的话说：在这个道德价值链中"'爱者'处处都先行于'知者'。"[2] 舍勒说："爱首先推动认识，通过认识的中介才进而推动欲求和意愿。"[3] 这种说法适用于《大学》，仁爱推动着格物致知，进而推动着诚意、正心，进而进

1　孟子·告子上.
2　倪梁康. 胡塞尔与舍勒 [M]. 北京：商务印书馆，2018：34.
3　马克斯·舍勒. 爱的秩序 [M]. 北京：北京师范大学出版社，2017：163.

入到齐家、治国、平天下。

《孟子》为这种奠基关系提供了许多"证据"和"根据",如"孺子入井",在事物经验(井)、他人经验(孺子)和自我经验(恻隐之心)中体验出道德的先天具有性。借用舍勒的话,救人"这种意愿行为恰是一种先于意愿而出现并赋予意愿以方向和内涵的爱"。[1] "在人是思之在者或意愿之在者之前,他就已是爱之在者。"[2]

道德首先是被经验到的,然后才是通过论证加以说明的。它不是通过理性来直接把握的。如果人能够正确领会自身,那么他便知道自身具有"四端",所谓"恻隐之心,仁之端也;羞恶之心,义之端也;辞让之心,礼之端也;是非之心,智之端也。"[3] 端即萌芽。然而,善心并不能保证人有好的伦理生活,它并非具有现成事物滞留不去的属性,它可能丢失。他说:"无恻隐之心,非人也;无羞恶之心,非人也;无辞让之心,非人也;无是非之心,非人也。"[4] 萌芽丢失——无恻隐之心——非人。孟子为人本质上是什么的问题做出了决断。在孟子看来"求其放心"是人必须承担的一种生存方式,它要挽救人从其原本状态脱落过程,只有道德化的行为才是人的行为。恢复善心并扩而充之,才能真正成为人。

它产生了这样的问题:我可能不是我本真所是的那个自身。"求其放心"使人重新获得善心,回到那个本真的自身,即天生如此的自身。如果无法寻回自身,人就会以遗忘真正自身为特征的方式去生存。"求其放心"预示着修身既是一种回到过去已然如此的作为曾在的自身,又是一种将善心扩而充之成长为大丈夫所将是的自身。这是修身的本真含义。修身既是返回又是向前的运动。

刘蕺山说:"孟子性善之说本此,故曰:'平旦之气,其好恶与人相

1　马克斯·舍勒. 爱的秩序 [M]. 北京:北京师范大学出版社,2017:104.

2　马克斯·舍勒. 爱的秩序 [M]. 北京:北京师范大学出版社,2017:105.

3　孟子·公孙丑上.

4　孟子·公孙丑上.

近者几希。'此性善第一义也。《大学》之好恶，正指平旦之好恶而言。"[1] 孟子平旦之好恶就是《大学》诚意的好恶。孟子说："凡有四端于我者，知皆扩而充之矣。若火之始然，泉之始达。"[2] 通过修身的扩而充之行为可以让善充分地流溢出来。刘蕺山的"端的人心即圣贤，妙求泉达火初燃"就是这种求本心活动。无论是孳孳为利者还是孳孳为善者都有与生俱来的善心。人的本质可以从"求其放心"中"找到"，它可以从性善论上得以阐明。

"亚里士多德式的问题'善是如何产生以及从何而产生的？'这样的问题……我们将这类问题称为'伦理学的建基问题'。"[3]《大学》回答了道德从什么之中产生（四端、天命）和如何产生（扩而充之、三纲领与八条目）的问题。这是两个不同层次上的东西。

修身的逻辑起点只有在对选择自由的恰当阐明中才能获得。孳孳为利绽露为一种对"求其放心"的逃避，是一种症候性现象。孳孳为利者沉迷于利，利作为贯穿始终、奋力求得的东西与其不断照面，他从所忙碌的事物中领会自己。这种忙碌遮蔽了"放其心"状态，使功利心完全控制住了人的能在。孟子用"放其心"、"庶民去人"、"非人也"等词汇确定这种性质。人有鸡犬丢了都知道找回来，良心丢了却能无动于衷吗？只有"求其放心"才能实现其本真的存在。

孟子常常对人的存在的不同方式作区分，在《孟子》中，自我被设定为这样的存在者：或"孳孳为利"或"孳孳为善"。人的生存方式有两种状态："放其心"与"求其放心"状态。人对其自身存在的领会有两种方式：或"从其小体"或"从其大体"。人生道路有两条：或仁或不仁。所谓"道二，仁与不仁而已矣。"[4] 人处于这两大类非此即彼的存在

---

1 黄宗羲. 明儒学案（卷六二）[M]. 北京：中华书局，2008：1531.
2 孟子·公孙丑上.
3 张任之. 质料先天与人格生成——对舍勒现象学的质料价值伦理学的重构 [M]. 北京：商务印书馆，2014：36.
4 孟子·离娄上.

的可能性之中。这些可能性是每一个人的可能性，在可能性中选择并追求其中一种，就是人的生存。对人是什么的回答不能仅仅依据他实际做出了什么来判断，同时要依据他如何去存在来判断。在孟子看来，"求其放心"是每个人的责任。人或者规避责任或者承担责任。

承担责任是"求其放心"，它是从无穷无尽、形形色色的谋利的可能性中抽身而出，从烦忙事物的迷乱中将善良光明的德性找回来，让人成为后一类人。这种选择使人走出了善恶"歧路相疑之地"，摆脱了善恶胶着、选择迷茫的状态。这是孟子推举的人的生存方式的典型形式。人一开始处于哪种状态，孟子没有说明。但是，孟子揭示一种人生危机——不紧迫的紧迫。"不紧迫"是放其心者主观上没有紧迫寻找意识，有一种"心不在焉"的无动于衷的漠然态度；紧迫是客观上寻找很紧迫，比鸡犬丢了的寻找紧迫得多。它造成了越是不紧迫就越显紧迫的生存危机。"鸡鸣而起，孳孳为利者"处于逃避式晦蔽状态，它阻碍着人向"求其放心"的可能性上筹划。尽管他在一定程度上紧迫着并且一直紧迫着。然而，他越是紧迫地获利，就越是"心不在焉"，就越是需要紧迫地"求其放心"。孳孳为利隐藏了"放其心"状态。"鸡鸣而起，孳孳为善者"是一种紧迫的"求其放心"行为，它将逃循式的遮蔽彻底摧毁，他没有这种生存危机。《论语》有"子路有闻，未之能行，唯恐有闻"[1]、"学如不及，学犹恐失之"[2]，这些就有一种"孳孳为善者"的紧迫。

从"放其心"到"求其放心"再到找回本心，应当是一种正向发展过程，即找到本心是不会再"放其心"。否则，就不是真正的找到本心。在孟子看来人生面临着的最大危机——缺乏紧急性的寻找的危机，这种危机应当唤起一种即时的行动。当人选择了"求其放心"，这种精神焦点的重新定向，就使他处于孳孳为善的存在样式之中。人的存在方式就

1　论语·先进.

2　论语·泰伯.

展露为向着《大学》中的"大人"而存在。"求其放心"与《大学》的"明明德"相通。明明德是弘扬内心的善良光明的德性。儒家的学问就是求其放心、明明德。《大学》间架是"求其放心"的生存蓝图。只有在明明德中，孳孳为利的现象才变得清晰可见，人才决心"求其放心"。

《列子·说符》中的寓言故事"杨子之邻人亡羊"阐述了一种与之相反的观点。"杨子之邻人亡羊，既率其党，又请杨子之竖追之。杨子曰：'嘻！亡一羊，何追者之众？'邻人曰：'多歧路。'既反，问：'获羊乎？'曰：'亡之矣。'曰：'奚亡之？'曰：'歧路之中又有歧焉，吾不知所之，所以反也。'杨子戚然变容，不言者移时，不笑者竟日。门人怪之，请曰：'羊，贱畜；又非夫子之有，而损言笑者，何哉？'杨子不答，门人不获所命。弟子孟孙阳出，以告心都子。心都子他日与孟孙阳偕入，而问曰：'昔有昆弟三人，游齐鲁之间，同师而学，进仁义之道而归。其父曰：'仁义之道若何？'伯曰：'仁义使我爱身而后名。'仲曰：'仁义使我杀身成名。'叔曰：'仁义使我身名并全。'彼三术相反，而同出于儒。孰是孰非邪？'"[1] 杨子的思想与儒家思想相左，邻人亡羊与求其放心针锋相对，它告诉人们人生之路不止一条，而且是多"歧路"。"歧路"隐喻仁义之路。当兄弟三人学成归来，老大老二老三跟一个老师学习，却三术相反。依此类推，若不止三人，可能有五术、六术相异。兄弟三人所学之道似乎要解构了孔子的仁义之道。"爱身而后名"、"杀身成名"、"身名并全"，使仁义充满了歧义，人生道路充满歧路。这样，人很难求其放心了。

人是社会的人，具有由社会实践所造成的行为规范。德雷福斯指出了规范的重要性，他说："在西方，人们用刀和叉吃东西；在远东，人们用筷子吃东西。重要的是：在每一种文化中，都有用具规范，从而有做事的一种平均方式。必须有这样一种平均方式，因为如果没有，就不

1　列子·说符.

可能有用具整体……对于指引整体的功能来说，每一个人都必须（至少是在大多数时候）以通常的方式来吃东西。如果一些人用叉子吃，其他人用筷子吃，还有另外的人使用他们的右手，那么食物被切割的方式，以及人们在吃的时候是否得到一块面巾，是否有面包或米饭、盘子或碗等，都将无法得到确定，包纳在烹调和食用一餐饭之中的整个用具脉络也不可能存在。为了吃饭用具能够起作用，人们如何吃，什么时候吃，在哪里吃，吃什么和用什么吃，都必须是已经规定好了的。因而，用具的特有功能依赖于社会规范。实际上，规范规定着用具之存在的为了作，也规定着赋予用具以意蕴的为何之故。"[1] 如果没有规范用餐方式，吃饭方式五花八门，吃饭的用具脉络都消失了，恰如"歧路之中又有歧焉，吾不知所之"。这样，在吃饭问题上，整个社会就处于失范状态，不可能产生饮食文化。

德雷福斯指出："没有人就不会有规范，但是没有规范也不会有人。"[2] 这一思想与孟子相同。《孟子》说："离娄之明，公输子之巧，不以规矩，不能成方圆；师旷之聪，不以六律，不能正五音；尧舜之道，不以仁政，不能平治天下。"[3] 没有规矩，不成方圆；没有仁政，不能平治天下。早在《诗经·大雅·文王》中就有"天生蒸民，有物有则"。可见古人对规则的重视。孟子要杜绝"歧路之中又有歧"的人生状态。孟子说："上无道揆也，下无法守也；朝不信道，工不信度；君子犯义，小人犯刑：国之所存者，幸也。故曰：城郭不完，兵甲不多，非国之灾也；田野不辟，货财不聚，非国之害也；上无礼，下无学，贼民兴，丧无日矣。"[4] 社会失去了规范，国将不国。城郭、兵甲、田地、货财都不是最重要的，最重要的是文化规范。

1　休伯特·L. 德雷福斯. 在世：评海德格尔的《存在与时间》（第一篇）[M]. 杭州：浙江大学出版社，2018：184-185.
2　休伯特·L. 德雷福斯. 在世：评海德格尔的《存在与时间》（第一篇）[M]. 杭州：浙江大学出版社，2018：191.
3　孟子·离娄上.
4　孟子·离娄上.

后来，唐太宗写《帝范》，武则天写《臣轨》，试图对皇帝与臣子进行规范，在一定程度上传承了孟子的思路。孟子说："规矩，方圆之至也；圣人，人伦之至也。"[1] 守规矩以圣人为标准。《大学》的絜矩之道（絜，量度。矩，制作方形物件的工具）与孟子的规矩意义相似，絜矩之道就是规范性的道。

朱熹认为《大学》是"学者修己治人之方"。此后，人们常常从不同的角度吸取《大学》的营养。《大学》间架成为支配儒家修身实践的主要行为范式，是儒家修身的应用规范和实践法则。儒家的修身行为若不在间架的意义框架内，就不是真正的修身行为。尽管修身者在地域上可能彼此隔离，但他们由于处于同一修身模式之中，拥有共同的语言而"共在"，他们属于同质的共同体，有合作共享的文化。当他们相遇论道，共话修身时，他们是道同相谋的同行者。

《大学》间架用修身、齐家、治国、平天下来匡正杨朱的思想，杨朱主张"人人不损一毫，人人不利天下，天下治矣"。这种思想与"歧路之中又有歧焉，吾不知所之"有同样的功效。杨朱这样阐释天下，使儒家的平天下不再映入眼帘。剥落平天下意蕴，就使天下处于一种贫困状态——各人管各人、各人走各人的路。这样，做人没有标准，就不能形成统一的社会规范。孟子说："欲为君，尽君道；欲为臣，尽臣道。"[2]《大学》继承了这一思想，它说："为人君，止于仁；为人臣，止于敬；为人子，止于孝；为人父，止于慈；与国人交，止于信。"这些话为人们提供行为规范，使人各就其位而不是脱位或出位地生存着。这就如"人们如何吃，什么时候吃，在哪里吃，吃什么和用什么吃，都必须是已经规定好了的。"每一规范都与其他规范相联系、相协调，它们形成了共享的价值世界，而不是诸个人的各种各样的特殊的价值世界。

胡塞尔说："规范科学的规律一般来说意味着：应当在，尽管它现

---

1   孟子·离娄上.
2   孟子·离娄上.

在也许还不在或者在现有的状况下还不能在；而理论科学的规律则始终意味着：什么在。"[1] 大学之道近似于胡塞尔说的规范科学，这种规范科学与工艺论等同。相对于"在"而言，应当在具有愿望与要求的含义。规范科学涉及主导目标及与此目标相应的行为规范。《大学》为修身设定一个目标，把目标与属于这个目标的各种规范结合为一个有机统一体。它的"应当在"是"止于至善"，其"应当在"的内容十分丰富，分化出明明德与亲民，进而分化出八条目（作为分目标与子目标的"应当在"）行为规范。规范化的过程根据孔子修己安人的价值尺度来进行。这些规范是抽象的。例如，"所谓修身在正其心者，心有所忿懥，则不得其正；有所恐惧，则不得其正；有所好乐，则不得其正；有所忧患，则不得其正。"这里，引发忿懥、恐惧、好乐、忧患的主客观条件是什么？这些具体问题不在关注之内。间架（例如正心）规范修身一般行为而不是单个的具体场景中的特定行为，尽管后者要在一般行为规范下进行。

五、 合规范的修身之路

岩石不生存，而是现成存在。相反，人决不是现成存在，而是生存。生存就有从生物性的人向社会性的人不断转化的过程，这就需要人生修养。否则，就是徒具人的形式的人。孟子说："人之所以异于禽兽者几希，庶民去之，君子存之。"[2] 人与禽兽的区别就那么一点点——仁义礼智道德萌芽，只有君子才能保存住它，使它发扬光大。大学之道是要把这样的"几希"发扬光大。修身是要从孳孳为利者转化为孳孳为善者，从小善、小德向大善、大德发展。

《孟子·告子上》记载："公都子问曰：'钧是人也，或为大人，或为小人，何也？'孟子曰：'从其大体为大人，从其小体为小人。'曰：

<hr/>

1　胡塞尔. 逻辑研究（第 1 卷）[M]. 上海：上海译文出版社，1994：33.

2　孟子·离娄下.

'钧是人也，或从其大体，或从其小体，何也？'曰：'耳目之官不思，
而敝于物，物交物，则引之而已矣。心之官则思，思则得之，不思则不
得也。此天之所与我者。先立乎其大者，则其小者不能夺也。此为大人
而已矣。'"心是大体，耳目之官是小体。从其小体，如《道德经》所
说："五色令人目盲；五音令人耳聋；五味令人口爽；驰骋畋猎，令人
心发狂；难得之货，令人行妨。"[1] 满足感官欲望，会被外物蒙蔽而走向
歧途。在孟子看来，从其小体，越是沉溺于感官享受，精神世界就越显
贫乏。从其大体，培养善心，就会有一种人生境界不断提升的满足感。

舍勒有相似的观点，他指出有两种爱的追求：一是单纯的享乐满
足。"纯粹的好色之徒在其宠爱对象上的享乐满足日益迅速地衰减，这
驱使他从一个对象到另一个对象，而且变换越来越频繁。"[2] 二是最高的
个体之爱。"最高的个体之爱则是益发深入'这一位'上帝之增长着的
丰盈。"[3] 对上帝之爱是最高的个体之爱，它始终保持着一个对象（上
帝）并且爱的情感不断增长。这反映出追求肉体感官的爱与追求精神的
爱不同，前者由于享乐满足日益地衰减使人加速变换对象，后者使人
"循一种预期的完美之方向不断前进"[4]。这两种追求都有无限发展的趋
势，它们都抗拒着最终性。"前者出于下降的满足，而后者出于上升的
满足。"[5]《大学》让人追求类似"最高的个体之爱"，它不是上帝而是至
善。它给人以一种上升的满足，让人从其大体，使人在止于至善的方向
上不断前进。

孟子的"从其大体"要求这种融入，使个我的小体日益广大，它是
一种正值的人生追求。从其小体的个我永远局限于小体之中，它是一种
负值的人生追求。借用舍勒的话：它们分别有"一种正值的和一种负值

1　道德经·第十二章.
2　马克斯·舍勒. 爱的秩序 [M]. 北京：北京师范大学出版社，2017：108.
3　马克斯·舍勒. 爱的秩序 [M]. 北京：北京师范大学出版社，2017：109.
4　马克斯·舍勒. 爱的秩序 [M]. 北京：北京师范大学出版社，2017：109.
5　马克斯·舍勒. 爱的秩序 [M]. 北京：北京师范大学出版社，2017：108.

的爱之无限性。"[1] 前者是一种肯定的追求模式，它使人达到《大学》的定、静、安；后者是一种否定的追求模式，它不断变换对象、不断放弃已经获得的东西，它使人目盲、耳聋。

《大学》是修身指南，它让人做君子、做贤人、做圣人，教人如何做人，如何与大群相处，在家、国、天下中做人，体现出修身实践的宏大意义。做人的标准是个我在宇宙之中，六尺之躯，百年之寿，仰不愧，俯不怍，不识一字，仍可堂堂正正地做个人，而与天地参。这种人既处于人的境界（区别于神）又超越普通人。中国传统文化关于人的观念区别于西方关于人的观念——"人，一半是野兽，一半是天使"。儒家认为人处于圣人与动物之间，从其大体的君子靠近圣人这一边，从其小体的庶民靠近动物这一边。以圣人、人、动物取代西方神、人、自然三者位置，修身就是远离动物这一端（靠近自然的方面、受自然的欲望支配的人），接近圣人这一端的发展过程。这是中国传统的教育精神，也是儒林风采。"大学之道"体现了这种精神，它的目标是培养大人（君子），它的理想可久可大。

马克思指出："我们具有和以往时代在野蛮人及蒙昧人头颅中从事活动的同样的大脑，由遗传而保存下来这副脑子到今天，已经充满和渗透了它在各个中间时代为之忙碌不已的思想、渴望和激情。它还是那副大脑，不过由于世世代代的经验而变得老练和更大了。"[2] 大学之道源自孔子、孟子、荀子，有其历史源头，并进入历史之中发挥了巨大影响。大学之道不是封闭在《大学》中的一套现成的修身逻辑，它不仅处于可见的文本的词语之中，作为一个现成的文献资料的既定之物，而且创化出代代相因的由内圣到外王的人生修养论，对传统社会的发展起到凝聚和牵导作用，成为传统社会成圣成贤者安身立命的文化根基（一种具有生命力的道德精神）。中国文化正是通过从孔子以来的文化传承，通过

1　马克斯·舍勒. 爱的秩序 [M]. 北京：北京师范大学出版社，2017：109.
2　马克思、恩格斯. 马克思恩格斯全集（第 45 卷）[M]. 北京：人民出版社，1985：405.

大学之道的规范，历时性地使修身的"头颅""变得更老练和更大了"。

孔子最早提出修身为本的思想，他说："苟正其身矣，于从政乎何有？不能正其身，如正人何？"[1] 继而孟子进一步发挥了孔子的思想，他说："人有恒言，皆曰'天下国家'。天下之本在国，国之本在家，家之本在身。"[2] 他还说："君子之守，修其身而天下平。"[3] 有了个体的自我完善，就有了完善的家、国、天下。荀子专门写了一篇题为修身的文章，并论证了修身是治国的根本，他说："请问为国？曰：闻修身，未尝闻为国也。君者仪也，民者景也，仪正而景（影）正。君者槃也，民者水也，槃圆而水圆。"[4] 仪正而景（影）正，槃圆而水圆都有对人的行为进行规范的意思。先秦三大儒都强调修身为本，这是德育的阿基米德点。《大学》总结了他们的思想。

大学之道作为一种知识，它具有目的价值，拥有这种知识就具有了善心和尊严，就能成长为君子。它不同于手段价值，后者是实现经济效益和社会效益的单纯手段，其知识价值不在自身，而在于对它物有益处，是纯粹功利性知识。大学之道与社会结构（君君、臣臣、父父、子子）之间存在着紧密的内在联系，它超出了知识论范畴，它不仅仅是一种认识活动。它与权力和统治秩序结合在一起，直接成为社会区分化实践活动。《大学》以间架的逻辑思路论述和传播着修身知识，塑造和建构着儒家君子的修身方式，为他们正当的言行提供合法性标准。它区分出什么是善，什么是恶；哪些是允许的、值得鼓励的，哪些是不允许的、需要克制的。《大学》不仅仅是一种语言文本，它介入社会实际生活，具有福柯所说的"论述的实践"，对社会结构建构、人的行为标准的规范有着深刻影响。

间架使修身者在合规范和不合规范之间作出选择，没有善恶并存的

1　论语·子路.

2　孟子·离娄上.

3　孟子·尽心下.

4　荀子·君道.

灰色地带。三纲领、八条目彼此差异，构成间架，间架是由差异构成的同一。间架既提供了一种修身的价值秩序，又提供了政治的价值秩序。作为修身的价值秩序，它体现了由内（格致诚正）向外（齐治平）的不断扩充，平天下是修身的极致。作为政治的价值秩序，身、家、国、天下，一个比一个意义重大。修身的价值秩序与政治的价值秩序在修身实践中合一，它体现为一贯性（从格物到平天下）。朱熹把《大学》的三纲领八条目形容成"间架"，隐喻十分深刻，绝非是为了读者的理解方便。他通过跨领域（修身与建筑）关系的结构相似性类比，使彼一领域（建筑）介入此一领域（修身），生成了对此一领域的特定理解，从整体上图绘了修身的目标域，使无法直观的东西变得可见，使抽象的三纲领八条目变成了形象的房梁结构。修身与建筑有了某种"家族相似"，建筑领域与修身领域达到"视域融合"。这种隐喻性"视域融合"具有建构（使三纲领八条目立体化）和充实作用。如果消除了这一隐喻，特定的问题域将消失，就不可能依循"间架"探讨三纲领八条目的结构。"间架"隐喻性地论证了三纲领八条目的重要性，为三纲领八条目的理解提供了启发性的框架和线路。

马克思指出："我们要考察的是专属于人的劳动。蜘蛛的活动与织工的活动相似，蜜蜂建筑蜂房的本领使人间的许多建筑师感到惭愧。但是，最蹩脚的建筑师从一开始就比最灵巧的蜜蜂高明的地方，是他在用蜂蜡建筑蜂房以前，已经在自己的头脑中把它建成了。劳动过程结束时得到的结果，在这个过程开始时就已经在劳动者的表象中存在着，即已经观念地存在着。他不仅使自然物发生形式变化，同时他还在自然物中实现自己的目的。"[1] 这说明人的活动具有目的性，这种活动不是客体无意义的物理运动，也不是动物的本能运动。在人的实践中有一种先行设计。间架是通过思维的想象对修身活动预先进行筹划设计，它设计出了可能性的修身实践意义。三纲领八条目先行于修身活动，它使修身的全

1　马克思、恩格斯. 马克思恩格斯选集（第2卷）[M]. 北京：人民出版社，1995：178.

部意义活动都沿着这一轨迹进行。间架是在人的头脑中设计出的修身方案，它将思维世界中的思想符号化，使这些符号进入实践意义世界。间架是联系思维世界与实践世界的桥梁。《大学》修身是一种模式先行的意义活动，它成为修身实践非常具体的步骤，借用海德格尔的话来说间架组建着修身者的"在世的存在"。大学之道中的纲目之间不是外在的排列关系，它们不是靠事先想象出的一套格式，把纲目武断地聚积在一起，而是依照孔子的君子形象，以修己安人为价值目标，以修身的内在规律为途径，设计出来的修身攻略。间架标画出了儒家修身的目标（修己安人）、结果（天平下），使个体的修身实践变得有序与清晰，它通过一个模式为自我修养的一系列选择行为提供依据。

大学之"学"是觉悟的意思，东汉班固所编《白虎通义·辟雍》上说："学之为言觉也，以觉悟所不知也"。大学之"学"具有觉悟的含义，它重视身体力行的体悟。悟字由心与我构成，蕴含着由我的心去体验之意。荀子说："君子之学也，以美其身。"[1] 借鉴《大学》之"学"，就是以美学生之"身"。

1　荀子·劝学.

第二章 《大学》的解读方式

海德格尔说："理解的实现方式是解释，确切地说是作为在理解中得到揭示的东西的一种成型、习得和保持的解释。"[1] 具体到对文本的理解，海德格尔说："解释：探求文本的真实含义，从而使所指事物能够被理解，且帮助理解。"[2] 解释不是简单地从符号到符号的意义"漂流"，它是运用符号将事物的意义表达出来。《大学》是对人生的一种解释，它首先确定了修身格局，在格局中三纲领、八条目各得其所。它通过对修身的目标、方式的解释，阐述了大学之道这一生存道路，将人生提高到一个新境界，展现了止于至善这一人生最高可能性。止于至善不是人生的极限状态，它是一种永无止境的过程。它为我们提供了关于修身的意义筹划的话语世界。这一文本不是单纯现成的东西，如一块岩石，无依无傍、如其所是、是其所是地孤立存在着。《大学》如有节奏的乐谱："物格而后知至，知至而后意诚，意诚而后心正，心正而后身修，身修而后家齐，家齐而后国治，国治而后天下平"。它以三纲领、八条目编织成修身曲谱。既是乐谱，必定像依赖作者那样依赖读者，后者的修身实践才奏响了间架的修身乐章。因此，《大学》文本的意义不能脱离读者而存在，只有理解、解释并实践才能使《大学》凝固的文字变成富有

1　海德格尔. 时间概念史导论 [M]. 北京：商务印书馆，2009：368.
2　海德格尔. 存在论（实际性的解释学）[M]. 海德格尔文集. 孙周兴、王庆节编. 北京：商务印书馆，2016：15.

生气的意义。借用加达默尔的话，《大学》的作品在阅读（认识与实践两个层次）过程中完成，文本的意义在读者的理解中完成。如果没有人去读它、实践它，它的精神踪迹永远不会被发现，它就成为无意义的存在。大学之道和间架结构在解释中才能得以通达。当代德育对《大学》的解释在本质上是实践的，它肩负弘道使命，具有现实性与历史性品格。本章从六个方面分析如何解读《大学》，如何解读决定了如何理解、如何传承。

一、 作者中心、读者中心与读者和文本对话式解读

汤一介指出："我们可以说《左传》是目前知道的最早一部对《春秋》进行全部诠释的书，或者也可以说是世界上现存最早的解释性著作之一。这就说明中国的经典解释问题至少有着两千三四百年历史了。"[1]中国的经典解释源远流长。《左传》解释《春秋》，《大学》解释孔子的君子，而今天我们解读《大学》。

解读不仅是解释意义而且是人的自我筹划。在筹划意义上，解读是一种超越，解释是一种创造。它既不同于作者中心式理解，理解不是单纯的复制活动，不是完全回归与寻找作者的本意；又不同于读者中心式的过度诠释，天马行空、无拘无束、随心所欲地借助古人的话语表达自己的观点，将传统文化解释得面目全非。

作者中心式解释

习近平指出："传承中华文化，绝不是简单复古。"[2] 作者中心式诠释就会犯这种错误。它通过作品去探究作者的写作意图与文本的终极意义，解读者试图将自我置于作者的内心状态，如宗教徒体会神意一般。忠于或者执着于文本，将文本的话语作为绝对真理，诠释是对文本意图

1 汤一介. 在儒学中寻找智慧 [M]. 北京：中国人民大学出版社，2016：181-182.
2 中共中央文献研究室. 习近平总书记重要讲话文章选编 [M]. 北京：中央文献出版社，2016：201.

的重建，阅读是找出作者的原意，对已经存在的真理的确认。似乎文本有一固定不变的"本质"，解读是发掘、阐明这一本质。所谓去其皮，见其肉；去其肉，见其骨；去其骨，见其髓。解释就是层层深入，由一级本质到二级本质……它是按照这样的理路来进行解释的：解释的目的是让人们在解释性话语中认出作者"原型"、作者的意思与论题的意义，用现代语言复原古代经典的涵义。

习近平指出："不能一股脑儿都拿到今天来照套照用。要坚持古为今用、以古鉴今，坚持有鉴别的对待、有扬弃的继承，而不能搞厚古薄今、以古非今，努力实现传统文化的创造性转化、创新性发展，使之与现实文化相融相通，共同服务以文化人的时代任务。"[1] 作者中心式诠释是"一股脑儿都拿到今天来照套照用"，读者没有主体性，"读者的意图"就是把握"作者的意图"、"作品的意图"。仿佛文本有固定意义，无论是谁，只要"正确地读"，得到的结果似乎都应该一样。它强调所解释的意义的客观性。所谓"白首穷经通秘义"，形容读者一生力求追寻经书的原始意义状态。解释是读者通过语言与文字重现作者的原始意义、文本的原始规定，解释追求作品原来所是的东西。

德里达指出："如果遗产的可阅读性是给定的、自然的、透明的、单义的，如果这种可阅读性既不要求同时也不对抗解释，那我们就没有什么可以从中继承的东西了。"[2] 以这种态度对待《大学》就不能继承任何东西。事实上，文本的意义是不断展开的，解读常常是仁者见仁，智者见智。除非是对"2 + 2 = 4"这样的算术题的解读人人相同。在《大学》的解读中并不存在这样的"标准读者"，依照文本应该被阅读的唯一正确的方式去阅读文本，得出唯一正确的"标准答案"。文本解读是不可能有人人相同的"标准答案"的。对《大学》的解释工作并非是对过去事物的复原与修复，使人人解读相同。由于我们向来已经习惯于生

1　习近平. 在纪念孔子诞辰 2565 周年国际学术研讨会暨国际儒学联合会第五届会员大会开幕会上的讲话 [N]. 人民日报，2014-09-25（02）.

2　德里达. 马克思的幽灵 [M]. 北京：中国人民大学出版社，1999：25.

活在某种语境中了，对文本的解读包含着前见，没有前见我们无法理解文本。伽达默尔指出：前见不是理解文本的障碍，而是理解文本的条件。在文明社会与原始部落的人眼中的飞机意义不同，鲍德里亚曾经描写了非洲部落对飞机的崇拜，部落中的人以图腾方式理解飞机，文明社会中人以科学方式理解飞机，这说明人不是裸眼看世界的。同样是文明社会中人，中国人与法国人的生活世界不同，中国人读《红楼梦》与法国人读《红楼梦》的语境不同，理解的意义就有差异。同样，中国人对青松的感觉由中国人的松文化所规定，眼中的青松也与法国人不同。再进一步，在中国人中，不同的人对文本的解读由于历史环境、成长经历、文化程度、兴趣爱好等等差异，其结果也有差异。《大学》的解读与传承需要克服作者中心式解释的解读心理。

读者中心式解释

以读者为中心，偏向解释者的主观性。加达默尔说："如果我们试图去理解他们的著作，我们可以有理由去想那些作者自己还未曾想到的东西。"[1] 这种观点赋予读者以过度解释的特权，解释就包含着与文本无关的"多出的东西"。本书名之为"《大学》间架与当代德育"，其实并不准确。因为并没有像岩石一样存在的间架，每个研究《大学》的人对间架的思考都不相同。所谓一千个读者眼中有一千个哈姆莱特，说的就是这种状况。所以标题准确地说是"我眼中的《大学》间架与当代德育"。"我眼中的"解释就会有多出间架的东西。但是，不能否认《大学》间架有其客观意义，这种意义不能主观曲解。

陆九渊说："学苟知本，六经皆我注脚。"[2] 认识了本心，六经都为我的生活明见作见证，产生"六经注我，我注六经"的互动循环。王阳明说："夫学贵得之于心。求之于心而非也，虽其言之出于孔子，不敢以为是也。"[3] 如果与心中的明见不符合，孔子的话也不敢认为是真理。

1   加达默尔. 真理与方法（上卷）[M]. 上海：上海译文出版社，1999：238.
2   陆九渊. 陆九渊集（卷三四）[M]. 北京：中华书局，1980：395.
3   王守仁. 王阳明全集（卷二）[M]. 上海：上海古籍出版社，2011：85.

王阳明的弟子王艮说："经所以载道，传所以释经。经既明，传不复用矣，道既明，经何必用哉？经传之间，印证吾心而已矣。"[1] 经传都是为了印证我心的明见。一方面，他们具有很高主体性，使自己的明见高于经典；另一方面，他们把经典仅仅视为对自己观点的证实和印证。若走向极端，这种方法容易导致以读者为中心的倾向。

以读者为中心的解释是一种过度解释，解读出一些多出的东西是冗余信息，是解读者强加给文本的东西。习近平说："我们不是历史虚无主义者，也不是文化虚无主义者，不能数典忘祖、妄自菲薄。"[2] 历史虚无主义者、文化虚无主义者的诠释是以读者为中心的过度诠释，将文本没有的观点任意强加于文本之上，使原本的东西走样变形，导致"数典忘祖、妄自菲薄"。"文革"中对传统文化的解释就是过度解释，它压缩文本的意义。例如，无中生有地编造的儒法斗争史，将《论语》定性为"开历史倒车"，将文本没有的观点任意强加于文本之上，使原本的东西走样变形。在这里，解释不起对原本事物的揭示作用，解释本身就是一种遮蔽。解释得越多，遮蔽得就越多。解读者试图用阶级分析法撕开儒家仁爱的面纱，揭示出其隐蔽的"真相"。解读者似乎用阶级分析法这把钥匙成功地打开了一把把传统文化尘封的"锈锁"。然而，阶级分析法并不能规约传统文化经典的全部旨趣。这种解读将传统文化套进头脑中既定的解释模式，有如戴上有色眼镜，使一切都改变了颜色。极"左"的以阶级斗争为纲的意识形态对文本的诠释压缩了文本的意义，将《大学》仅仅解读为维护封建统治的工具，解读的目的是展示其封建意识形态。在以阶级斗争为纲的年代，解读所关心的只是文本的"使用"问题，儒家著作成为批判的靶子，服务于斗争需要。主观性的解读不是赋予文本太多，产生过度诠解，就是给予文本太少，造成不足诠释。这种解读无助于理解历史文本，经不起时间的考验。时至今日，

1　耿宁. 人生第一等事（上册）[M]. 商务印书馆，2016：46.
2　牢记历史经验历史教训历史警示为国家治理能力现代化提供有益借鉴 [N]. 人民日报，2014-10-14.

"文革"中的解读成为无人关注的文字垃圾。

读者与文本对话式解释

这是本课题的探讨方法，它服务于探索性的理解与认识。它与前两种解释方式有所不同，既关心文本的内容，又关心文本的运用；既有创造性解读，又不损伤文本的语意。孔子的"述而不作，信而好古。"《中庸》说："仲尼祖述尧舜，宪章文武。"孟子的"述仲尼之志"，都反映出孔子、孟子与古代经典进行创造性对话解读。理解是通达某物的意义，它不是单纯对某个现成之物的观看。它是读者与文本的一种对话，它通过言说和文字使理解和理解性的解释成为公开可见者。"解释的唯一标准就是他的作品的意蕴，即作品意指的东西。"[1] 解释过程是解读者进入文本的意义世界，与作者共同分享着意义的过程。"谁理解，谁就知道按照他自身的可能性去筹划自身。"[2] 任何解读者都存在于具体历史中，解释基于历史性的理解，由历史处境所规定。新时代，对《大学》的解释基于民族的历史性实践所开启的特定问题域——中华民族的伟大复兴。每一时代都有其特殊的语言风格和特殊的理解可能性，使解释有所定向、有所依循，传统文化由此得到揭示。"文革"中，习惯于极左的阶级斗争思维，将孔子思想理解为开倒车，那一特殊时代就规定了这种理解的可能性。今天，我们提倡和谐社会，注重儒家的和谐思想，杜绝了彼一可能性，开启了此一可能性——新时代的文化继承的可能性。这一点首先表现于特定的语词所具有的特殊影响力上。例如，"文革"中有"批林必批孔，斩草必除根"、"孔老二"、"封资修"等用语，新时代有"与时俱进"、"溯到源、找到根、寻到魂"等等。人们从这些词汇的影响力上获取解释的意义。"文革"中，人们俯身迁就于特定的语词，"跟着说"的人比较多；当今，人们在新语词下，发挥创造力开掘传统文化资源，"接着说"的人比较多。前者的言说无主体性，后者的言说融入了自

1　加达默尔. 真理与方法（上卷）[M]. 上海：上海译文出版社，1999：250.
2　加达默尔. 真理与方法（上卷）[M]. 上海：上海译文出版社，1999：335.

我的主体性。

解释是一切认知的基本形态，它是一种人的生存方式，是人的去存在的可能性，对传统文化的理解蕴含着对自我（存在）的理解。解释并非简单地取决于解释者的主观立场（尽管主观立场在解释中有一定作用），理解是人的处身之境的揭示。在有些历史阶段，在生存方式中就包含着把人带入误解的可能性。解释上的遮蔽（将孔子思想理解为开倒车）可以从生存方式（"文革"中的人的生存方式）上得到解释。遮蔽未必都是错误推论产生的，"文革"中人的生存方式（而不是推论）就生成着对事物的遮蔽。"文革"中，在生存的可能性中，既有盲目认同的可能性，又有抵制反对的可能性，例如，梁漱溟在政协会议上提出正确评价孔孟。而这后一可能性必然为前一可能性所压制。

今天，对于"批林必批孔，斩草必除根"、"孔老二"、"封资修"等用语，人们羞于使用它们，取而代之的是"坚定文化自信，推动社会主义文化繁荣兴盛"，而"文化自信"已经属于当今的时尚了。在德育方法上，"文革"中流行的词汇是"斗私批修"、"狠斗私字一闪念"、"灵魂深处闹革命"，今天流行的是"体验"、"生活叙事"、"对话"等，思维方式由封闭（唯我独尊，对古代的封建主义、西方的资本主义统统批判与杜绝）走向开放（积极借鉴人类文明的成果），这种转变开启了德育在新时代借鉴传统文化的可能性。

解释追求一种适度理解，解读者比作者理解得更多，但这种"更多"却不是过度诠释意义上的"多出的东西"。这种解释具有合理的"前见"，以马克思主义思想方法为指导，基于德育的社会实践。海德格尔指出："先有和先见预先就规定了哪一些可能的意义关联纳入到主题领域之中（将要和能够被纳入其中）。"[1] 只有合理的前见才能产生特定的意义关联（例如，间架与新时代的德育关联），从而成为研究的主题。先见规定着理解所关涉的东西以及意义得以呈现的方式。

1　海德格尔. 时间概念史导论 [M]. 北京：商务印书馆，2009：417.

　　《大学》为我们提供了关于修身的意义筹划的话语世界，这一文本的意义不能脱离读者而存在，只有理解与解释才能使凝固的文字变成富有生气的意义。借用加达默尔的话，《大学》的作品在阅读过程中完成，文本的意义在读者的理解中完成。

　　读者和文本对话式解释既关心文本的内容，又关心文本的运用；既有创造性解读，又不损伤文本的语意。今天，解释《大学》是根据当下人的存在（中国特色社会主义实践），按照自身的可能性（实现中国梦）去筹划自身。只有这样的解释，才能开启创造的可能性，将格物、致知、诚意、正心、修身、齐家、治国、平天下创造性地转化，使它们具有新时代的内涵。基于当下人的生存可能性的自我筹划的解释，使古老的《大学》不断增生着新的意义关联（新时代中国特色社会主义的文化关联）。

　　新时代的解读通过与文本对话来回答时代问题，借鉴《大学》间架思考培养什么人、如何培养人及为谁培养人，从文本解读中产生新的发现。"解释是此在的一种存在方式。"[1] 论文的解释就基于人的存在。人在时间上展开筹划，将过去的《大学》引入当下生活，去筹划未来生活（培养新时代的修身、齐家、治国、平天下的君子），让学生去存在。解释不是旁观者的解说，有如一场球赛的旁白，不论怎么解说都不影响比赛的进程。诠释是把被诠释的文本运用于新时代的德育之中。从习近平用典中，可以看出"运用"是诠释的一个重要组成部分，《大学》中的优秀成分不仅存在于具体的文字诠释中，而且具体化到新时代德育实践之中（倡导新时代的修齐治平），诠释本身是一种应用，并在应用的实践中受到检验。

　　马克思主义从生成而不是从结果的角度理解历史。依据马克思主义理论，笔者从生成的视角而不是从既成的视角解释《大学》。这种文本诠释实践没有孤立针对文本的内部研究和文本与它之外的事物相联系的

1　海德格尔. 时间概念史导论 [M]. 北京：商务印书馆，2019：417.

外部研究之分别。这种解读不仅要有说服力而且要有行动力。如此，《大学》才有恒久常新之感。在这种意义上，对《大学》文本的诠释是无穷尽的。

习近平指出："培育和弘扬社会主义核心价值观必须立足中华优秀传统文化。牢固的核心价值观，都有其固有的根本。抛弃传统、丢掉根本，就等于割断了自己的精神命脉。"[1] 解释不将传统对象化，使自己像拔着头发试图离开大地一样将自我与传统分离，变成我——主体，传统——客体的二元分立，事实上不可能。解释处于传统之中，甚至，人们不能"对待"传统，因为对待之"对"是将传统对象化。例如，"文革"中的反传统，似乎将传统对象化了，"破四旧"标志人们与以往的传统决裂，仿佛要砸烂一个对象化的旧世界。然而，实质处于传统之中，热衷于个人崇拜，跳忠字舞，制造红语录与红海洋景观，恰恰是封建时代愚忠的文化表现。"从'京剧现代戏'到'京剧革命'，一场轰轰烈烈的'文化大革命'，居然在一个古老传统的剧种——京剧中首先发难。"[2] 这说明反传统在传统之中。

解释不将传统的《大学》文本对象化，使其封闭于文本之中。加达默尔指出："在我们经常采取的对过去的态度中，真正的要求无论如何不是使我们远离和摆脱传统。我们其实是经常地处于传统之中，而且这种处于决不是什么对象化的行为，以致传统所告诉的东西被认为是某种另外的异己的东西——它一直是我们自己的东西，一种范例和借鉴，一种对自身的重新认识，在这种自我认识里，我们以后的历史判断几乎不被看作为认识，而被认为是对传统的最单纯的吸收或融化。"[3] 本书试图以读者与文本对话式解释开启对大学之道的解释。

1　习近平. 把培育和弘扬社会主义核心价值观作为凝魂聚气强基固本的基础工程 [N]. 人民日报, 2014-02-26.
2　叶秀山. 美的哲学 [M]. 北京: 北京联合出版公司, 2016: 6.
3　加达默尔. 真理与方法（上卷）[M]. 上海: 上海译文出版社, 1999: 361-362.

二、 整——分——合的解读路线

本书的解读以马克思总体性方法为指导，将《大学》置于总体性视域之中，吸取《大学》间架精华，培养现代人格。这种解读的目的是激发起学生对"总体性的人"（自由全面发展意义上的人）的渴望，使学生"成为有责任并且愿意创造将来的人"，培养学生具有曾子"任重而道远"的历史使命感，使他们继承中华优秀传统文化，具有"弘道"精神，把当下的历史阶段视为历史总体（马克思的人类社会发展的三大社会形态）一个环节，把个体修身的实践活动看作新时代中国特色社会主义建设的总体性实践活动而不是单独的个人实践活动，把青春梦与中国梦联系起来，在实现中国梦的生动实践中放飞青春梦想。

开启以读者与文本对话式解释，首先要以马克思总体性方法为指导，遵循马克思主义认识论路线。马克思指出："完整的表象蒸发为抽象的规定……抽象的规定在思维行程中导致具体的再现。"[1] 这一认识路线反映出认识是一个整（完整的表象）——分（抽象的规定）——合（思维具体）的过程，它表现为一个感性具体——思维抽象——思维具体的认识发展过程。

解读要求遵循马克思的辩证认识路线，先从整体上认识《大学》，明确什么是"三纲领"、"八条目"。第三章《大学》间架结构的解读就处于"整"的阶段。例如，《大学》说："大学之道，在明明德，在亲民，在止于至善"，此为"三纲领"。《大学》说："古之欲明明德于天下者，先治其国。欲治其国者，先齐其家。欲齐其家者，先修其身。欲修其身者，先正其心。欲正其心者，先诚其意。欲诚其意者，先致其知；致知在格物"[2]，此为"八条目"。通过对上述两段话的句法分析、"间

---

1 马克思、恩格斯. 马克思恩格斯选集（第2卷）[M]. 北京：人民出版社，1995：18.

2 朱熹. 四书章句集注 [M]. 北京：中华书局，1983：3.

架"的共性结构与个性样式的探讨、间架与要素的关系的阐述、间架的树形结构的隐喻性解说，使人们对《大学》有一个初步的、粗浅的、完整的认识。虽然这种认识不是处于马克思说的感性的完整表象阶段，但由于对《大学》的认识是笼统的、完整的，所以处于"整"的阶段，是大学之道的"完整的表现"。

然后对《大学》的三纲领、八条目进行具体分析，对《大学》这一整体的每一部分分别进行认识，处于"抽象的规定"阶段，这是本书对格物、致知、诚意、正心、修身、齐家、治国、平天下一一解析，这种认识处于"分"的阶段。这一部分主要体现在第四章八条目的修身内涵和第五章八条目的当代德育传承上。分析结束后，将《大学》与今天的德育相结合，把对《大学》的"分"的认识综合起来，形成当代德育修身间架，上升到"合"（综合成整体性认识）的阶段。在第六章时代新人的总体性设计中，从总体性上探讨了修己安人的修炼格局与时代新人的精神风貌、《大学》"间架"与当代德育目标树建构、修身为本与自我教育关系、大学之道与中国梦相会通、大学之道与社会主义核心价值观相契合，从不同侧面实现着对《大学》的"分"的认识综合。

整——分——合的探讨思路既符合马克思的辩证认识路线又是马克思总体性思想。这一探索路线与《大学》的叙述不谋而合。《大学》先叙述三纲领和八条目，它纲领性地凸显"间架"，它将三纲领、八条目全部呈现出来，让人对"大学之道"有一整体的初步的印象，处于"整"的阶段，然后再分别解析一个个条目。例如，解析诚意："所谓诚其意者，毋自欺也，如恶恶臭，如好好色。"[1] 这里，处于对大学之道的"分"的认识阶段。《大学》在最后一章中阐述了平天下在治其国的道理，提倡"絜矩之道"，提出"德者本也"、"以义为利"等等重要思想，丰富了儒家思想。整——分——合的探索路

---

1 朱熹. 四书章句集注 [M]. 北京：中华书局，1983：7.

线与《大学》的叙述路线有相同之处，走完这一探索路线可以丰富对《大学》的认识。

整——分——合的解读路线至关重要，第七章道、理、器、技辨析与教育弘道、第八章德育场域与《大学》情感互动、第九章当代德育的"真止"都是建立在整——分——合的解读路线基础上，达到了对"合"的理解，进而再结合大学之道深入分析教育之道。

三、 总体性方法的宏观分析

整——分——合的解读路线涉及马克思的宏观分析方法与微观分析方法。习近平说："谋划大棋局，既要谋子更要谋势。"[1] 总体性方法的宏观分析属于"谋势"——社会的道德谋划，总体性方法的微观分析属于"谋子"——个体的道德谋划。这两种方法的结合，深化着对《大学》的理解。《大学》如何治国、平天下属于"谋势"，如何修身、齐家属于"谋子"。借用庄子的话说：《大学》宏观总体"至大无外，谓之大一"，它一直扩展到平天下；微观总体"至小无内，谓之小一"，一直深入到个体内在心灵。社会发展有两种活力：个体微观动力和社会宏观合力。个人总体化实践与社会总体化实践紧密相关，它们共同构成了修身的实践场域。

这里，先分析宏观分析方法。马克思总体性方法"把所有局部现象都看作是整体——被理解为思想和历史的统一的辩证过程——的因素。"[2] 总体性方法包括理解事物的横向与纵向两个维度，它体现在习近平所引用的"不谋万世者不足谋一时，不谋全局者不足谋一域"的古语中，它要求从大局出发思考问题。以马克思总体性方法谋全局是谋结构性总体，谋万世是谋历史性总体。

1　习近平关于社会主义经济建设论述摘编 [M]. 北京：中央文献出版社，2017：293.
2　卢卡奇. 历史与阶级意识 [M]. 北京：商务印书馆，1992：77.

《大学》以总体性目标为理想，它作为规范性总体，既是一个外延性总体——从修身到平天下，又是一个内涵性总体——止于至善。它让人通过修身实践，实现总体的生存意义。"止于至善"类似黑格尔的"思维具体"，它是包含着许多纲目的规定性的综合，不是一个空洞的普遍性概念。恩格斯说："历史同认识一样，永远不会在人类的一种完美状态中最终结束；完美的社会、完美的'国家'是只有在幻想中才能存在的东西。"[1]"止于至善"既是一个永无止境的纵向历史总体，它谋万世；又是一个横向拓展的空间总体，它谋全局。这为用宏观分析方法分析《大学》奠定了思想基础。

（1）马克思总体性方法，从横向上说，在共时性意义上存在着相对于局部的统一总体，这称之为结构的总体。在马克思看来，总体始终保持着对部分的优越性，部分因总体而有意义，部分"只能作为一个具体的、生动的、现实整体的抽象的单方面的关系而存在。"[2] 孤立杂陈的事件、事实，如果脱离了总体就成为不可理解的。结构的总体为理解局部提供了条件。

马克思的结构的总体思想成为分析《大学》结构的指南，使德育在谋全局中谋一域。从结构的总体上看，"大学之道"要解决个体发展与社会发展之间的矛盾，借用钱穆的话"大道是常然的，又可以说是当然的。"[3] 大学之道既是"常然"（合规律）又是"当然"（合道义）。

习近平指出："'不谋全局者，不足谋一域。'大家来自不同的部门和单位，都要从全局看问题，首先要看提出的重大改革举措是否符合全局需要，是否有利于党和国家事业长远发展。"[4] 德育继承《大学》思想也要有这种谋全局的思想。当代德育与《大学》有着相同的问题指向，要解决个体发展与社会发展之间的矛盾，需要辩证地理解一域与全局的

1　马克思、恩格斯. 马克思恩格斯选集（第4卷）[M]. 北京：人民出版社，1995：216-217.

2　马克思、恩格斯. 马克思恩格斯选集（第2卷）[M]. 北京：人民出版社，1995：19.

3　钱穆. 中国思想通俗讲话 [M]. 北京：九州出版社，2011：12.

4　习近平. 关于《中共中央关于全面深化改革若干重大问题的决定》的说明 [N]. 人民日报，2013－11－16.

辩证关系，德育对修身、齐家、治国、平天下进行与时俱进的创造性理解，需要把局部纳入总体，把修身纳入齐家中来思考，把齐家纳入实现中国梦来思考，把治国纳入新的平天下——构建人类命运共同体、实现共产主义来思考。像习近平说的那样：德育"要努力增强总揽全局的能力，放眼全局谋一域，把握形势谋大事"[1]；"要真正向前展望、超前思维、提前谋局"[2]。这要求修身活动与齐家、治国、平天下相结合，使修身成为一个道德上不断超越的过程（道德上超越小我进入家、国、天下），这一过程追求个体完善与社会发展的统一，使个体当下生活（修身生活）趋向未来社会（平天下）。这种分析集中体现在"齐治平的当代传承"、"大学之道与中国梦相会通"、"大学之道与社会主义核心价值观相契合"之中。

（2）马克思总体性方法，从纵向上说，在历时性意义上存在着相对于历史现象的历史过程总体，称之为历史的总体。理解传统文化需要将其放置于历史过程总体中去，使德育在谋万世中谋一时。

首先，《大学》叙事是一个大写的历史叙事。《大学》对平天下没有解说，《礼记·礼运》说："大道之行也，天下为公，选贤举能，讲信修睦。故人不独亲其亲，不独子其子。使老有所终，壮有所用，幼有所长。鳏寡孤独废疾者皆有所养。男有分，女有归。货恶其弃于地也，不必藏于己；力恶其不出于身也，不必为己。是故谋闭而不兴，盗窃乱贼而不作，故外户而不闭，是谓大同。"这个大同社会就是平天下的境界。儒家文化以宏大叙事规划美好未来，将美好的社会划分为小康与大同两个阶段。儒家向往三代之治，将夏、商、西周三代理想化。三代以前行大道，天下为公。夏开始大道隐没，天下为家，夏禹、商汤、周文王、武王、成王和周公为代表的君子以礼规范出一个井然有序的安定社会，即小康社会。儒家的平天下向往大同社会。从小康到大同，是一个大写

1　习近平. 之江新语 [M]. 杭州：浙江人民出版社，2007：20.
2　习近平. 习近平谈治国理政 [M]. 北京：外文出版社，2014：88.

的历史。对这一历史的向往使"数千年来，中华民族走着一条不同于其他国家和民族的文明发展道路"[1]。这也使德育走着一条独特的"大学之道"。当代德育基于大写的历史，今天我们治国的近期目标是实现小康社会，长远目标是达到平天下的大同境界。从小康社会到大同理想是一个历史总体，德育对《大学》的继承处于这一历史总体之中，正所谓"不谋万世者不足谋一时"，这是本书传承《大学》治国与平天下的历史前提。

其次，《大学》所处的时代是历史过程总体的一部分。在研究《大学》中，历史总体为德育把握《大学》的历史方位提供了思想方法。马克思在《1857年—1858年经济学手稿》中根据人的发展状态，提出了三大社会形态理论，他指出："人的依赖关系（起初完全是自然发生的），是最初的社会形态，在这种形态下，人的生产能力只是在狭窄的范围内和孤立的地点上发展的。以物的依赖性为基础的人的独立性，是第二大形态，在这种形态下，才形成普遍的社会物质交换，全面的关系，多方面的需求以及全面的能力的体系。建立在个人全面发展和他们共同的社会生产能力成为他们的社会财富这一基础上的自由个性，是第三个阶段。第二个阶段为第三个阶段创造条件。"[2] 马克思的社会三大形态理论就是解释世界与改造世界相统一的宏大叙事，它反映了总体性方法内在于历史之中，而不是由外部（某个思想家的头脑）注入历史之中。总体性方法确立了《大学》的历史方位——处于人的依赖关系阶段，它把《大学》时代的历史看成整个历史过程的一部分。依据这种总体性叙事方法，德育既要继承《大学》修身思想的合理成分，又要扬弃其处于人的依赖关系阶段所产生的人身依附、权力崇拜等等不合理成分。习近平指出："我们要对传统文化进行科学分析，对有益的东西、

---

1 习近平关于协调推进"四个全面"战略布局论述摘编 [M]. 北京：中央文献出版社，2015：84.

2 马克思、恩格斯. 马克思恩格斯全集（第46卷·上册）[M]. 北京：人民出版社，1979：104.

好的东西予以继承和发扬，对负面的、不好的东西加以抵御和克服，取其精华、去其糟粕，而不能采取全盘接受或者全盘抛弃的绝对主义态度。"[1] 历史总体为理解习近平的这一论述，对《大学》的"取其精华、去其糟粕"的继承提供了思想方法。

第三，修身是过去、将来和当前三维的相互伸达中开敞的境域。理解纵向历史总体的关键是破除"现代性时间意识"。有学者指出："现代性的一系列根本特征，即'抛弃传统、指向未来'的时间意识，'线性、有序'的历史意识"。"现代性无论作为一种与'传统'相断裂的面向未来的时间意识，还是作为一种不断进步的线性的、有序的'单向历史观'，它都坚持着这样的信念：作为时间和历史的一级的前方代表着进步、创新、文明、解放、自由与自律；作为时间和历史的另一级的过去就代表着倒退、守旧、奴役、野蛮、蒙昧和他律。显然，在对立的两极中，前者就是通过无穷节点而一直向未来延伸的'永恒现在'；后者则表征着传统与历史，此为古与今的二元对立。"[2] 现代性的时间意识和历史意识否定了传统文化的价值，造成古与今的僵硬的、机械的二元对立。笔者在"时间叙事上的低位化"中分析了这种"现代性时间意识"，依据这种意识无法传承大学之道。

破除"现代性时间意识"需要在新的时间性中思考德育。时间是人的生存根据，德育处于时间之中。继承大学之道必须从时间的存在结构来把握德育。"逝者如斯夫，不舍昼夜"，德育在历史长河中处于流动状态，它从过去流到现在，再流到将来。然而，这种时间不是过去、现在、未来的前后相随。"时而有间，指的却不是两点之间的距离，而是一种开放境界。这一开放境界是在过去、将来和当前三维的相互伸达（本源的时间）中开敞的。"[3]

1 　牢记历史经验历史教训历史警示为国家治理能力现代化提供有益借鉴［N］. 人民日报，2014-10-14.
2 　郭春明，孙庆斌. 论现代性与主体性的深层关联——基于实践哲学视角的现代性批判［J］. 黑龙江社会科学，2016（2）.
3 　陈嘉映. 海德格尔哲学概论［M］. 北京：生活·读书·新知三联书店，1995：385.

　　时间有过去——现在——未来三重形式，德育贯通三重形式，是它们的展开状态，它既涉及生命的历史又涉及绵延的未来，它有滞留的连续性（通过转向过去的回忆，内省修身行为）和"前摄"的连续性（指向的未来实践）。继承大学之道要将过去、现在和未来联系起来。

　　这里，以慎独为例解说这种时间观。慎独处于时间之中的过程之链。只有对慎独进行时间性阐释，才能真正把握它。黄宗羲说："慎之工夫，只在主宰上……然主宰亦非有一处停顿，即在此流行之中，故曰'逝者如斯夫，不舍昼夜'！"[1] 慎独的功夫是自作主宰，它在人的一生中没有停顿，慎独修养，不舍昼夜。

　　这一没有停顿的时间运行体现在习近平总书记的讲话中，他指出："'莫见乎隐，莫显乎微，故君子慎其独也。''不虑于微，始贻于大；不防于小，终亏大德。'加强自律关键是在私底下、无人时、细微处能否做到慎独慎微。大家要懂得小事小节中有政治、有方向、有形象、有人格的道理，从小事小节上加强约束、规范自己，常掸心灵灰尘，常清思想垃圾，常掏灵魂旯旮。"[2] 这说明古今修身血脉一贯，气感流动。

　　在修身中，时间三位一体统一于慎独之中。"在'走—向—自己'之中，此在也已经把自己自身作为已曾是的存在者接受下来了。"[3] 这个"已曾是的存在者"——自己的过去生活影响着当下的修身。把修身放到完整的时间结构上看，现在具有过去和将来的维度，人在曾在与将在之中有一种当下的筹划。不可仅仅从现在来领会修身。将来（期待）、曾在（回忆）、当前（知觉）是慎独修养的可能性条件。"我们都体验和看到'某物流逝'、'某物到来'。进一步讲，无论是直接回忆的内容还是直接期望的内容，都是作为对我们目前的体验起作用的东西（而非作

1　黄宗羲. 明儒学案（卷六二）[M]. 北京：中华书局，2008：1514.
2　王学斌. 莫见乎隐，莫显乎微，故君子慎其独也 [N]. 光明日报，2020-01-02.
3　海德格尔. 现象学之基本问题 [M]. 上海：上海译文出版社，2008：393.

为先行的观念）而被给予的。"[1] 对往事的追忆与对未来的期待纠缠在一起，慎独既对过去的境域敞开着又对未来的境域敞开着。慎独在时间的三种样式的统一中被把握，它在时间性的三重向度上以其不同形态的相互作用构建自身。"将来不比作为曾在的过去来得晚；曾在也不比当前来得早。"[2] 将来的远景（民族复兴）与过去的传统在当下新时代的慎独的修养中共同在场，当前的慎独植根于将来和曾在之中。过去的历史回忆、当下的使命觉知与未来的期待三位一体。

生存活动不同于弹子在桌面上的滚动，它以时间性的三位一体方式进行伸展运动。胡塞尔说："那样一种本质上属于体验本身的时间，以及它的现在、在前和在后的、通过它们具有确定样式的同时性和相续性等等的所与性样式，既未被也不应被太阳的任何位置、钟表或任何物理手段所度量。"[3] 慎独的体验时间不同于物理时间，慎独者并不像水在杯子中一样处于时间的容器之中。时间不是时钟转动的同质化的时间，时间是修身者修身的持续性与延伸性时间。

传统不是已经完成的东西，慎独在时间的进程中历久弥新。有历史意义的慎独在当前修身中规定着将来。慎独不是停留在过去的东西，它是"'过去了的'而却又'流传下来的'和继续起作用的历事。"[4] 在这个意义上，慎独意味着一种贯穿过去、现在与将来事件的关系。它开启了"如临深渊，如履薄冰"、"莫见乎隐，莫显乎微"、"不远复"的种种可能性，它们成为继承下来并被修身者选择出来的可能性影响着当下的修身。"如临深渊，如履薄冰"的曾子、"不远复"的颜渊都可以成为慎独的榜样，他们影响着当下，并作用于未来。慎独有自身的时间意义，它继承过去传统，改变修身者的当下自我，塑造着其未来的时代新人形象。这种时间观是理解历史总体的前提，是继承大学之道的必要条件。

1　马克斯·舍勒. 爱的秩序 [M]. 北京：北京师范大学出版社，2017：14.
2　约瑟夫·科克尔曼斯. 海德格尔的《存在与时间》[M]. 北京：商务印书馆，1996：303.
3　胡塞尔. 纯粹现象学通论（第1卷）[M]. 北京：商务印书馆，2017：235.
4　约瑟夫·科克尔曼斯. 海德格尔的《存在与时间》[M]. 北京：商务印书馆，1996：328.

四、 总体性方法的微观解读

理解《大学》最为重要的是弄通总体性方法的宏观解读与微观解读问题。只有宏观解读,将治国、平天下作为一种未来的宏观社会现象,就会怀疑个体修身的意义。因为在传统社会模式之中,靠修身永远无法实现治国、平天下的社会局面。于是,治国、平天下就成为一种空想。如此,大学之道的价值大打折扣。只有宏观解读与微观解读相配合,才能说明治国、平天下的合理性。个体修身要达到治国、平天下的道德境界,要有乐以天下、忧以天下的情怀。在这个意义上,阅读《大学》、《论语》、《孟子》、《中庸》等经典著作,就知道治国、平天下的意义与价值。惟有这种意义的存在,例如,马克思具有乐以天下、忧以天下的情怀,才有共产主义平天下的指引,才有继承的意义。本书坚持宏观解读与微观解读相结合,注重社会道德形态层面与个体修养形态层面的区分。

总体性方法的微观解读是分析《大学》中关于个人总体化实践的思想。萨特指出:"人是一个整体而不是一个集合。"[1] 人就是一个总体,《大学》修身实践就是个体的总体性实践。通过总体性实践成己成物,成长为大人。

(1) 从纵向上解读,《大学》有一个微观个人的循序渐进的人生奋斗程序。格物、致知、诚意、正心、修身、齐家、治国、平天下,这是一个纵向总体,缺少其中任何一个环节,都不是真正意义上的总体的人。完满的总体性是"止于至善"。八条目相互影响构成一个有机纵向总体,八条目的总体性的综合不是机械拼凑而是在知止的基础上系统性综合。它使零散的、无序的行为变成一个按照修身价值体系排列成的系

---

1 萨特. 存在与虚无 [M]. 北京:生活·读书·新知三联书店,2007:689.

统的有序的行为结构，使个体"成为自为的完全和完整"[1]，实现"止于
至善"的总体化目标。个人修身行为既是总体化的动力（基于知止，追
求八条目），又是总体化的结果（实现八条目）。这一总体化规定了君子
的本质。

习近平传承了这一思想，他指出中国梦"包括广大青年在内的每个
中国人的梦"。对于青年个体来说，"青春梦"、"家庭梦"、"民族梦"、
"世界梦"是一个纵向渐进的人生奋斗过程，这一个体的人生奋斗过程
涉及新的修身、齐家、治国、平天下。在个体修养中，"青春梦""家庭
梦""民族梦""世界梦"相互影响构成一个有机纵向总体，它使个体人
生修养变成一个按照修身价值体系排列成的系统的有序的行为结构，使
个体实现"至善"的中国梦总体化目标。个人既是总体化的动力（追梦
者、圆梦人），又是总体化的结果（全过程参与中国梦的实现）。这一总
体化规定了时代新人的本质。这是本书继承大学之道，培养担当民族复
兴大任的时代新人的指导思想。

（2）从横向上解读，《大学》在空间上存在着间架的纲目结构。它
是解释修身世界的总体性原则和实践模型。《大学》中所有纲目都依据
间架而获得理解。《大学》S（间架）并非将修身知识 P1P2P3（纲目）
随意地结合在一起，《大学》是按照子路设问与孔子的回答将 S 与
P1P2P3……结合。间架与纲目不是种与属的关系，即水果与苹果、梨
子的关系，间架与纲目在功能性关系中相互依存。P1P2P3 的结合有一
个秩序，排除了随意与偶然因素。修己以敬——格物、致知、诚意、正
心；修己以安人——齐家，安身边的人；修己以安百姓——治国、平天
下。孟子说："充实之谓美，充实而有光辉之谓大。"[2]《大学》修身、齐
家、治国、平天下是个体的不断充实过程，这种人格具有美的光辉
人格。

---

1 卢卡奇. 卢卡奇早期文选 [M]. 南京：南京大学出版社，2004：78.
2 孟子·尽心下.

间架的众环节有一种包含关系，高目标止于至善包含着中目标明明德与亲民，中目标明明德包含着子目标格物、致知、诚意、正心，中目标亲民包含着子目标齐家、治国、平天下。可以从两个方向去把握这种关系：S 中包含着 q。从上往下看（这是分析的，是一种辨析性分析，例如，把明明德分析为格物、致知、诚意、正心），总目标包含着分目标，分目标包含着子目标。从上往下看，胡塞尔举了一个 $(5^3)^4$ 的定义链条的例子。这个定义可以回溯到 $5^3 \cdot 5^3 \cdot 5^3 \cdot 5^3$。而 5^3 又可以回溯到 $5 \cdot 5 \cdot 5$ 上。再进一步 5 可以通过 $5 = 4 + 1$，$4 = 3 + 1$，$3 = 2 + 1$，$2 = 1 + 1$ 来澄清。这像一个定义链的自身展开，最后可以充分阐明 $(5^3)^4$。[1]《大学》的众环节可以通过 S 中包含着 q 的推演，去分解总目标。止于至善向明明德和亲民过渡，明明德向格物、致知、诚意、正心过渡，亲民向齐家、治国、平天下过渡。最终把握住止于至善这一目标，达到"明见的明晰性"（胡塞尔语）。止于至善第一级的目标在第二级的分目标中获得理解，第二级的分目标进而又在第三级的子目标中获得理解。$(5^3)^4$ 的定义链条的例子可以使我们理解《大学》的 S 中包含着 q。值得注意的是，在实际修身中，明明德与亲民是止于至善的生成性展开而不是既定之物的"展出"。

从下往上看，q 处于 S 中，子目标处于分目标之中，分目标处于总目标之中，这里的高低不是道德评价意义上的高低。从下往上看是综合的，例如，把分开的环节格物、致知、诚意、正心加以连结为明明德。在 q 处于 S 中的过渡形式中，子目标充实与丰富着分目标，分目标充实与丰富着总目标，众环节通过充实关系而相互联结在一起。充实与丰富显现出道德的不断提升。弄清楚一个子目标可以为分目标提供丰富与充实的内容。如胡塞尔所说："弄清楚一个思想，这首先意味着，为这个思想的内容提供合乎认识的充盈。"[2]《大学》间架设计在空间上的布展

1　胡塞尔. 逻辑研究（第 2 卷·第 2 部分）[M]. 上海：上海译文出版社，1999：68.
2　胡塞尔. 逻辑研究（第 2 卷·第 2 部分）[M]. 上海：上海译文出版社，1999：67.

向世人展示了修身的格局。

关于总体性方法的微观解读中的横向空间意义上的解读，在第三章《大学》间架结构、第四章八条目的修身内涵、第五章八条目的当代德育传承、第六章时代新人的总体性设计中多有涉及，它形成了本书对大学之道的理解特色。

五、《大学》的意蕴整体式解读

马克思主义总体性方法与海德格尔的意蕴整体相会通，从总体性方法解读《大学》可以补充海德格尔的意蕴整体思想。海德格尔指出人通过意蕴整体与事物和他人打交道。他说："'为何之故'赋予某种'为了作'以意义；'为了作'授予某种'所用'以含义；'所用'赋予结缘的'何所缘'以含义；而'何所缘'则赋予因缘的'何所因'以含义。"[1] 人在实践活动中将含义展开，这种展开的含义不是理论上的定义与概念，定义与概念恰恰以这种含义的展开为基础。作为含义的展开，意蕴整体是揭示事物的条件。

"为何之故"是为了人的生存，"为了作"是为了从事某种事情，"所用"是一件用具的功能，"何所缘"指一件用具因某种功能与某某事物结缘。海德格尔的最著名的例子就是锤子，他说："因我们称之为锤子的那种上手的东西同锤打有缘（因之我们才称那种上手的东西为锤子）；因为锤打，又同修固有缘；因修固，又同防风避雨之所有缘；这个防风避雨之所为此能避居其下之故而'存在'，也就是说，为此在存在的某种可能性之故而'存在'。因某种上手的东西有何种缘，这向来是由因缘整体性先行描绘出来的。"[2] 为了修固避雨之所（为了作），需要锤子这一用具，"为了作"授予锤子的"所用"以含义，锤子在"所

1　海德格尔. 存在与时间 [M]. 北京：生活·读书·新知三联书店, 1987：107.
2　海德格尔. 存在与时间 [M]. 北京：生活·读书·新知三联书店, 1987：104.

用"中与锤打有缘。这样，在整个操作中就有一个意蕴整体：锤子——锤打——修固——避雨之所——避居其下之人。在一个意蕴整体中的事物之间有一种指引关系：A 指向 B，B 指向 C……这对理解《大学》有启示意义。

1.《大学》的意义在新时代的意蕴整体中呈现

海德格尔指出："严格地说，从没有一件用具这样的东西'存在'。属于用具的存在的一向总是一个用具整体。只有在这个用具整体中那件用具才能够是它所是的东西。"[1] 一个事物只有在意蕴整体（用具整体）中才能展示其所是、如何是。例如，汽车转向灯只有在交通标志的意蕴整体中才能呈现出意义。"我们本真地'把捉到'这个标志之时，恰恰不是我们注视这个标志之时，不是我们把它当作摆在那里的显示物加以确定之时。"[2] 交通标志的意蕴整体与转向灯的联系不是在对转向灯这一个别事物的感知之后，再追加意蕴整体这一联结。意蕴整体构成了对转向灯感知的背景。"这个用具整体包括汽车、路标、控制汽车改变行驶方向而不影响其他车辆行驶的交通规则，等等。只有在那种社会和文化背景中，汽车后部保险杠右侧的信号灯的突然闪现，才意味着它要向右转。"[3] 转向灯与汽车、路标、交通规则、道路等等成为一个相互联系的用具整体即意蕴整体，而不是像一袋马铃薯那样由个个零散的东西堆积成"总数之和"。只有在这个总体——意蕴整体中，事物（转向灯）才能得到根本解释。

本书命名为《大学》间架与当代德育，意味着《大学》的修身意义只有在新时代德育的意蕴整体中才能呈现。依据十八大以来习近平对修身齐家、治国、平天下的反复论述，可以发现这个意蕴整体涉及德育筹划的何所在（新时代的历史方位）、何所用（提升自我修养）、何所因（社会主义初级阶段的实践条件）、为何之故（实践目标——民族复兴）。

1　海德格尔. 存在与时间 [M]. 北京：生活·读书·新知三联书店，1987：85.
2　海德格尔. 存在与时间 [M]. 北京：生活·读书·新知三联书店，1987：98.
3　S. 马尔塞尔. 海德格尔与《存在与时间》[M]. 桂林：广西师范大学出版社，2007：57.

习近平指出："《论语》中就说，要'修己以敬'、'修己以安人'、'修己以安百姓'。古人所推崇的修身齐家、治国平天下，修身是第一位的。我们共产党人更应该强化自我修炼、自我约束、自我塑造，在廉洁自律上作出表率。"[1] 这是从廉政教育中吸取《大学》的"修身是第一位"的思想。对《大学》的理解取决于在社会实践中把握由这种相互关联所组成的意义网络系统的能力，把握得越全面，理解得就越深刻。在习近平用典中，《大学》的当代意义被激活。其用典始终在新时代德育的意蕴整体中进行。在新时代的社会实践中，《大学》的价值不是孤立地被规定，而是从意蕴整体中被规定。离开了意蕴整体，《大学》就不再呈现其价值。《大学》的价值既不在文本中又不在人的主观认识中，而是在人与《大学》的交往的社会实践中产生。在意蕴整体中，具有结缘的时间性，对未来之物的期备（培养担当民族复兴大任的时代新人），对过去之物的保持（《大学》间架）使当前的日新又新的教育成为可能，使新时代关于《大学》的理解成为可能。

马克思总体性思想具有这种意蕴整体内涵，恰恰是在新时代德育的意蕴整体中才能建立起《大学》间架的当代德育关联。整——分——合的解读路线中的"合"本身就是一个意蕴整体。总体性方法的宏观解读与微观解读都将社会与个体问题、纵向联系与横向联系问题置入意蕴整体之中。

2.《大学》的意义在房屋与间架的隐喻中呈现

在总体性的意蕴整体中，整体大于部分。海德格尔说："房间却又不是几何学空间意义上的'四壁之间'，而是一种居住工具。'家具'是从房间方面显现出来的，而在'家具'中才显现出各个'零星'用具。用具的整体性一向先于零星用具被揭示了。"[2] 意蕴整体先于各个部分。"因缘整体性'早于'单个用具。"[3] 这与马克思总体性方法相同，总体

1　习近平关于全面从严治党论述摘编 [M]. 北京：中央文献出版社，2016：181.
2　海德格尔. 存在与时间 [M]. 北京：生活・读书・新知三联书店，1987：85.
3　海德格尔. 存在与时间 [M]. 北京：生活・读书・新知三联书店，1987：104.

性范畴在马克思哲学中占据优先位置。总体性方法强调总体对个体的优先性。只有认识了整体对其所属的诸多部分的优先性，才能获得理解部分的钥匙。

例如，一间教室，先于教室中的多种多样的教学用具。用具不是偶然出现的东西，走进教室，它们不像一个乱七八糟的杂物堆那样与我们照面。教室中的用具在"为了学"的意蕴整体中呈现出来并获得意义，在荒无人烟的沙漠中的一台电脑就不再是作为用具的电脑。只有在"为了学"的意蕴整体中单个用具才作为用具得以呈现出来，即它的用处所在、目的所在得以呈现。海德格尔说："房间并不是以如下这种方式与我际会：我首先把一个东西接着一个东西连串起来，并由此组合起各个物的一种多面流形，尔后才能看见一个房间。相反，我最初所看见的就是一个封闭的指引整体，正是出自这个指引整体，我才能看见个别的家具和所有显现于房间里的东西。"[1] 美国学者约瑟夫·科克尔曼斯解释说："人们并不是首先遇到一件单独的用具然后再将它们相加以便从中构成作为一个统一体的房间，人们首先遇到的是房子本身。只有在这个总体中，并且通过这个总体，各种单独的事物才能接收其各自的意义。"[2] 房间是有意义的整体，不是用具的任意集合。这与马克思的整体大于部分之和、整体对于部分具有优先性的总体性思想有相通之处。

因此本书借鉴海德格尔的房屋与家具的关系理解《大学》间架。《大学》的间架就像海德格尔所说的房屋。间架本身就是一个隐喻，它赋予《大学》在"四书"中的特殊位置。"四书"是相对独立的文本，在内容和形式上都各有自身特点。它们分别来源于曾子、孔子、孟子、子思，又称"四子书"。"四书"就年代而论，它们出现的顺序是《论语》、《孟子》、《大学》、《中庸》，而朱熹教人读"四书"，则有另一种先后顺序。朱熹说："某人要先读《大学》，以定其规模。次读《论语》，

1　海德格尔. 时间概念史导论［M］. 北京：商务印书馆，2009：257.
2　约瑟夫·科克尔曼斯. 海德格尔的《存在与时间》［M］. 北京：商务印书馆 1996：132.

以立其根本。次读《孟子》，以观其发越，次读《中庸》，以求古人之微妙处。"[1] 朱熹指出了每一书的独特的定位，使四书在功能上的区别成为可能，使它们之间的关系得以理清。朱熹将它们汇编成书，并排定了为学次序：《大学》——《论语》——《孟子》——《中庸》。朱熹并非分别地、单一地规定每本书的性质，而是从它们彼此的关系来定义它们，后来刊刻的"四书"，都按照朱熹的排列。读"四书"不是一本一本地随便读，朱熹强调读四书要把注意力集中在它们的关系上来读，否则，就不能很好地理解它们。他认为《大学》是"为学纲目"，是"修身治人底规模"，它规定了修身"等级次第"，好像盖房子，读《大学》等于搭好房子的"间架"，以便将来"却以他书填补去"。"论孟中庸"都有待于《大学》的"贯通浃洽"。就如只有从盖房子的角度才能把握砖头。在学习中，间架与其他经典并不是一起"上手"，间架的首先"上手"使其他经典变得更加清楚明白可通达。间架可以对儒家文化有一个全面"观看"，在间架的"规模"中，《论语》、《孟子》、《中庸》的"根本"、"发越"、"微妙处"的阅读意义能够更好地揭示出来。读者通过间架与《论语》、《孟子》、《中庸》更好地相遇。这种四书关系作为修身的指导性指引，引导着人们去修身。朱熹的解说对后世儒家修身思想产生了巨大影响。

间架为我、为我们、为所有人而存在，修身首先是进入间架的总体关系中去，修身让间架首先出场。间架必须以主题的方式被清楚地领会。这里，《大学》具有这样一种特殊性，它是一个房间的间架，具有整体意义，其他书就像"家具"或"砖瓦"具有填补意义。人们只有先掌握了儒家修身的"房间"——标志性的间架，才能更好地理解房间中所填补的其他的东西。当然，任何隐喻都是不完善的，朱熹的砖头比喻并没有贬低经典著作的意思，不是说《大学》比其他经典重要，它强调学习儒家经典有一个方法，就像海德格尔所描述的人与房间的遭遇一

1　黎靖德. 朱子语类 [M]. 王星贤点校，北京：中华书局，1986：249.

样，把《大学》间架领会为一个整体性的东西（像房屋），在此基础上
理解儒家修身的其他思想（像用具）。修身存在着一条由间架到"论孟
中庸"的道路。

朱熹说："今日格一物，明日格一物，一旦豁然贯通焉，众物之表
里精粗无不到，而吾心之全体大用无不明矣。"[1] 这里的"一贯之妙"，
不是"我首先一个一个地接受事物并把繁多的诸事物合在一起，以便之
后看到一个房间"那样，格物是在间架中的格物。格物并不首先呈现自
身，没有间架，格物不能被领会。因此，间架必须事先被揭示。在间架
中，格物呈现为平天下的起点，格物的特性、功能、作用和它的"服务
于……"、"有益于……"在间架中被规定。修身活动是在间架指引中进
行的，这种格物不是收集零散的知识。格物如果不能与间架的结构交织
在一起，就是无意义的东西。在间架指引下的格物，才能达到通体透
彻。本书在"房屋"与"间架"的隐喻中探讨大学之道的内涵及其对当
代德育的意义。

六、《大学》的解释学循环式解读

对《大学》的解读方法包含着解释学循环，科耶夫指出："完全地
意识到现实世界，必然也是完全地意识到自我。"[2] 对世界的意识与自我
意识是统一的，只有将自我带入世界中，自我才能得到领会，因为理解
了世界过程就理解了我们自身。对任何事物的理解都具有这种循环。

海德格尔认为任何解释都包含"先有"、"先见"、"前概念"，"尽管
阐释不集中在整体环境方面，但它预设了对环境的理解。除非我事先对
钉子、木头等等有所了解，否则我就无法阐释锤子。"[3] 同理，除非我事
先对工具和设备有先验性的大致了解，我才能把某物理解为锤子。"'一

1　朱熹. 四书章句集注 [M]. 北京：中华书局，1983：7.
2　科耶夫. 黑格尔导读 [M]. 南京：译林出版社，2005：366.
3　迈克尔·英伍德. 海德格尔 [M]. 南京：译林出版社，2013：47.

个用具'，'在本体论上是不可能的'。用具总是作为工作场所暗含的一个互指设备系统的一部分。"[1] 同理，《大学》是在儒家文化总体中被理解的，舍弃了文化总体，理解《大学》就是不可能的。海德格尔坚持认为，"在我把某物阐释为锤子时，我并非首先把这个实体简单看成是现成在手的，看成上面嵌着一块铁的一段木条，然后把它阐释为锤子。"[2]锤子纠缠于其他用具的关联之中，工匠通过由钉子、木头、工具和设备所组成的意蕴整体来理解一把锤子，锤子在这个意蕴整体中有它的位置。工匠在他工作时对意蕴整体中的用具已经大致理解了，它们作为"先有"、"先见"、"前概念"存在着。海德格尔说："可以说，我们在阐释时并不是一下子就把一种'含义'赋予某些现成在手的赤裸裸的事物，我们并不是把某种价值标签贴在它身上。当在世的某物被以此种方式遭遇时，所关涉的这个某物就已经有了通过我们对世界的理解所揭蔽出的因缘，而这一因缘就是由阐释开显出来的。"[3] 这里，锤子在因缘整体中，遭遇锤子就关涉到整体因缘，在整体因缘中理解锤子。

　　理解不仅仅是从整体到部分的运动，它是从部分到整体和从整体到部分的双向运动。解释不是人的一种属性，生存就投身于解释中。人的生存状态就具有这种解释学循环处境。

　　解释学循环是指人在解释的循环中做解释。"一切理解和认识的基本法则是要在个别中去发现整体，并根据整体去把握个别。"[4] 整体需要从个别中去理解，同样，个别也需要从整体中去理解。阅读《大学》文本，只有理解了每一句话，才能理解一整段话；反之亦然。理解是一种双向运动，这种运动深化源初的视界，引起对文本越来越丰富的理解。海德格尔揭示出对人的存在的解释必然具有循环结构的阐明，解释学循环是研究《大学》的恰当方式，通过上升的循环到达对《大学》的澄明之地。

1　迈克尔·英伍德. 海德格尔 [M]. 南京：译林出版社，2013：96.
2　迈克尔·英伍德. 海德格尔 [M]. 南京：译林出版社，2013：47.
3　迈克尔·英伍德. 海德格尔 [M]. 南京：译林出版社，2013：48.
4　让·格朗丹. 解释学导论 [M]. 北京：商务印书馆，2009：111.

解释学循环是一种"探索的循环、进路的循环和存在的循环"[1]，它不是证明的循环，后者纯粹以演绎的方式进行。"只有在某些命题是由另外的命题推导和证明出来的地方，当那本应由命题 A 和 B 推导出来的命题 C 和 D——为了证明 A 和 B，即为了证明那 C 和 D 本身应由之得到证明的命题——已经在推导中起作用时，才存在着一种循环。"[2] 这是"证明的循环"。解释学循环结构不是逻辑学能够处理的东西，不是从概念到概念的推演，它是人的存在的独特结构。

人的领会活动意味着解释，解释具有设为前提的性质。没有"设为前提"，解释就不可能进行下去。本书在解释学循环中理解《大学》。《大学》的解释必然在一个解释学圈子里循环。《大学》说："所谓修身在正其心者，心有所忿懥，则不得其正；有所恐惧，则不得其正；有所好乐，则不得其正；有所忧患，则不得其正。"[3] 忿懥、恐惧、好乐、忧患的情绪解释以正心的解释为前提，正心的解释以明明德的解释为前提，明明德的解释以止于至善的解释为前提。反过来，止于至善的解释以明明德的解释为前提，明明德的解释以正心的解释为前提，正心的解释以忿懥、恐惧、好乐、忧患的情绪如何消除的解释为前提。这种解释循环是螺旋运动而不是简单的彼此返回。本书在分析《大学》间架结构中指出：《大学》是按照子路设问与孔子的回答将 S 与 P1P2P3……结合，从上往下看与从下往上看就处于解释学循环之中。《大学》间架结构分析中多次通过不同的方式说明这种循环。

"解释学循环在此在领会中是一个本质要素，因为它反映了此在的存在样式。我们看到，在海德格尔看来，循环是任何诸如此类的人类领会行为的结构要素。"[4] 本书运用这种观点领会《大学》的修身。修身的每一条目都涉及解释学循环问题。对于任何一个修身者来说，只有领会

1　海德格尔. 时间概念史导论 [M]. 北京：商务印书馆，2009：199.

2　海德格尔. 时间概念史导论 [M]. 北京：商务印书馆，2009：198.

3　朱熹. 四书章句集注 [M]. 北京：中华书局，1983：8.

4　约瑟夫·科克尔曼斯. 海德格尔的《存在与时间》[M]. 北京：商务印书馆，1996：252.

了间架，才能领会条目；只有领会了条目，才能清晰地领会间架。这种解释学循环过程不是借助于逻辑规则进行的循环论证，不是命题的来回推演的逻辑循环。它与"假设一个基本命题并由此演绎出一串命题之类的事情毫不相干。"[1]

《大学》的解释学循环是由修身的存在方式决定的，循环具有筹划性质，在修身中既需要间架的指引，又需要通过修身活动将条目展开。这一循环结构不可避免，解释学循环不会导致相对主义。否认这种循环或希望克服这种循环，都不能真正把握《大学》的修身。解释学循环的处境具有生存论意义，对《大学》修身的领会必须整体地跳入解释学循环的圈子之中。

虽然本书将解释学的整体与部分的循环关系运用于理解《大学》，对《大学》修身的领会处于解释学循环的处境之中。然而，坚持马克思总体性方法，总体的理解对部分的理解具有优先性，对《大学》的解释最终以总体性的儒家文化解释、总体性的新时代德育意蕴整体为前提。

理解《大学》并不将其作为德育的专题对象，这种理解超出了对象的限度。关于《大学》与德育的研究是通过传承的传统文化思想来进行的，研究在某种程度上处于传承的传统文化视角中。我们不可能摆脱传统的解释对传统进行解释，今天的解释是古今解释的合流。诸如，人才培养规格上的知行合一、道德意识与道德行为的统一；人际协调方法上的将心比心、以己度人；教育者自身的形象上的以身作则，等等。这些都是文化传承的结果，它们成为德育中的基本思想，作为"先有"、"先见"、"前概念"，并成为本书分析首先关注的范畴，这些范畴对分析者的思想有影响。分析《大学》就是跋涉在思想的溪流中，即在传统文化的传承中思考传承传统文化，而不是跳出传统将传统当作对象。这成为传统文化研究中的解释性循环。本书的研究行进在传统文化的道路上。借用罗姆巴赫的话：了解《大学》"必须进入这个意义世界，参与它的

1　海德格尔. 存在与时间 [M]. 北京：生活·读书·新知三联书店，1987：11.

意义流，仿佛令自身在其中随波逐流。"[1] 通过这种循环让德育具有传承与深化传统文化的功能。

七、《大学》的言、像与象三个层次解读

本书从总体性上把握《大学》需要理解《大学》的言、像与象三个层次。《大学》文本中文字符号等于言，间架等于像，义理等于象。当代德育掌握《大学》有一个不断深入的过程：由言到像——由文字符号进入到对间架的把握；由像到象——由间架进入到对大学义理的把握。修身活动有一个言、像、象的不断提升过程。

（一）《大学》的象与像的关系

习近平指出："在中外文化沟通交流中，我们要保持对自身文化的自信、耐力、定力。桃李不言，下自成蹊。大音希声，大象无形。潜移默化，滴水穿石。只要我们加强交流，持之以恒，偏见和误解就会消于无形。"[2] 这里的"大象无形"来自《道德经》，老子在说到道的至高至极境界时，引了"大象无形，道隐无名"的说法。"象"是非具象的道。传统文化作为"大象"有着宏大与深刻的影响力，这是文化自信的源泉。与之对应的"像"是具象的形态和实体。

《大学》是大人之学，大学之道就是"大象"。孟子说："有大人之事，有小人之事。"他将大人与小人相对立，"养其大者为大人，养其小者为小人"，养其大是指对心的养护，养其小是指对身的养护。养护自己的善心，使其扩而充之，就成长为大人；舍弃了心的养护，只知道对身的养护，并顺从欲望的人沦落为小人。《大学》就是做大人之事，求大人之心。"大人"就是"先立乎其大者"，这种人可以安邦定国。孟子

_____

1　罗姆巴赫. 作为生活结构的世界：结构存在论的问题和解答［M］. 上海：上海书店出版社，2009：35.
2　习近平关于社会主义文化建设论述摘编［M］. 北京：中央文献出版社，2017：205.

从心性上指示何以为"大人",直接承袭了相传为孔子所作的《乾·文言》:"夫大人者,与天地合其德,与日月合其明,与四时合其序,与鬼神合其吉凶"的思想。大人具有浩然之气,上下与天地同流。这种大人是"大象无形"的。大象是非对象性的,无定形的。"大学之道"让人学做"大人",这个道不是名词而是动词,它不是现成的而是生成的。大学之道是没有一定形状的宏大的气势景象,是君子的最大形象,此一形象是经世济民的无形之象。依据大学之道培养的时代新人属于"象"的层次。

无形的理念需要转化为有形的规范。作为抽象理念的大学之道要由《大学》间架来诠释,使其转化为一种秩序与结构来规范修身行为,大学之道最终要通过修身者的行为来诠释,所谓人能弘道。大学之道与修身行为之间不是一种直接关系,大学之道只能通过间架才能对修身行为起规范作用。间架是大学之道具体化路径的指南,修身行为依据间架,体现大学之道,才表现为"正当"。在修身中,一方面存在有形规范——间架,另一方面存在无形大道,两者相互依存。对于修身者来说,仅仅有大学之道还不够,必须有间架作为支撑。对于今天的时代新人来说,既要传承大学之道,又要设计新的德育目标树。本书基于"象"与"像"的关系,来解释与分析《大学》。

《大学》间架是像,间架把无形之状(大学之道)化为有形之像。它表达的是具象的形态即三纲领八条目,是朱熹所谓盖房子的间架。《易经》所谓:形而上者谓之道,形而下者谓之器。象是无形的道,像是有形的器。大学之道不能离开《大学》之器——间架,间架成为其载体。本书依据象是无形的道,像是有形的器,才能为《大学》间架准确定位。

像具有直接性、形象性特点。朱熹的间架隐喻使无法直观的大学之道变得有形可见,间架的隐喻是一个系统的"集结"。"或问:'大学之书,即是圣人做天下根本?'曰:'此譬如人起屋,是画一个大地盘在这里。理会得这个了,他日若有材料,却依此起将去,只此一个道理。明此以南面，尧之为君也；明此以北面，舜之为臣也。'"[1] "大学是修身治人底规模。如人起屋相似，须先打个地盘。地盘既成，则可举而行之矣。"[2] 这里，朱熹拓展性地运用"起屋"、"大地盘"、填充"材料"等隐喻，形成一簇隐喻的集结，它们与"间架"一起形成了系统性的隐喻，以生动的形象说明与增强着《大学》修身规模的论证力量。本书依据间架隐喻，标画出《大学》修身的目标网络图，最后标画出当代德育目标网络图，它们可以依靠感官直接感知。象具有间接性和抽象性，它是修身的原则与基本原理。间架是大学之道义理与修身实践中的桥梁，通过间架才能达到对大学之道义理的把握，进而指导修身实践。

君子修身要从像中把握象，通过间架把握大学之道。间架与义理是不可分离的，一方面，间架承载着义理的表达，没有间架，义理就无所依附而不能存在；另一方面，间架从它们所代表的义理那里获得其存在的理由。间架的作用在于显现义理，修身者必须超越间架，由显现着的、可感的间架到未显现的、超感性的义理。当修身者的兴趣仅仅朝向感性形象之物——间架时，间架就不再是真正的间架了。这时处于"得形而忘意"中。由于间架与义理是两个不同层次的东西，在解读中就存在着"意义截取"状态。在这种状态中，解读者关注的不是对间架所代表的义理的理解，而是间架本身。

德育既重精神又重形式，象与像相互交织、相互转化。有如齐白石所说："妙在似与不似之间，太似为媚俗，不似为欺世。"[3] 对修身来说，太似（完全按照八条目直线似地修行）就显得机械，没有自主性；相反，不似很难反映出儒家修己安人的君子特征。借用中国艺术的审美观念，"象"是"写意"，"像"是"写实"。依据三纲领八条目进行修身实践就是人生修养的"写实"，在这种追求中实现"写意"（心中生出"大象"，如孟子的浩然之气，文天祥的正气），造就不同风格（孟子、文天

1　黎靖德. 朱子语类 [M]. 王星贤点校. 北京：中华书局，1986：250.
2　黎靖德. 朱子语类 [M]. 王星贤点校. 北京：中华书局，1986：250.
3　张曼华. 中国画论史 [M]. 南宁：广西美术出版社，2018：489.

祥）的修身典范，体现无形的大学之道，这就是由像转象，由人人所遵循的普遍性的修身方法上升为个体性弘道。孔子所谓"人能弘道，非道弘人"体现的是人生修养上的写意与求象的态度。大象无形既是艺术追求的境界又是人生修养追求的境界。艺术追求在似与不似之间，人生修养也在似与不似之间。所谓似，即依据《大学》间架，走着人人相同的修身路径，这类似于写实。所谓不似，相同的修身路径有着开放性的结构，需要修身者充分高扬主体创造性，达到得"意"（把握和体现大学之道）而忘"形"（不再停留于具象的间架）的境界，这类似于写意而求象。象与像结合才能达到神形兼备，显性与隐性的结合。所谓"诚于中，形于外"，真正领会大学之道，才能运用好《大学》间架。

对像的把握有如海德格尔所说的对工具的把握，工具在运用中仿佛"抽身而去"。修身也是这样，它需要原则、方法、手段。但是，如果它们在自己的头脑中变得十分触目，人滞留于像的阶段，每走一步（"知～止～定～静～安～虑～得"）都要想到间架及自己的行为处于间架中的哪个阶段，那么很难达到一种人生的艺术修养，达到象的境界。这种人达不到让原则、方法、手段（类似于像）潜移默化于心中的境界（类似于象）。

《论语》引《诗经》"如切如磋，如琢如磨"就是将人生作为艺术品来打造，就是一种写意，创造出极新极美的人。当代德育同样具有象与像、写实与写意、似与不似，只有掌握好这种关系，才能体现出原则性与灵活性的统一，才有创造性的体现。

（二）始于言，达于像，终于象

本书解读《大学》，将其分为三个层次：言——以语言样态存在的符号表征；像——方法论结构（三纲领、八条目网络结构）；象——大学之道。三者相互统一，不可分割。解读《大学》是始于文字（言），达于间架（像），终于义理（象）的过程。朱熹形容有"剥皮、去肉、见髓"之法，所谓"去其皮，见其肉；去其肉，见其骨；去其骨，见其髓。"这可以形容这种解读。

基于这样的解读，本书认为学习者掌握《大学》有一个由浅入深的过程，前一阶段的学习为后一阶段的发展提供条件，后一阶段的发展是对前一阶段的学习巩固与升华。学习过程包含认知、智慧与品格养成三个阶段，进而掌握其所言之事（言）、所论之法（象）、所明之理（象），达到慧眼识珠，知其精义的教育目的。学习从浅层次的知识记忆、简单运用转到把握义理的深度学习。浅与深不是完全断裂的、不联系的，从浅到深是一个连续的过程。

《大学》所讲修身具有冯契所说的"化理论为方法"、"化理论为德性"的品格。冯契说："理论只有化为方法，才能发挥作用；理论只有化为德性，才能实现它的价值。"[1] 因此，本书对《大学》的理解不是再现而是生成活动。大学之道与间架都应该内化于人的行为之中，不能仅仅是一个外在的对象。

1. 始于言

修身的第一层次是掌握《大学》的文本，即有待理解的意指符号系统。它是呈现于眼前的文本中的语词，表现为印刷在一部《大学》文本里的所有文字总和。这些言词之物有句法结构，修身者通过分析，了解文本意义。从知识与育人的关系上看，《大学》文本意义具有育人价值，它体现在外在化的符号之中，表现为理论化的符号存在。通过"博学之、审问之、明辨之、慎思之、笃行之"加以理解，这种学习不是一种单纯认知活动。

在功名心的驱动下，过于关注知识的外在的、工具性价值，就会出现《大学》的文本意义与育人分裂现象，《大学》就降级为意思单一、固定且按机械顺序编排在一起的符号。这种分裂式的学习是一种"镜子之像"模式。《大学》文本成为背诵与复写的文本，人以崇拜的态度解

---

1 李志林. 千年之问谁作答？当代著名哲学家冯契评传 [M]. 上海：上海人民出版社，2019：477.

读和复述文本。学习者可能鹦鹉学舌地通过口试或笔考（准确地说是通过记忆）再现原型。所谓"天子重英豪，文章教尔曹。万般皆下品，唯有读书高。少小须勤学，文章可立身。满朝朱紫贵，尽是读书人"。在这种功名心驱动下，古代由县试考秀才（县或府一级考试），由乡试（省一级考试）考举人，再进京考进士（全国考试）、中状元（进士考试的殿试第一名）。学子试图通过三级取士的阶梯层层攀登，考取功名，这一过程始终离不开《大学》陪伴。若《大学》被误用于考取功名，学子将学习《大学》文本变成读书做官的谋生之道，死啃书本。"手不停披，目不息览，夜以继日，未尝少暇"，最后"消磨了天下英雄气"，就无法形成修己安人的大丈夫人格。仅仅抱着考试取士的心态学习的学子，其"一群乌鸦噪晚风，诸生齐放好喉咙"的学习状态较难发展到义理层次，会产生模拟关系，如电脑拷贝资料。在这种学习中，人的心灵成为口袋，知识成为物。这种学习方式与大学之道背道而驰。

今天的应试教育是这样一种学习方式，它靠机械记忆产生模拟关系，即摹本与原型的关系。"摹本的本质就在于它除了模拟原型之外，不再具有任何其他的任务。因此，它的合适性的标准就是人们在摹本上认出原型。"[1] 就像摹本是按照原型来绘制的，学习活动是通过口试或笔考（摹本）来再现原型。最理想的摹本是与原型没有区别的摹本，是镜子里的形象。"镜中之像实际上具有一种可消失的存在；它只是为了看镜子的人而存在，并且如果超出了它的纯粹的显现，它就什么也不是。"[2] 口试或笔考只为教师看出原型而存在，它不是真实的存在，它的功能是通过类似性指出了所摹绘的事物。教师将摹本与原型相比较，按照类似性程度的高低去评价，摹本具有优、良、中、差的存在等级。学习活动成为对原型的模仿性的说明活动。在这种学习中，完整的人的存

1　加达默尔. 诠释学——真理与方法：哲学诠释学的基本特征 [M]. 北京：商务印书馆，2007：194.
2　加达默尔. 诠释学——真理与方法：哲学诠释学的基本特征 [M]. 北京：商务印书馆，2007：194.

在被化约为片面的认识性存在。

只有将文本意义内化到学习者心灵，达到慧眼识珠、知其精义的学习效果，才能超出它的纯粹的显现，达到真正的学习。模拟关系依靠记忆力，释义关系依靠理解力。在德育中，形成释义关系和有意义学习，必须调动起学生的有意义的学习心向，学习不是为了记住某些知识点，而是为了自己去过有意义的道德生活。

2. 达于像

修身的第二层次：化理论为方法。在了解《大学》文本意义之后，掌握《大学》间架，将《大学》文本意义化为修身方法，使学生头脑中的文本知识由自在存在（依附于原型的摹本）发展到自为存在（对文本意义创造性地理解与运用）。这不是原型与摹本的关系，而是乐谱与演奏的关系。演奏不是单纯读乐谱，而是具有个体性特征地表现乐谱。

"化理论为方法"超越符号层次的表层学习，从符号学习走向智慧的运用——转识成智，从表层知识理解走向方法论的掌握。黑格尔指出："方法也就是工具，是主观方面的某个手段，主观方面通过这个手段和客体发生关系……"[1] 这种观点将方法视为主体与客体之间的手段。在主客二分框架下，主体与工具成为认识与被认识、运用与被运用的技术性操作关系。黑格尔没有进一步区分出人的塑造与物的制造的不同方法。通常德育在定义方法时采用这种说法，将方法视为工具，视为教育者为达到教育目标所采取的手段。

在"化理论为方法"中，浅层次是把《大学》间架视为达到理想人格的手段、工具，从主客体角度理解《大学》中的工具与目标。将修身活动变成设定目标、利用合目的的工具、主体与客体打交道的行为。这样，方法仿佛是过河的桥梁与船只，目标是过河。在德育中，这种理解虽然有一定的道理，例如，举例说明是一种教育方法，当目标被阐述清楚之后，例子及举例方法就不需要了。举例方法仿佛是桥梁与船只，达

1　列宁. 黑格尔《逻辑学》一书摘要［M］. 北京：人民出版社，1965：156.

到目标，它就没有作用了。这种教育方法不能内化为受教育者自身的素质，方法永远外在于受教育者。

从这个角度理解"道路"——大学之道，就把道路工具化，存在着贬低道路（大学之道）的现象。道路成了被利用的东西，它效力于目标。因此，解读必须上升到"象"的层次。

3. 终于象

修身的第三层次：化理论为德性。它深入到价值论的层次，修身者在"化理论为德性"中领会自己的生存。在这一阶段中，《大学》间架不是作为一种框架外在于修身者。"化理论为德性"弥合了人、工具与客体的割裂关系，把《大学》间架视为方法与目的合一，彼此密不可分。这时，目的与工具二元对立消失了。《大学》的三纲领、八目条向人们展示了一个道理：人用来制造物的方法不同于人塑造自我的方法。在人的塑造中，"人——工具——被塑造者"三者是统一的。

德雷福斯指出："思考一下（维特根斯坦、波兰尼和梅洛·庞蒂所运用的）那个盲人的拐杖的例子。我们递给盲人一根拐杖，并要求他告诉我们它有什么属性。在掂量和触摸之后，他告诉我们：它是轻的，平滑的，大约三英尺长等；它对他来说是现成在手的。但是，当盲人开始操作那根拐杖的时候，他就失去了对那根拐杖自身的意识；他只意识到路缘（或者那根拐杖所触碰到的对象）；或者，如果一切进展顺利的话，他甚至连那个都没有意识到，而是意识到他走路的自由。"[1] 扩充这一例子，可以将盲人与拐杖的关系划分为三个阶段：盲人掂量和触摸拐杖阶段（言）；盲人开始操作、适应拐杖阶段（像）；盲人运用拐杖达到走路的自由阶段（象）。尽管拐杖与盲人在皮肤界面上是分离的，在自由阶段，拐杖与其说是对象性存在，不如说是我的身体的一部分。解读者与《大学》间架有类似状态：一是将间架作为现成在手的东西被观察和凝视，人与间

---

[1] 休伯特·L. 德雷福斯. 在世：评海德格尔的《存在与时间》（第一篇）[M]. 杭州：浙江大学出版社，2018：78.

架的关系是主体与客体、认知者与被认知者的关系，间架成为被认识的对象，表现为文字表述（盲人阶段一）；二是将间架视为工具运用于修身（盲人阶段二）；三是将间架融入修身活动之中（盲人阶段三）。前两个阶段属于主客体关系，第三阶段是主客合一阶段。只有达到了最后阶段，才能实现修身的自由。

与方法相同的是对境界的理解，张岱年这样说明人生境界："所谓境界是一个比喻之词。譬如登山，自下而上，经历不同的阶段，看到不同的风光，其所达到的阶段，谓之境界。"[1] 这是境界的对象化表达。如果将《大学》境界（"明明德"、"亲民"与"止于至善"）视为对象与客体，"明明德"为境界一，"亲民"为境界二，"止于至善"为境界三（顶点）。人与境界的关系始终是外在的关系，境界成为手段性的东西。在德育中，境界不是与我们迎面而立的客体，仿佛是矗立着的高山。境界是非对象化的存在，它与修身活动融为一体。只有克服了主客二分式思维，才能本真地把握方法与境界。

借用海德格尔临终前对自己作品所说的话："道路，而非著作。""化理论为德性"不将《大学》看作修身专著或完成了的作品，而是将其视为修身道路。《大学》的三纲领、八条目不是既成的、固化的目标，而是动态延伸的道路，它使修身者的视域处于持续不断的扩大之中。《大学》的目标与手段处于未分之境。只有修身者与间架处于非工具性的关联之中才能经验到这种状态。目标即手段，手段即目标。不能把八条目作为手段，把止于至善作为目标。"大学之道"是一条道路，其目标是止于至善，这个目标并非先于道路，并独立地对应于道路，似乎修身众环节（从格物至平天下的道路）只是趋向这一目标的手段，它们作为子目标仅仅是服务于总目标。止于至善不同于提示道路方向的现成可见的转向灯信号，它不是道路的单纯被指示物（路牌）。止于至善存在于三纲领、八条目之中，实现了三纲领、八条目就达到了止于至善。在《大学》中，修身构

1　张岱年. 中国伦理思想研究 [M]. 上海：上海人民出版社，1989：28.

筑了道路，目标在道路之中，目标在道路中显现自身。在《大学》的解读中，知识、方法、德性三个层次的关系是层层递进的关系。

我国的课程改革扎根于传统文化之中，2001 年新课程改革主张"三维教学目标"即"知识与技能"、"过程与方法"、"情感、态度、价值观"，它们分别涉及知识、方法与德性。课程顶层设计体现了知识、方法、德性三个层次的关系。三维教学目标不是彼此独立的三个目标，而是一个教学目标需要达到的三个方面，这三维是统一的不可分割的整体。教育者要精读深思教育改革精神，传承大学之道，结合学科特征、学段特征，做到"化理论为德性"，才能深度介入课程改革，达到教书育人，课程思政的目的。

解读《大学》的三纲领、八条目，要打破传统德育对方法与目标关系的理解。在德育中，工具与目标一体，方法（八条目）就是目标（止于至善），将八条目当成过河的桥梁与船只，永远达不到止于至善的目标。方法不是一个纯粹的技术理性意义下的手段。在绪论中，笔者提出本书的创新之处在于区分了物的塑造与人的塑造的区别，打破了传统德育对方法与目标关系的理解，这是对《大学》的深层次解读。

第三章 《大学》间架结构

　　《大学》不仅是一套理论学说，而且是一种道德生活方式。它以间架的方式呈现，将儒家道德知觉、感悟、心得转化为纲目结合的形式，蕴含着对人与天下、人与国家、人与家庭、人与自我关系的反思，成为儒家修身的精神家园，升华了人性的尊严。《大学》间架熔铸着儒家对道德生活的生命体验，是对人生意义的诠释。它不是诸环节的偶然聚合，而是按照修身秩序联系起来的体系。任何一个环节的意义都由与间架及其他环节的关联而获得。在历史转变为世界历史的经济全球化状态下，借鉴《大学》间架，使学生在新时代中国特色社会主义实践中修己安人，探讨当今的修身、齐家、治国、平天下的新内涵，依据《大学》间架，探讨新时代的人格培育间架，这对当代德育具有重要意义。

　　模式是实现目标的方法、手段、途径、道路的总括，当代德育模式的选择和建立要以传统文化为根基，割断历史，凭空构建一个"全新"的体系，或者照搬西方的教育模式都是行不通的。在新时代考察认识《大学》的间架，发掘其现代意义，有助于建构中国特色的德育模式。

　　《大学》间架不详细描述各种各样的修身活动，而是揭示修身的普遍结构。间架既是有着内在理路的独立结构，又是开放的文本。《大学》就其性质来说，它是"初学入德之门"、修己治人之方；就其结构来说，它是间架。好像盖房子，读《大学》等于搭好房子的"间架"，以便将来"却以他书填补去"。这里，对《大学》间架进行结构性阐述。儒家修身方法是多种多样的，但可以在间架中得到最概括、最精当的表达。《大学》间架把"大学之道"具体化。

一、 间架的句法结构

间架是通达修身的途径，传承《大学》间架必须先理解《大学》所思所言。《大学》继承了孔子、孟子、荀子的修身思想，将修身的关键性范畴有机地集合起来。在孔子、孟子、荀子那里，尚没有这些词语的系统集合。

习近平说："古诗文经典已融入中华民族的血脉，成了我们的基因。我们现在一说话就蹦出来的那些东西，都是小时候记下的。语文课应该学古诗文经典，把中华民族优秀传统文化不断传承下去。"[1] 习近平在一系列重要讲话、文章、谈话中引用《大学》经典文献，与其以前的学习经历所积淀成的深厚的文化底蕴相关。研究《大学》句法结构，有助于深入解读习近平的用典，深入学习和领会他关于新时代立德、修身的讲话。

习近平说："通过研读文学经典，陶冶情操、增加才情，做到'腹有诗书气自华'；通过研读哲学经典，改进思维、把握规律，增强哲学思考和思辨能力；通过研读伦理经典，知廉耻、明是非、懂荣辱、辨善恶，培养健全的道德品格。"[2]《大学》集文学经典、哲学经典、伦理经典于一身，这种三位一体的经典所蕴藏的思想内涵十分丰富，通过研读，可以提升习近平所说的三个方面的能力。

儒家的修身包括格物、致知、诚意、正心、齐家、治国、平天下等等经验内容，《大学》排除了修身者在修身实践中由一系列外在的偶然环境所引发的偶然的经验内容，给予这些相同的经验内容以普遍化的纲领形式。这里，对《大学》进行句法分析。

1　习近平万米高空聊传统文化［EB/OL］.　［2018-02-16］. http：//www. xinhuanet. com/ politics/2014-09/11/c_1112446258. htm.

2　习近平. 领导干部要爱读书读好书善读书［N］. 学习时报，2009-05-18.

　　《大学》不是以抽象的概念呈现出来，南怀瑾称《大学》有齐鲁文化之美。读《大学》可以感受到特有的句法结构。《论语》以"学"开启言说，《大学》传承《论语》思想，以"大学"开启言说。"大学"作为起首词成为书的标题。"大学之道"统领全书，《大学》开宗明义，提出了为学之道："大学之道，在明明德，在亲民，在止于至善。"明明德、亲民、止于至善是《大学》的"三纲领"，《大学》将这三重意义赋予大学之道。这句话是总纲式的语句。这里，谓语（三重意义）归因于主语（大学之道），主语由谓语规定。这种"在……"的句法是一种指明性揭示活动，通过三重指明（三重意义）的言说方式，告诉人们大学之道存在于哪里。三重指明展示着修己（明明德）、安人（亲民）、达至至善境界的"大学之道"的义理结构。2018年5月2日，习近平来到北京大学考察，与师生座谈并发表重要讲话，在说到大学要"坚持办学正确政治方向"时，使用了这句典故。这既指明了要把"三纲领"传承下去，又说明了古今办学的历史联系。

　　何谓明明德、亲民呢？明明德是一种揭示状态——使天赋的光明德性得以澄明，亲民是一种展开状态——亲爱民众。揭示状态与展开状态是修身者的存在方式，这使修身者成为一个澄明之所。修身者在格物、致知、诚意、正心中揭示身、家、国、天下的道理，在齐家、治国、平天下中开放自我、展开自身。修身使身、家、国、天下处于被揭示、被展开状态。

　　明明德有久远的历史，《尚书》记载周公"敬德保民"、"明德慎罚"的思想，这一思想为孔子继承。孔子以文武周公为理想，传承了"明德"思想。朱熹与王阳明分别解释了明明德。朱熹说："明，明之也。明德者，人之所得乎天，而虚灵不昧，以具众理而应万事者也。但为气禀所拘，人欲所蔽，则有时而昏；然其本体之明，则有未尝息者。"[1]"人欲所蔽"是一种黑暗视界，第一个"明"为动词，意为彰明推广。

1　朱熹. 四书章句语注［M］. 北京：中华书局，1983：3.

这一"明"是自己的生存之光,它去除"人欲所蔽",发现明德。第二个"明"为明德之明、本体之明,为形容词。

王阳明说:"日之体本无不明也,故谓之大明。有时而不明者,入于地,则不明矣。心之德本无不明也,故谓之明德。有时而不明者,蔽于私也。"[1] 心中的德如太阳,本来是明亮的,所以叫明德。它被私欲遮蔽,就如太阳下山一样。明明德行为是向着作为无蔽状态的存在者(明德)敞开——"去其私欲之蔽而已"[2]。朱熹与王阳明对"明明德"的解释都有揭蔽之意,让光明德性显示出来。

亲民在历史上有不同的解释,程子把亲民解释为"新民":"亲,当作新。"[3] 朱熹说:"新者,革其旧之谓也。言既自明其明德,又当推己及人,使之亦有以去其旧染之污也。"[4] 亲民是在自明明德的基础上引导民众也来明明德。"明"作为生存之光既照亮自己,又照亮别人。这种解释有一定道理,孔子就是这样,因此有"天不生仲尼,万古如长夜"之说。《大学》《论语》《孟子》《中庸》的作者都是生存之光,他们所阐述的人类生存的真理使儒者的人生处于揭蔽与无蔽状态。明明德反映了儒家文化具有敞开性这一根本特点。然而,朱熹重视明明德,忽略了亲民的环节——齐家、治国、平天下,亲民并非仅仅是"去其旧染之污也"。本书既同意朱熹的"去其旧染之污"的明明德观点,又同意程子的亲民观点,亲民就是亲爱民众。

何谓止于至善?朱熹解释:"止者,必至于是而不迁之意。至善,则事理当然之极也。言明明德、新民,皆当至于至善之地而不迁。"[5] 明明德与亲民都要达到至善。然而,明明德与亲民不可能分别达到至善。只有在亲民中明明德,在明明德中亲民,才能达到至善。冯友兰指出:"'明明德'和'亲民'并不是两回事,内、外是不能分开的,主观和客

---

1 王守仁. 王文成公全书 [M]. 北京:中华书局, 2015:1127-1128.

2 王守仁. 王文成公全书 [M]. 北京:中华书局, 2015:1127.

3 朱熹. 四书章句集注 [M]. 北京:中华书局, 2011:2.

4 朱熹. 四书章句集注 [M]. 北京:中华书局, 2011:4.

5 朱熹. 四书章句集注 [M]. 北京:中华书局, 2011:4.

观是不能对立起来的。'止于至善'就是把这一件事做到最完全的地步。所以'三纲领'只是一纲领，表面上看起来是三件事，其实是一回事。"[1]

《大学》的三重指明与《论语》开篇的思想结构是相同的，《论语》开篇包含着修己安人、成己成物的思想，"时习"是修己，"朋来"是安人。《大学》与《论语》围绕的话题是人格（大人与君子）的建构。

"八条目"是"三纲领"的展开，《大学》说："古之欲明明德于天下者，先治其国。欲治其国者，先齐其家。欲齐其家者，先修其身。欲修其身者，先正其心。欲正其心者，先诚其意。欲诚其意者，先致其知。致知在格物。物格而后知至，知至而后意诚，意诚而后心正，心正而后身修，身修而后家齐，家齐而后国治，国治而后天下平。""大学之道"存在于"欲……先……"的句法中，并通过"……而后……"的句法使修身的意义不断得到强化，明理达义。"古之欲明明德于天下者……致知在格物。"这上半段的表述展示了诸环节的顺向递进关系，由远（天下）而近（格物）。"物格而后知至……国治而后天下平。"这下半段表述展示了诸环节的逆向转化关系，由近（物格）而远（天下平）。习近平说："学诗可以情飞扬、志高昂、人灵秀"。[2]《大学》奏响了修身乐章，从中我们听到了修身的节拍：格物、致知、诚意、正心、修身、齐家、治国、平天下。其语言表述如诗歌一般，以诗歌韵律引导的修身步骤，使人情飞扬、志高昂、人灵秀。

习近平提出"传道者自己首先要明道、信道"[3]。《大学》就是让人明道、信道，格物、致知是"明道"，诚意正心是"信道"，齐家、治国、平天下是身体力行的"体道"。《大学》形成了自己的言说系统。在

1　冯友兰. 中国哲学简史［M］. 南京：江苏文艺出版社，2010：171.

2　习近平. 在中央党校建校 80 周年庆祝大会暨 2013 年春季学期开学典礼上的讲话［EB/OL］.（2013-03-31）［2016-07-15］. http://politics. people. com. cn/n/2013/0303/c1024-20655810. html.

3　习近平在全国高校思想政治工作会议上强调：把思想政治工作贯穿教育教学全过程开创我国高等教育事业发展新局面［N］. 人民日报，2016-12-09.

八条目中，除了修身话题不是原创，其他都是新的。

《大学》对八条目的解释表现为"话题"（所谓……者）——"说明"结构，这是该文本特有的展开句法。八条目的起首词是"话题"，它引出关于"大学之道"的说明。"话题"占据着开始的位置，"说明"在话题出现之后展开，"所谓"开启了整个话语。例如，《大学》说："所谓致知在格物者，言欲致吾之知，在即物而穷其理也。"八条目的语言表述似乎有一种"链条式思维"，类似于老子的"道生一，一生二，二生三"的句法。不然，八条目是修身的一个个阶段，与老子句法前者（道）包含着后者（一）相反，八条目是相互包含，而且特别重要的是后者包含前者（例如，平天下包含着所有八条目的步骤）。

八条目不是凝固的模式，修身的步伐是变易的而不是止息的。八条目既是静态的内涵规定，阐明了修身各环节的内涵、定位，又是动态的修身实践，不断迈向止于至善。八条目循环往复，螺旋上升，不断向更高层次迈进。止于至善之止不是静止之止、停止之止，而是一个行动目标。

《大学》有一个内圣外王、修己安人的"规模"，对这个间架不能肤浅地理解，认为它仅仅是一种逻辑结构。它是儒家的道德生活的结构。间架使人以有序的方法来规划自己的道德生活，使整个生活彻底地道德化（区别于道家）与入世化（区别于释家）。

二、 间架的共性结构与个性样式

《大学》间架结构与修身结构谁是第一位的和决定性的呢？它们的关系表现在两个方面：一是间架结构是先秦儒家修身结构的总结，这一间架来自孔子、孟子、荀子所倡导的修己安人的修身结构。因此，修身实践中的修身结构（孔子、孟子、荀子的修身方式）是第一位的。此谓个性样式。就像先有建筑实践，再有建筑学；先有修身结构，再有《大学》间架结构；二是间架结构决定了后来儒者的修身结构，后世儒家修身的实践道路是按照《大学》间架结构而设计的，间架结构给出了修身结构的标准，此谓共性结构。在这个意义上，《大学》间架结构是决定性的。但是，两者有一种交互关系，后世儒家修身实践不断丰富着这一间架，朱熹、王阳明对《大学》间架的注重点不同，形成了不同特色的修身结构，就是生动的例子。儒家修身结构是多种多样的，但可以在"大学之道"中得到最概括、最精当的表达。下面，就分析共性结构与个性样式。

一是共性结构。《大学》在一定意义上决定了修身者与世界发生关系的基本结构，这个结构就是修己安人。但它并不能规定人在具体的场景中做什么、怎样做。借用王阳明的话形容《大学》作者，"圣贤笔之书，如写真传神，不过示人以形状大略，使之因此而讨求其真耳；其精神意气，言笑动止，固有所不能传也"[1]。《大学》的共性结构"不过示人以形状大略"，修身者因此而寻求修身之真谛。《大学》作者的内在气质不能通过《大学》文字来传授。共性结构由总目标、分目标与子目标构成，它们规定了修身的"何所向"。它使修身者朝向给定的可能性筹划自身。修身不是一个私人事件，格物、致知不是私人活动的出发点。共性结构是修身的普遍层次，适应于所有的修身者，君子修身都要经历总目标、分目标、子目标三个层次的规范。任何人，一旦选择做儒家的君子，都会以这样或那样的方式经历这些目标。越是想着成为君子，这些目标就越是显得合理与紧迫。人们按照共性结构走着同样的路，在这条路上，谁也不比谁特殊或优越。基于共性结构，修身者在生存中发展出各种不同的个性样式。共性结构是君子人格结构，个性样式是君子人格发生。前者是共时性道德知识，后者是历时性个体生活经验，修身过程是两者的融合。共性结构不是"一个空口袋，在里面这次装进这个，下次装进那个"[2]。历史上的修身者各有不同的个性样式：孔子、孟子、荀子、霍去病、文天祥、史可法等等，形成了君子形象的"家族谱系"，

1　王守仁. 王阳明全集 [M]. 吴光等编校. 上海：上海古籍出版社，1992：12.
2　胡塞尔. 现象学的观念 [M]. 上海：上海译文出版社，1986：63.

向后人展示了人生的种种选择。然而，这些已经过去、已经完成、已经确定的个性样式都保存了共性结构的种种因素。

间架是具体化地存在于个体化的修身者之中。间架不是超时间与非时间的存在，它存在于民族历史的自我更新之中。借用佛家话语："一月普现一切水，一切水月一月摄。"间架就像天上月亮，从而"千潭有水千潭月"，月亮表现在千潭、万潭中。间架给出了修身者的行为路线，修身者经过反复实践使间架越来越深地印入其脑海中，并规定他的修身方式与方向。每一个修身者都在修身中"映照"出了间架。修身者将间架保持在眼界，在修身的"间架"中展示出修身的行为。然而，与佛家观点不同的是，没有千潭、万潭这样的修身者，天上的月亮即间架就是徒有其名的东西，成为失去了存在意义的东西。因此，间架的存在方式是修身者的一种个体化、具体化的确定的去存在方式。修身者置身于间架中通过修身的方式去经验、体验间架。

二是个性样式。《大学》成为修身的共性结构，取决于历史上有相当大量的个体抉择，这些抉择体现了修己安人的道德行为，并产生大量的个性样式。恰恰是个性样式使《大学》间架客体化。个性样式是共性结构即间架的境域性图式，个体在修身中将间架带入其处境之中，使间架在修身者身上成为具有个性特点的存在。"我们所讲的处境并不是由人们可能照面的环境和偶然事件的现成混合所规定的；而是只通过决心并只在决心中得到规定。"[1] 处境由选择的决心所决定，由选择孳孳为利到选择孳孳为善，周围的事物没有更新，但环境却被赋予了为善的性质，成为个体生存处境。对于孳孳为利者，处在相同环境却没有相同处境。修身不是将间架作为抽象的图式摆在修身者面前，而是通过孳孳为善的选择将图式带入处境之中。一旦选择修身，修身者的为善的实际可能性的处境就绽露出来，周围世界中善与恶的事物才与其照面。

1　约瑟夫·科克尔曼斯. 海德格尔的《存在与时间》[M]. 北京：商务印书馆，1996：243.

由于处境不同，修身不是公式化的活动，它形成的是不可重复的独立的个性样式。个性样式指修身者的不同的修身风格和德性修养，修身者依据共性结构形成的个体修身风格构成了个性样式。体现了修身者的德性智慧。共性结构作为原始的"一"流出了个性样式的"多"，"多"使"一"具有了生动、丰富的显现方式。在儒家看来，人的何所是由其修身而定。何所是即我们自身所是的存在者，它与每个人的个性样式相一致，个性样式与人所处的境界和对未来形象的向往联系在一起。周敦颐的《通书·志学》说："圣希天，贤希圣，士希贤。"圣、贤和士都是儒家修身的诸种可能性样式。士人希望成为贤人，贤人希望成为圣人，圣人希望成为知天之人。这里有潜能与现实的关系，但是，这里的士人、贤人、圣人的关系不是亚里士多德所说的质料与形式的关系。罗姆巴赫指出："行为与潜能的概念并没有在存在论层次上被澄清，而是通过形式与质料的模式令人信服地得到了说明。"[1] 西方历史上用质料对应于潜能，形式对应于行为来解说人。西方"形质论"认为所有事物都是从质料中被造出来的，质料和形式相互转化。质料是一种潜能。例如，从矿石质料中造就了铁的形式，从铁的质料中造就了钢的形式，从钢的质料中造就了车轮毂的形式。这里，形式相当于现实性，质料相当于可能性。这样，车轮毂成为最终的现实性。至此，转换停止了。然而，人并非如桌子、板凳那样的方式是凡人、士人、贤人、圣人。人不是像一个现成之物那样的现成存在。凡人、士人、贤人、圣人的关系不是质料与形式的相互转化关系。不能说造就贤人的质料是士人，造就圣人的质料是贤人。形式与质料的转换不在它们自身而在它者中，在工匠的手中，而人的修养在其自身之中。

在个性样式中有一种文化传承。孟子说："居天下之广居，立天下之正位，行天下之大道，得志与民由之，不得志独行其道。富贵不能

---

1 罗姆巴赫. 作为生活结构的世界：结构存在论的问题和解答 [M]. 上海：上海书店出版社，2009：28.

淫，贫贱不能移，威武不能屈，此之谓大丈夫。"这是对修身者的存在
方式的一种说明，为人们理解修己安人的君子提供了一个视角。孟子说
的每一种修身的话语都适用于他自己。《孟子》："鱼，我所欲也，熊掌，
亦我所欲也，二者不可得兼，舍鱼而取熊掌者也。生，我所欲也，义，
亦我所欲也。二者不可得兼，舍生而取义者也。"在舍生而取义的决断
状态上，人的有限性与超越性（超越有限生命，实现仁道）达到了道义
上的统一。这不是空洞的议论，而是孟子朝向大丈夫的生存的个体筹划
活动，是一种具体的生存选择，并非我们感知大丈夫，然后将这一价值
附加在孟子身上。大丈夫人格弥漫于孟子的所言所行之中。《孟子》这
一作品既可以从孟子生活背景中又可以从儒家文化发展阶段中去理解，
《孟子》既是孟子生活中的一个事件，又是儒家文化发展史中的一个里
程碑。儒家文化是通过作品与修身行为所铸成的。写作是人的一种具体
的可能性，人对他自身所处的世界、对自己本身加以言述。《孟子》是
孟子自我筹划的重要组成部分，是他的"求其放心"活动的记录，是孟
子的一种生存方式，是一个具体的人实现其生存可能性的具体活动。这
就是孟子的个性样式。《孟子》是孟子有意识地向人们提供的生存范例，
让人们知道本真的生存方式应该是什么样的。《孟子》传承着《论语》，
既开拓着修身的道路，又行进在修身的道路上。《孟子》作品是孟子修
身的证据，这一证据使孟子不朽。

习近平说："我们国家历来讲究读书修身、从政以德。古人讲，'修
其心、治其身，而后可以为政于天下'，'为政以德，譬如北辰，居其所
而众星拱之'，'读书即是立德'，说的都是这个道理。传统文化中，读
书、修身、立德，不仅是立身之本，更是从政之基。"[1] 在传统文化中，
读书即是立德。《孟子》一书影响着读者的生存模式，它召唤着读者本
真的阅读行为。孟子的"学问之道无他，求其放心而已矣"，是要引导
读者从迷失状态中走出来，过一种本真的生活。阅读《孟子》就是一种

---

1   习近平. 之江新语 [M]. 杭州：浙江人民出版社，2007：175.

生存选择，是展现自己生存的具体方式。王阳明的"须从根本求生死，莫向支流辩浊清"[1] 是对"舍生而取义"的诗性解读。文天祥对"舍生而取义"有着清楚的领会，他将其带入其生存处境，坦然面对这种可能性。对孟子的"浩然之气"最具解释力的话语是文天祥的《正气歌》："天地有正气，杂然赋流形，下则为河岳，上则为日星，于人曰浩然，沛乎塞苍冥。"其"临大节而不可夺"的向死存在的方式诠释着孟子的"浩然之气"。这种对《孟子》的阅读是文天祥的一种生存方式，《正气歌》是他对浩然之气理解的公开展示，是本真的实现大丈夫人格的范例。

历史上身体力行《大学》间架的贤人、君子，形成修身者的不同的修身风格，后人又不断地仿效他们，如史可法效法文天祥，文天祥效法孟子，形成各具特点的修身样式。人在道德的具体个性样式上是彼此有别的。人的个性样式的多样性（士、贤、圣）在修身上获得统一，不论什么样的个性样式都需要不断地修身。然而，修身者的行为并非间架的附属物，修身活动不是机械地落实间架所规定的目标的活动，而是个体不断丰富、发展与改进间架所赋予的内容。修身包括对三纲领、八条目的领会与践行、自我评价与行为的调整，它以一种确定的去存在方式（自我创造）来修身。修身实践使修身观念对象化，修身的成效（对象化的结果）取决于历史环境（如文天祥、史可法的民族英雄形象奠基于国破家亡的时代背景）和个体行为能力（涉及个体生活境遇，如孔子的学生遇到孔子）、个性特征（如子路与子贡个性不同，他们修为的结果不同）、传统文化的评价标准等等影响。个性样式是为共性结构所统领的各种变化着的修身活动的集结，它既是修身的特殊层次，如霍去病、文天祥、史可法等等各有不同表现，彼此有差异，又蕴藏着共性结构的基本内核。

1　王守仁. 王阳明全集 [M]. 上海：上海古籍出版社，2014：864.

三、 间架与要素的关系

研究《大学》并非简单地将历史上关于间架研究的各种观点简单地汇集，通过对这种汇集的浏览并不能赢得对间架的理解。如果不从功能性的聚合关联整体上理解《大学》间架与要素的关系，汇集的劳动就是盲目的。为了获得正确理解，先得排除实体与机械体系的理解方式。

首先，间架与纲目的关系不是物理学意义上的实体体系关系。什么是实体意义上的存在？海德格尔指出："无需其他的存在者的，具有现成存在之样式的存在。"[1] 实体具有独立性和自足性。相对于间架，众环节不是实体要素（每一环节不是单一的、孤立的实体性存在），众环节是功能聚合体，反映了修身的诸功能，不是实体的聚合体。众环节的统一形成间架。

对间架与众环节的关系的理解容易趋向物理空间意义上的理解。就像上层建筑概念一样，它有时会受建筑学的影响，似乎它具有空间性，处于基础的上层。间架一词本身具有建筑学上的意义，它容易引发物理空间性想象：基础层次是八条目，建构于其上的是明明德与亲民，而建构于明明德与亲民之上的是止于至善。在物理空间意义上，众环节就成为实体性的要素，八条目像台柱子支撑着明明德与亲民，明明德与亲民像台柱子支撑着止于至善。间架绝不会以搭积木（实体化的积木）的方式呈现出来，然后通过增添关系谓词来建立条目之间的联系。通过搭积木式的层次划分把间架看成是多层次的"物"，并不能理解间架。间架并不与物理空间相融。虽然，修身者的修身活动具有时空延展性，然而，间架不具有空间上的欧几里德三维流形的数学特征和时间上的一维流行的数学特征。否则，间架与环节都变成了具有广延性的存在者，处于外在的空间关系之中。海德格尔指出：人们说"在……之中"时是指

---

1   海德格尔. 时间概念史导论 [M]. 北京：商务印书馆，2009：237.

在空间之中处于某个处所。例如，"椅子在教室之中，教室在学校之中，学校在城市之中，直至于椅子在'宇宙空间'之中。"[1] 这是现成物在现成物中的存在。间架与众环节的关系不是"水在杯子之中，衣服在柜子之中"那样的存在关系。间架不是像容器那样接纳着众环节，环节之间不是一物（格物）实体一般地存在于另一物（明明德）之中。间架中的总目标、分目标、子目标的关系不表示这样的空间关系：一个小的现成物在另一个大的现成物之中，不是戒指在首饰盒中一般的存在关系。

其次，间架与纲目的关系不是机械体系关系。不能基于机械体系意义上的整体与部分关系的视野看间架。在机械体系中，整体高于、统摄、包含部分，单一个体依附于体系。整体是各种分离之物的组合，它是支配者，部分是被支配者。例如，机器作为一个体系包含着各个机械部分，螺丝钉与整架机器的关系就是部分与整体的关系。间架与纲目的关系是结构关系。间架不是高于、统摄与包含众环节，而是内在于众环节之中。间架不先于环节而存在，不是先有间架，再从间架中派生出环节；间架也不是后于环节而存在，通过分离的环节，组建间架这一整体。间架与纲目的存在是合一的，间架的呈现就是纲目呈现。不能以机械性的整体与部分的关系来简单地理解间架：单个环节是间架整体的"一个部分"，如果失去了某一部分，整体就变得不完整了。

间架与众环节是功能性的聚合关联整体。海德格尔说："同一并非相同。在相同的东西中区别消失了。在同一的东西中区别显现出来。"[2] 众环节既是海德格尔所说"同一"意义上的同一体（构成间架），又具同一性（每个环节都是为了修身而设定的环节，修身是众环节的普遍的功能）。间架与众环节是一种结构性存在，间架与众环节是功能性的聚合关联整体。

从功能聚合体角度分析间架是探讨《大学》的基本方式。众环节聚

1 海德格尔. 存在与时间 [M]. 北京：生活·读书·新知三联书店，1987：67.
2 海德格尔. 同一与差异 [M]. 北京：商务印书馆，2011：36.

合为间架，间架与众环节、众环节中的诸环节都是不可分离的，它们是相互属于的关系。例如，王阳明将诚意与致知完全打通："然诚意之本，又在于致知也。所谓人虽不知，而己所独知者，此正是吾心良知处。然知得善，却不依这个良知便做去，知得不善，却不依这个良知便不去做，则这个良知便遮蔽了，是不能致知也。吾心良知不能扩充到底，则善虽知好，不能着实好了；恶虽知恶，不能着实恶了，如何得诚意。"[1]诚意首先具有区别善的意向与恶的意向的能力，将自己的"知得善"与"知得不善"付诸道德行动，这即是致知。具有善知识，不去依照善知识行动，就蒙蔽了善知识，就不能致知与诚意。

再如，刘蕺山将《大学》纲目打通。首先，慎独精神贯穿于所有纲目之中。他说："《大学》之道，慎独而已矣。"[2] 其次，诚意精神贯穿于所有纲目之中。他说："'格致'、'诚意'二而一、一而二。"[3] "意诚则止于至善，物格而知至矣。意诚而后心完其心，而后人完其人……自家庭日用，至乡国天下，无非一诚所贯彻。"[4] 再次，诚意与七证工夫相通，他说："诚意一关正是所止之地，静、定、安、虑，总向此讨消息。"[5]这样，所有环节内部、环节之间、环节与间架血脉相通。

环节内部、环节之间、环节与间架血脉"一原无间"，一原即都归向至善，无间即无有间隔。每一环节都在相互关联中被规定，没有外在于相互关联的规定性。众环节不能单纯从其自身孤立地被理解。纯粹的格物、致知就失去了修身意义。这里将三纲领、八条目称为"环节"，就是试图表达它们是关联性的存在。作为功能性的关联整体，当缺少一个部分时，如在修身中没有正心，那么，整体也不再存在了。单个环节的意义在间架这种结构统一体中呈现。

间架的诸环节是协调一致的，间架是众环节的组合。在间架中，众

1　王守仁. 王阳明全集（卷三）［M］. 上海：上海古籍出版社，2011：119.

2　刘宗周. 刘子全书·读大学：卷 25［M］. 清道光二年王宗炎等刊本：231.

3　刘宗周. 刘子全书·读大学：卷 25［M］. 清道光二年王宗炎等刊本：485.

4　刘宗周. 刘宗周全集（第六册）［M］. 吴光主编. 杭州：浙江古籍出版社，2007：174.

5　刘宗周. 刘宗周全集（第三册）杭州：浙江古籍出版社，2007：496.

环节所处的位置得以定位。一个环节的性质变了，如格物、致知成为追求类似工具理性的知，整个间架性质也变了。胡适就将格物理解为工具理性的知，他认为王阳明在格物上的失败，在于他"不动手动脚"，胡适说："今天工学院植物系的学生格竹子，是要把竹子劈开，用显微镜来细细的看，再加上颜色的水，作各种的试验，然后就可以判定竹子在工业上的地位。为什么王阳明格不出来，今天的工程师可以格出来？因王阳明没有动手动脚作器具的习惯，今天的工程师有动手动脚的习惯。"[1] 按胡适的逻辑，"格"竹子需要科学理性。把格物变成工学院植物系的学生格竹子，就阻断了修身的行进路线。那样，整个间架的性质就变了。儒家格竹子，有郑板桥的"衙斋卧听萧萧竹，疑是民间疾苦声。些小吾曹州县吏，一枝一叶总关情。"他从中悟出修身的道理。习近平常常引用这首诗提醒领导干部群众利益无小事，如此格格竹子，才能治国、平天下。

间架中的众环节在修身者的修身过程中全部被掌握，修身者在间架中不断自我完善。修身处于动态之中，不会落脚到某个孤立的环节上，修身不能部分地（停留于某一环节）完成。八条目相互关联交织。在修身中某个环节得以突现，其他环节退居幕后，但它们永远不会阙如。在间架中，不是先有独立的自在的环节，然后才与其他环节发生关系。环节不是独立自在地存在。只有为修、齐、治、平的格、致、诚、正才是真正的格、致、诚、正，格、致、诚、正只有在修、齐、治、平的关联中才能完整地呈现自身。格物如果达不到正心，不是真正的格物。致知如果不能诚意，就不是真正的致知。间架在众环节之中得以显现自身。众环节是功能性存在，功能的存在位于与他者的关系之中。唯有环节作为功能性存在，它才与诸环节相关联。作为功能性的存在的诸环节具有行动的特点。例如，孟子有不动心的"正心"境界，他并非先有这一境界，然后才能修、齐、治、平。这一境界就处于他的修、齐、治、平之

---

1 胡适. 人生大策略 [M]. 长沙：湖南文艺出版社，1989：69.

中。把众环节当成实体之物，就会先假定在孟子身体中有种独立的素质（将"不动心"实体化，类似于身上的器官、肌肉），然后这个实体才与他者（修、齐、治、平）发生关系。

在间架中，众环节之间有差异，然而，这种差异是在整体的同一性上（道德修养）映射出来的差异。众环节既相互不同又共属一体。这里的不同和差异不是与同一对立的概念。从根本上说，诸环节都是道德修养环节，在这一点上，它们具有同一性。同一性存在于差异性之中，就如统一性寓于多样性之中一样。间架中的差异与同一不是对立（相互否定）的概念，多样性并非统一性的分裂。正由于众环节的区别与差异，才形成了功能性聚合关联整体。道德修养在差异化诸环节所展现的过程中实现。在众环节的差异中，间架作为整体显现出来。只有了解了众环节，才能建立起关于《大学》的诠释理论。

四、 间架的树形结构

《大学》"间架"以修身为本，在相互连接的网络上最大化（指向天下）敞开了修养的图景。德勒兹和加塔利指出："我们已然厌倦了树，我们变得不再相信树、根或侧根，我们已经受够了它们。所有的树形的学科都奠基于它们之上，从生物学到语言学……思想不是树形的，大脑是一种既不是根基、也不具有分枝的物质。"[1] 后现代主义反对树状思维。然而，树形思维对理解传统文化和《大学》却有着一定的启示意义。恰如德勒兹和加塔利指出"树形系统是一种等级分明的系统"[2]。传统文化基于农耕文明，祖先开辟土地种植植物，植物这种树形谱系的类型基于耕种而产生。在这种文明中首先产生了社会制度。树形谱系可以追溯到周公的分封制与宗法制。周公旦是周文王的儿子，周武王的弟

---

1   德勒兹、加塔利. 资本主义与精神分裂：千高原 [M]. 上海书店出版社，2010：19.
2   德勒兹、加塔利. 资本主义与精神分裂：千高原 [M]. 上海书店出版社，2010：20.

弟，他是以德治国首倡者，礼仪文明奠基人。

分封制是周公在"小邦周"战胜"大邑商"之后，实现统治的一个手段。周朝建立三年后出现了一次大危机。公元前 1043 年周公重新摄政，亲率大军东征，三年战争平定"三监之乱"。周公在平定叛乱后，由于"大邑商"的子民在数量上占据优势，为了杜绝日后可能发生的叛乱，周公实行分封制。荀子指出：周公"兼制天下，立七十一国，姬姓独居五十三人焉。"[1] 这描述了当时分封制的情况。分封制将各个王族作为周天子的代表分配到各地去建立国家，代表周天子统治百姓。同时将"大邑商"的子民移民到不同的诸侯国；诸侯又将卿大夫作为自己的代表，在封疆内实行再分封；卿大夫再将士作为自己的代表，在封疆内实行再分封。层层分封与宗法制相配合。同一宗族内部以嫡长子为大宗，其余诸子为小宗。大宗与小宗之间是等级从属关系。层层下推，一再分宗，形成一系列大宗与小宗。周王为大宗，诸侯为小宗。诸侯国内诸侯为大宗，再次分封的子弟为小宗。子弟可以再封，分出大宗与小宗。每个小宗有自己宗子作为宗族长，小宗又统一于高一级的大宗。大宗与小宗之间既是血缘宗法上的嫡庶大小关系，又是政治上的君臣上下关系。从中可以看出分封制与宗法制具有树形谱系，周天子为最大的宗，此为树根。在此根上，生出许许多多的枝。宗法制使族权与王权结合，形成了家国同构的政治结构，国家成为庞大的家族体系。《大学》将修身、齐家与治国、平天下"打成一片，不可分拆"，正是基于这样的社会格局，宗法制影响了中国三千年，在社会稳定上发挥了巨大的作用。孔子说："周监于二代，郁郁乎文哉！吾从周。"[2] 反映了孔子对周公所定制度的向往。

在这种制度上产生"树"形《大学》的文化（这仅仅是一种比喻性的说明，从功能性的聚合关联整体上理解《大学》间架更加合理）。《大

1　王先谦. 荀子集解·儒效篇 [M]. 北京：中华书局，1988：114.
2　论语·八佾.

学》的目标设计是由上（止于至善）而下的运动，修身路径是由下而上的运动。可以从不同的方向上对间架进行分析。

从上向下看（从目标设计上说），它基于树的形象，至善是"一"，它为整体性修身奠定基础，它不断向下分化，至善展示一生"二"（止于至善生出明明德与亲民），"二"生四（明明德生出格物、致知、诚意、正心）、生三（齐家、治国、平天下）的图像，三纲领、八条目相互关联、彼此承继。至善是树根形象，从它开始，以二元分化的方式衍生，由中心向周围延伸。若主根夭折，末端就会枯萎。修身失去了主根——至善，就不会有二元分化。至善在修身中是一种根本的、强有力的统一力量。笔者的这种解释是隐喻性的，将隐喻变为现实，功能性的聚合关联整体就不存在了。间架形状像树，但它是一个整体结构，没有谁先谁后的问题。格物、致知不是"寻数枝叶"的工夫。

从下向上看（从个体修身上说），《大学》修身走的是一条下学而上达的路线。这条路线使个体修身成为一种"寻根"行为，去寻找儒家修身的树状谱系（三纲领、八条目）。在意识修养方面通过格、致、诚、正而明明德；在行为修养方面，通过齐、治、平而亲民。再由明明德和亲民达到止于至善的最高目标。这样，《大学》的结构仿佛与封建社会的制度结构具有同构性，它们不仅在结构上相似——树形谱系，而且相互渗透，《大学》的思想为君君臣臣父父子子的等级统治服务。

马克思说："时间和文明用芬芳的神秘云雾掩盖着历史学派的多节的系统树；浪漫性已用幻想的雕刻装饰了这棵树，思辨哲学已用自己的特性给它接过枝；无数博学的果实都从这棵树上打落下来。"[1] 尽管这是批判资产阶级意识形态的话语，经过改装，却可以借用过来，形容《大学》这棵多节的"系统树"。

《大学》间架是一棵芬芳的修身目标树，孔子、曾子栽种了这棵树，朱熹、王阳明等许多理论家既为它装饰又为它接过枝，无数修身的果实

1　马克思、恩格斯. 马克思恩格斯全集（第1卷）[M]. 北京：人民出版社，1956：105.

（历史上的君子人格）"从这棵树上打落下来"——历史上它结出了许多（如文天祥等民族英雄）大丈夫人格的道德果实。在儒家文化熏陶中的人也是一棵棵参天大树，他们具有这一树的基因，基因——种子——萌芽——树根——树干——枝叶——参天大树，是一个逐步生长过程。习近平说："青少年阶段是人生的'拔节孕穗期'，最需要精心引导和栽培。"[1] 通过"大学之道"有助于学生成长为参天大树——担当民族复兴大任的时代新人。

1 习近平主持召开学校思想政治理论课教师座谈会强调：用新时代中国特色社会主义思想铸魂育人贯彻党的教育方针落实立德树人根本任务［N］. 人民日报，2019-03-19.

第四章　八条目的修身内涵

陆九渊说："人生天地间，为人自当尽人道。"[1]"大学之道"就是人道，它赋予修身以意蕴。修身者通过学习《大学》，其生活世界与文本世界产生互动，修身者理解了自我的处境、行动的意义，使修身活动得以定位，让人在世界中形成了一种新的可能性——止于至善，这种新的可能性使人在八条目的修养中得以展示。

海德格尔指出："预期一种可能性，我便从该可能性走向了我自身之所是。此在以预期其存在能力的方式走向了自己。在这个（以预期可能性的方式）'走—向—自己'当中，此在便在一种本源的意义上就是将来的。"[2]止于至善就是一种预期的可能性，这种可能性恰恰是君子成为君子的规定，修身是向着这种可能性筹划自己。恰恰在自我筹划中，这种可能性才显露出来。这种可能性在筹划中被牢牢掌握，它才能够转化为现实。修身者处于可能性之中，因此，可能性不是当作对象来把握的。修身者从止于至善的可能性走向自身之所当是——君子，他以预期其存在能力（八条目的实践能力）的方式走向自己的理想人格。在这个"走—向—自己"的理想人格当中，修身者被《大学》间架所引导，其生存在本源的意义上是趋向将来。

1　陆九渊. 陆九渊集 [M]. 钟哲点校. 北京：中华书局，1980：470.
2　海德格尔. 现象学之基本问题 [M]. 上海：上海译文出版社，2008：363.

　　间架中止于至善的总目标通过明明德、亲民的分目标展开，分目标被八条目子目标所展开。为了实现至善，需要对修身的具体结构进行分析，正是这些结构，使修身者通达君子人格。这里追随《大学》的思路，按照八条目出场的顺序对间架中的每一条目进而分析。需要说明的是它们虽然一个接一个地被考察，但在修身中每一条目都不是孤立的、自足的东西，必须与其他条目相互关联。同时，任何一个条目都关联着作为整体的间架。修身将间架各要素一起带入统一的整体之中。

　　孔子的君子内涵在八条目中得到阐释，八条目作为相互关联的活动模式，展示了修身的"何所向"，标示出修身者所能是的东西，是修身的各种方式。八条目中的每一条目都是君子"能在"的一种方式。只有依照八条目去行动，他才能领会这种"能在"。修身者的筹划被"止于至善"引导着，奔向至善就是向着自我的未来形象（君子）进行筹划。修身者因此在其中领会自身，八条目越是澄明地被领会，修身者就越是能够深入地把握君子的修身格局，越是能够深入地把握至善目标。

　　格物、致知、诚意、正心是内修之目，齐家、治国、平天下是外修之目，修身是由内向外转化的重要环节。从《大学》表述上看，修身在格、致、诚、正之后，是齐、治、平的起点。但是，我们不能机械理解八条目，修身同时兼有内外条目。实际上修身同时包含着格物、致知、诚意、正心和齐家、治国、平天下。"由内向外转化"的表述容易产生歧义，似乎先修养好内，再转向外。"由内向外转化"具有"诚于中，形于外"之意，而不是先修炼内修之目，再修炼外修之目的意思。修身者根据八条目来调整自己的所知所为。

　　《大学》在中国德育史上第一次较为集中、系统地论述了道德教育与道德修养的知、情、信、意、行的问题。八条目基本反映了道德品质形成和发展的一般规律。可以把八条目划分为认知、内化和行为三个阶段（见下图）。

　　借用海德格尔分析柏拉图洞穴隐喻四个阶段的联系的说法："当第一步得到解释之后，不允许我们将其作为完成了的东西保留下来，而必

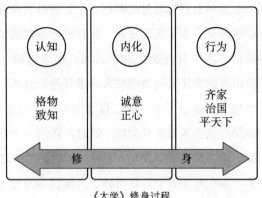

《大学》修身过程

须将其算在过渡之内，并保存在接下来的过渡之中。这就同时表明：在进行第一步解释的时候，我们还根本没有理解这些东西，我们要通过第二步，严格说来，直到最后一步方可理解它们。"[1] 同样，依据间架，修身者每一环节都与下一环节相联系，并"将先前走过的阶段保持在当前。"[2] 只有达到平天下，才能理解前面各环节。这一章在整——分——合的解读路线中处于"分"的阶段。

一、 格物、致知是认识阶段

八条目不是简单的前后相随的行为，它们是相互交融的统一体。它们为间架所规定，在间架中适得其所，它们隐含着时间序列。八条目的起首词是"话题"，它引出关于"大学之道"的说明。《大学》说："所谓致知在格物者，言欲致吾之知，在即物而穷其理也。"《大学》对八条目的解释表现为"话题（所谓……者）——说明"结构，这是该文本特有的展开句法。"话题"占据着开始的位置，"说明"在"话题"出现之

1　海德格尔. 论真理的本质——柏拉图的洞喻和《泰阿泰德》讲疏 [M]. 北京：华夏出版社，2008：21.

2　海德格尔. 论真理的本质——柏拉图的洞喻和《泰阿泰德》讲疏 [M]. 北京：华夏出版社，2008：46.

后展开，"所谓"开启了整个话语。

格物、致知是认识阶段，是修养的最先阶段，在八条目中居于起首的位置，它是"大学之道"的启程。由此可见其重要性。这里，不能依据广延来领会这一位置和启程，它们不是物理学意义上的"此时"、"这里"的修身时空起点。

《大学》以格物为入门工夫。关于格物、致知，《大学》对其未作解释，历史上对其解释有数十家之多。《大学》说："所谓致知在格物者，言欲致吾之知，在即物而穷其理也。"朱熹补撰"格物致知传"一章。朱熹在《大学·章句》中说："格，至也；物，犹事也。""格"即是"至"，"物"即是"事"。格物的意思是"穷至事物之理，欲其极处无不到也。"[1] 格物是探索事物之理。这里的物既不是物理学意义上的物，又不是王阳明所说的"意之所在为物"的"意念物"。王阳明说："意在乎事亲，事亲即为一物。"[2] 若将"事亲"等同于"意"，就会把意念当成物。朱熹对物的理解比王阳明的理解更加可取。

朱熹说："今日格一物，明日格一物，一旦豁然贯通，众物之表里精粗无不到，吾心之全体大用无不明矣。"[3] 钱穆说："格物虽是'渐'，而悟理则属'顿'。"[4] 在格物中，渐修（今日格一物，明日格一物）与顿悟（豁然贯通）是相互联系的。

关于致知，朱熹说："致，推极也；知，犹识也。推极吾之知识，欲其所知无不尽也。"[5] 致知将自己的知识扩展到无穷。《大学》认为"明明德"是让心中的天理显露出来，但这一活动还要从认识外物开始。刘蕺山说："《大学》言'致知'，原以工夫言。不特'致'字以工夫言论，并'知'字亦以工夫言，乃'明明德'一句中上'明'字脱出。"[6]

1　朱熹. 四书章句集注 [M]. 北京：中华书局，1983：4.

2　王阳明. 传习录·上.

3　朱熹. 四书章句集注·大学章句 [M]. 北京：中华书局，1983：67.

4　钱穆. 中国思想通俗讲话 [M]. 北京：九州出版社，2011：10.

5　朱熹. 四书章句集注 [M]. 北京：中华书局，1983：4.

6　刘宗周. 刘宗周全集（第三册·上）[M]. 吴光，主编. 杭州：浙江古籍出版社，2007：454.

致知是"明明德"中的"明"，让……显露出来，就是去蔽。致知的工夫就是明明德的工夫。

冯友兰解释说："《尔雅·释古》说：'格者，至也。'郑注：'格，来也；物，犹事也。'《尔雅》释'格'、'来'都为'至'。'来'也有'至'的意思，'至物'或'来物'，都是说与外在的事物相接触。"[1] 格物就是接触事物，即物穷理，致知是获得知识。格物是致知的功夫。《朱子语类》卷第十五说："格物致知只是一事。"但是，从修身的逻辑上看，它们有先后递进关系。格物是从所认识的事物来说的，致知是从能知的人来说的。格物、致知是接触事物，获得知识。将人情世故弄清楚就是格物、致知，它们要在道德上获得洞见，达到世事洞明皆学问，人情练达即文章的境界。所格之物是家、国、天下之物，不是物理学之物。

格物、致知渗透于儒家道德生活之中，它们作为第一环节，不止步于自身，它们的最终价值和完满程度在齐、治、平中实现，修己在安人中"验明正身"。格物的明确意向是修身，不是像胡适所说的今天理工科学生的工具理性认识，而是一种道德认识。它最终要到齐、治、平中去，从而自证自身，达到"成真"。修身行为不是以单一的格物方式或致知方式进行的活动，而是以诸条目合一的方式进行的活动，诸条目在修身的同一性上合成。西方有一种道德理论认为美德就像一袋互不联系的马铃薯，《大学》的众环节不是一袋互不联系的马铃薯。在第三章《大学》间架结构中强调众环节在功能性关系中相互依存地存在着。这是理解格物致知的关键。修身是在同一体（间架）中的修身。格物致知作为第一环节是一种逻辑表述意义上的先，绝不是时间意义上的先。否则，就不会有在齐、治、平中的格物致知。

在格物、致知中包含着知止。修身的可能性建立在"知止"的可能性上，"知止"使修身成为可能，修身使止于至善成为可能，使孟子所

1　冯友兰. 中国哲学史新编［M］. 北京：人民出版社，1985：129.

说的孳孳为善的行为常态化。修身者以实践八条目的方式生存。知止有三个层面的要求：

一是认识到目标设置的正当性，即认识到止于至善的价值目标。知止具有立志的含义，王阳明说："故立志而圣，则圣矣；立志而贤，则贤矣。志不立，如无舵之舟，无衔之马，漂荡奔逸，终亦何所底乎？"[1]王阳明说的立志即知止。

二是认识到目的实施的合法性。人并非就是单个的、孤立的人，人降生于社会关系之中。例如，降生于有特定身份的父母组成的家庭之中、民族之中。它不可能首先是一个个体，先于角色并与角色分离。马克思指出：人的本质是社会关系的总和。这个道理通行于传统社会。在传统社会，自我处于封建社会关系总和之中。在这种社会中最切近于人的环境是道德世界，最切合人的身份的是道德身份。它有一个由社会角色、行为规范、评价标准相互关系所组成的网络。在这个网络中，人与人相遇。在《大学》看来，人首先是作为角色的占有者、作为社会角色的承担者而出现，他相对于不同的角色知道怎么做得最好，就是知止。

《大学》把对至善的追求定位于某些特定的场合，提出了君、臣、父、子、朋友等标准，对处于不同社会地位的角色的行为进行定位与区分。《大学》说："为人君，止于仁；为人臣，止于敬；为人子，止于孝；为人父，止于慈；与国人交，止于信。"《大学》给知止增添了许多价值谓词——仁、敬、孝、慈、信，使它具有规范性质。知止不是描述人与人交往实际如何，而是告诉人们应当如何。这里的君、臣、父、子、朋友角色是道德角色，仁、敬、孝、慈、信是评判角色的标准。这里有一个假设，人应该以仁、敬、孝、慈、信的形式出现在他人面前，必须以同样的修己安人的立场来理解自我与他人。

在这种社会中，个体通过在家族中的角色的确认来确认自我和得到

1　王守仁. 王阳明全集·上 [M]. 吴光、钱明、董平、姚延福编校. 上海：上海古籍出版社，1992：974.

他人的确认，道德规范（如孝）存在于角色承担者的人格（如子）之中。真实的自我就在这些角色的扮演中，或者说就是认同这些角色。例如，舜作为孝子，就是他真实的自我。角色与道德人格融为一体。固然，《大学》的"知止"有时代局限（今天封建社会的君臣关系已经不存在），但基本的人伦关系（父子、朋友等等关系）还在，在今天"为人子，止于孝；为人父，止于慈；与国人交，止于信"仍然有其价值。这是社会主义核心价值观继承大学之道的条件。

"知止"是能动性（发挥道德主体性）与受动性（接受道德规范性）的辩证统一。知止从道德上的目的实施的合法性起步，最终达到政治统治上的合法性。《大学》说："故君子先慎乎德，有德此有人，有人此有土，有土此有财，有财此有用。德者本也，财者末也。"知止包含着认识到（德）本（财）末关系。

三是认识到目的实现的递进性。《大学》说："知止而后有定，定而后能静，静而后能安，安而后能虑，虑而后能得。""知—止—定—静—安—虑—得"，这七个环节环环相扣。知止是"在"与"能在"、"自我选择"的相互关系中被规定的。对修身者来说"能在"是至关重要的，它决定了修身者的可能性。只有知止，人才能有修身的选择，从而把自身筹划到孳孳为善者的可能性上去，而不是筹划到孳孳为利者的可能性上去，才会有递进性的修身目标。不能知止，人茫茫荡荡，毫无归宿。

关于止、定、静的问题，王阳明与弟子多有讨论，一弟子对王阳明说："静坐中思虑纷杂，不能强禁绝。"在静坐时杂念多，没有办法强行禁止。王阳明回答："纷杂思虑，亦强禁绝不得；只就思虑萌动处省察克治，到天理精明后，有个物各付物的意思，自然精专，无纷杂之念。《大学》所谓'知止而后有定'也。"在王阳明看来，天理呈现出来，自然产生精一与专注的思想。这就是"知止而后有定"。这与《大学》的"明明德"相通，让天赋的光明道德呈现出来，就是知止。精一与专注的思想是定。王阳明说："濂溪所谓'主静'，无欲之谓也，是谓集义者也。"[1] 没有私欲蒙蔽是静。当然，这种静不是不动，"动静只是一个。那三更时分空空静静的，只是存天理，即是如今应事接物的心。如今应事接物的心，亦是循此天理，便是那三更时分空空静静的心。"[2] 在王阳明看来，"无欲故静"[3]，但不是静止的状态。王阳明丰富与发展了《大学》的知止思想。

"知止"使修身的起点、过程与目标都指向至善。"为人君，止于仁。为人臣，止于敬"，这种君臣互动的"特定的场合"使知止具有空间性；"知止而后有定……"，这种递进关系使知止具有时间性。知止是时间性与空间性的统一，它涉及纵向与横向两个维度。本书在"总体性方法的微观解读"中分析了个体化实践的纵向与横向维度，《大学》的"知止"可以归入这两个维度。

"知止"使修身的起点、过程与目标都指向至善。君、臣、父、子、朋友角色是道德角色，每个人都要知止。自我不是处于一个固定的位置上，而是处于不同的道德情景所设定的位置上，我与他人分享着不同的"我们"。知止使小我大我化，我与他人一起共在一个世界中，世界是我们共同的世界。共在不是两个弹子在口袋中的共同在场，不是两个东西的物理空间上的接近，共在指社会关系中的共处。儒家修身者的共在存在于休戚与共的共同体之中，知止使我与他人共享着《大学》间架。在这个共同体之中，个体积极地扩展着"我们"。"我们"分属于不同的地域，齐家、治国、平天下是修身者的开放状态，它们使自我处于不同的群体——"我们"之中，迈向一个更大的群体——"我们"，并不取消原来相对狭小的群体——"我们"。只有到达了所有这些群体，修身才达到儒家所设定的目标，才达到真正的知止。缘此路径，人的小我不断融入大我之中，我你他不断统一于大我之中。然而，小我并没有消融于大我之中，小我在大我之中，大我也在个个小我之中。知止指向家、

1　王守仁. 王阳明全集（卷五）[M]. 上海：上海古籍出版社，2006：318.
2　王守仁. 王阳明全集（卷三）[M]. 上海：上海古籍出版社，2006：98.
3　王守仁. 王阳明全集（卷三）[M]. 上海：上海古籍出版社，2006：91.

国、天下并在齐家、治国、平天下中达到目的。

王阳明提出修身就是扩充良知,实践良知。他说:"今日知见在如此,只随今日所知扩充到底;明日良知又开始悟,便从明日所知扩充到底。如此方是精一功夫。"[1] 精一功夫就是把良知所悟到的知识不断扩充,由此得出教育要循序渐进的结论。他说:"与人论学,亦须随人分限所及。如树有这些萌芽,只把这些水去灌溉。萌芽再长,便又加水。自拱把以至合抱,灌溉之功皆是随其分限所及。若些小萌芽,有一桶水在,尽要倾上,便浸坏他了。"[2] 这种思想对德育有积极启示。依照王阳明的观点,《大学》的八条目,就是一个去蔽与澄明过程,人有良知,将良知在实践中(齐家、治国、平天下)加以实施,即是格物、致知、诚意、正心。格物、致知与诚意、正心是相互渗透、相互融合的。

二、 诚意、正心是内化阶段

梁漱溟认为中国传统文化是"向里用力"的文化,它在天人关系上注重于人,在人与己关系上注重自我修身,在自我修身上注重内省。诚意、正心作为道德意识的内化体现了儒家的内省功夫具有"向里用力"的特点。它们由外在的知识,转化为内在的情感和意志。

格物、致知是对道德准则的认识,诚意、正心就更近了一层,深入到情感、意志中来。从德育心理学上说,道德意识是知、情、意三位一体的,仅有认识而没有情感和意志来推动,这种道德意识就会软弱无力,不能转化为行为。《大学》在格物、致知后提出诚意、正心在一定程度上触及到了德育心理学上说的规律。

诚意培养一种至诚境界。《大学》说:"所谓诚其意者,毋自欺也。如恶恶臭,如好好色,此之谓自谦。故君子必慎其独也。小人闲居为不

1　王守仁. 王阳明全集(卷三)[M]. 上海:上海古籍出版社, 2006:96.
2　王守仁. 王阳明全集(卷三)[M]. 上海:上海古籍出版社, 2006:96.

善，无所不至。见君子而后厌然，撵其不善，而著其善。人之视己，如见其肺肝然，则何益矣。此谓诚于中，形于外。故君子必慎其独也。曾子曰：'十目所视，十手所指，其严乎！'富润屋，德润身，心广体胖，故君子必诚其意。"诚意在"话题"的给出与"说明"的展开之间呈现出来。《大学》将"话题——说明"的论述结构加以拓展，形成"话题"（诚意）——"说明"（从"毋自欺也"至"诚于中，形于外"）——"引证"（曾子的话）——"引喻"（富润屋，德润心）的论述结构，强化着诚意的意义，增强语言的言说力量。诚意的谓词判断和属性判断是"毋自欺"。诚意是格致与正心的联结环节，它在修身中居于十分重要的地位。

《大学》继承了孔子思想，以好恶来解释诚意。《论语·子罕》记载："子绝四——毋意，毋必，毋固，毋我。"诚意与毋意相通，刘蕺山说："惟毋意，故无必、固、我。"[1]《大学》的"勿自欺"就是"毋意"。达到诚意，就可以"无必、固、我"，最终实现从心所欲不逾矩的自由状态。

"如好好色，如恶恶臭"成为《大学》道德感受的基础。舍勒认为："感官价值在其中被给予的较低的感官感受自身在其自己的价值等级中就具有一种前理性的对更高的价值和情感的偏好。例如感官感受不可能偏好不适意胜于适意。"[2]《大学》认为在感官中人喜欢好的颜色，讨厌坏的气味。好的颜色比坏的气味有更高的价值和情感，人偏好后者。"偏好似乎总是在至少两个价值间展开，这一点是价值感受的本质表现，舍勒说，价值感受是在偏好而非选择中拥有它的基础。"[3] 儒家认为好恶的价值感受是先于反思的。王阳明说："良知只是个是非之心，是非只是个好恶，只好恶便尽了是非。"[4] 这里，良知、是非之心与好恶是相同

1　高海波. 慎独与诚意——刘蕺山哲学思想研究［M］. 北京：生活·读书·新知三联书店，2016：406.
2　曼弗雷德·S. 弗林斯. 舍勒的心灵［M］. 上海：上海三联书店 2006：24.
3　曼弗雷德·S. 弗林斯. 舍勒的心灵［M］. 上海：上海三联书店 2006：24.
4　王守仁. 阳明全书三［M］. 北京：中华书局，1912：80.

的。诚意是在偏好中拥有其价值基础。"如好好色，如恶恶臭"以感官上的好恶打比方，既揭示了感官上的好恶偏好，又预示着道德上存在着好恶偏好。

刘蕺山指出诚意使"此心一于善而不二于恶。"[1] 他解释了诚意中的好恶，他说："'如恶恶臭，如好好色'，盖言独体之好恶也。原来只是自好自恶，故自欺曰'自欺'，慊曰'自慊'。既自好自恶，则好在善，即恶在不善，恶在不善，即好在善，故好恶虽两意而一几。"[2] 按照刘蕺山的解释，如恶恶臭，如好好色这种念头不是两个东西，"好善"与"恶不善"是一回事，善（诚意）只有通过对一个恶的事实内涵（自欺）的否定才能存在。孔子说："我未见好仁者，恶不仁者。好仁者，无以尚之；恶不仁者，其为仁矣，不使不仁者加乎其身。"[3] 意思是说：我没有见过喜欢仁的人，也没有见过讨厌不仁的人。喜欢仁的人，是受人崇敬无法超越的；讨厌不仁的人，实行仁德的时候，是不会让不仁的人对自己有不好的影响的。这说明"好善"与"恶不善"相辅相成。

它们虽然相辅相成，但是，联系到舍勒的观点，"好善"与"恶不善"价值感受不同，它们不是一回事。修身者的所有道德行为都被正向的价值感受和负向的价值感受所引导着。

间架与修身者结合的基础是诚意。刘蕺山说："好、恶二字，即是《大学》一篇骨子，直贯到平天下处。"[4] 诚意中的好、恶直通平天下。刘蕺山将诚意贯穿八条目之中。他说："曾子言诚意也，其修身为本之极则乎！故子思子曰'诚身'，孟子亦曰'诚身'又曰'反身而诚'。万古宗传，其在斯乎！"[5] 诚为圣学最高境界。刘蕺山认为诚意成为修身最要紧的工夫。修身者有诚意，就会发现个体修身步骤与间架具有内在的一致性。诚意要培养真实的道德情感，有"如恶恶臭，如好好色"的正

1　刘宗周. 刘宗周全集（第一册）[M]. 吴光主编. 杭州：浙江古籍出版社，2007：613.
2　刘宗周. 刘宗周全集（第二册）[M]. 吴光主编. 杭州：浙江古籍出版社，2007：484.
3　藏知非注说. 论语 [M]. 郑州：河南大学出版社，2008：129.
4　刘宗周. 刘宗周全集（第一册）[M]. 吴光主编. 杭州：浙江古籍出版社，2007：661.
5　刘宗周. 刘宗周全集（第二册）[M]. 吴光主编. 杭州：浙江古籍出版社，2007：150.

向的价值感受和负向的价值感受。《中庸》提出"不诚无物",人心不诚,则一事无成。对于修身也是如此,必须意念真诚。修身从诚意工夫中获得滋养。

致知与诚意在八条目中有一种表述上的先后,但是,并没有修身上的先后。王阳明将诚意与致知完全打通,王阳明说:"今欲别善恶以诚其意,惟在致其良知之所知焉尔。何则?意念之发,吾心之良知既知其为善矣,使其不能诚有以好之,而复背而去之,则是以善为恶,而自昧其知善之良知矣。意念之所发,吾之良知既知其为不善矣,使其不能诚有以恶之,而复蹈而为之,则是以恶为善,而自昧其知恶之良知矣。若是,则虽曰知之,犹不知也,意其可得而诚乎?今于良知之善恶者,无不诚好而诚恶之,则不自欺其良知而意可诚也已。"[1] "昧其知善之良知"与"自昧其知恶之良知"是一种自欺。王阳明开启了对致知与诚意的新认识,诚意与致知一体两面,只有致知才可以诚意,只有诚意才可以致知。诚意不在致知之后,而在致知之中。

诚意是一种人生决断,它具有明见、意志和自由三个阶段。"学者一念为善之志,如树之种,但勿助勿忘,只管培植将去,自然日夜滋长,生气日完,枝叶日茂。"[2] 一念为善即是明见,此明见又是人生决断。这一决断需要不断地进行,日积月累,日就月将地以坚定的意志加以贯彻。"诸公在此,务要立个必为圣人之心,时时刻刻,须是一棒一条痕,一掴一掌血,方能听吾说话句句得力。若茫茫荡荡度日,譬如一块死肉,打也不知得痛痒,恐终不济事。"[3] 立志成为圣人,听王阳明的话,会一棒一条痕,一掴一掌血,立竿见影,印入人心。人生决断中有了明见(一念为善)还需要意志在实践中实施。"此念如树之根芽,立志者长立此善念而已。'从心所欲,不逾矩',只是志到熟处。"[4] 长此以

1　王守仁. 王阳明全集(第三册)[M]. 杭州:浙江古籍出版社,2010:1018-1019.
2　王守仁. 王阳明全集(卷一)[M]. 上海:上海古籍出版社,2006:32.
3　王守仁. 王阳明全集(卷三)[M]. 上海:上海古籍出版社,2006:123.
4　王守仁. 王阳明全集(卷一)[M]. 上海:上海古籍出版社,2006:19.

往，就会实现道德自由。

《大学》在诚意中提出慎独。习近平著有《追求"慎独"的高境界》，并提倡刘少奇提出的慎独精神，他说："刘少奇同志在《论共产党员的修养》中就将'慎独'作为党性修养的有效形式和最高境界加以提倡，他说：'即使在他个人独立工作、无人监督、有做各种坏事的可能的时候，他能够"慎独"，不做任何坏事。'党员干部都要努力做到'慎独'。"[1] 刘少奇提出的慎独精神是《大学》慎独精神的现代诠释。理解这一文化传承，首先要理解儒家的原义。

《大学》在诚意中提出慎独，并从四个方面提倡慎独：

第一，慎独要使自己意念真诚，不自我欺骗。这是一种自我满足——自谦。由于自我对自身的心理状态了如指掌，人就不能自我欺骗。王阳明这样解释自谦，他说："今焉于其良知所知之善者，即其意之所在之物而实为之，无有乎不尽。于其良知所知之恶者，即其意之所在之物而实去之，无有乎不尽。然后物无不格，而吾之良知所知者无有亏缺障蔽，而得以极其至矣。夫然后吾心快然无复余憾而自慊矣。"[2] 自谦是一种心理上的自我满意感，它是将内心认之为善的事情并且是愿意做的事情加以彻底实施，将内心认之为恶的事情并且是愿意去除的事情彻底去除，从而心中畅快，不留遗憾。这种"自谦"具有孔颜之乐的意味，如王阳明所说"自不觉手舞足蹈，不知天地间更有何乐可代。"[3] 自谦具有无复余憾、无少亏欠、吾心快然之意。慎独具有"自谦"的快乐价值感受，这与止于至善的幸福观教育是联系在一起的。

第二，慎独不要仿效小人，伪饰自己的活动。朱熹说："闲居，独处也……此言小人阴为不善，而阳欲掩之，则是非不知善之当为与恶之当去也；但不能实用其力以至此耳。然欲掩其恶而卒不可掩，欲诈为善

1　习近平. 之江新语 [M]. 杭州：浙江人民出版社，2007：272.
2　王守仁. 王阳明全集（卷二六）[M]. 上海：上海古籍出版社，2006：972.
3　王守仁. 王阳明全集（卷三）[M]. 上海：上海古籍出版社，2006：104.

而卒不可诈，则亦何益之有哉！此君子所以重以为戒，而必谨其独也。"[1] 小人行为是挂榜修行，在他人面前伪饰自身。

第三，严厉的社会反馈要求慎独。《大学》指出：当一个人干坏事的时候，众人的眼睛在看着他，众人的手在指责着他，这是多么严厉啊！最初形成慎独的自律，来源于他人的监督所引发的羞耻心——"十目所视，十手所指，其严乎！"

第四，有慎独的光明德性就会在身体上体现出来。《大学》认为财富可以装饰房子，道德可以修养自身。心胸宽广开朗，身体自然安适舒坦。孟子说："君子所性，仁义礼智根于心。其生色也，睟然见于面，盎于背，施于四体，四体不言而喻。"[2]《大学》的"心广体胖"继续了孟子的精神。有慎独的光明德性就会在身体上体现出来。德性与幸福维系在一起。所以，君子一定要慎独。慎独不仅是一种主观精神状态，而且是儒家君子的存在方式。

《中庸》也提倡慎独，它与《大学》精神相通。《中庸》说："道也者不可须臾离也，可离非道也。是故君子戒慎乎其所不睹，恐惧乎其所不闻。"朱熹对慎独作出解释："慎独是己思虑，已有些小事，已接物了，'戒慎乎其所不睹，恐惧其所不闻'，是未有事时。"[3]朱熹关于慎独问题的论述涉及三个层次：无形迹：未有事时；小形迹：已有些小事时，自己看见、别人看不见的动机与萌芽；大形迹：别人已经全然看见时。恶具有未发、已发之分，在已发中又有小与大之分。慎独是通过一与二层次的努力防止第三层次出现，即自私欲望在萌发之前阻止，在萌发之时克服，防止成为大形迹。

王阳明对朱熹编修的《大学》多持批判态度，他偏好《大学》古本。他与朱熹不同，在与弟子黄弘纲的问答中，将朱熹的一与二层次合并，"'戒慎是己所不知时工夫，慎独是己所独知时工夫，此说如何？'

1　大学章句.

2　孟子·尽心上.

3　朱熹. 四书章句集注 [M]. 上海：上海古籍出版社，2001：20-21.

先生曰：'只是一个工夫，无事时固是独知，有事时亦是独知。人若不知于此独知之地用力，只在人所共知处用功，便是作伪。"[1] 这样，慎独获得了完整的意义，"戒慎乎其所不睹，恐惧其所不闻"亦是独知。他与朱熹都主张在"大形迹"之前用功。这种用功同样包含一与二，"防于未萌之先，而克于方萌之际，此正《中庸》'戒慎恐惧'、《大学》'致知格物'之功。"[2]

朱熹扩展了慎独意义。汉代郑玄在《礼记·中庸》"故君子慎其独也"一语后注曰："慎独者，慎其闲居之所为。"朱熹认为慎独不一定是独处状态。"问：'谨独莫只是十目所视，十手所指处也，与那暗室不欺时一般否？'先生是之。又云：'这独也又不是恁地独时，如与众人对坐，自心中发一念，或正或不正，此亦是独处。"[3] 朱熹扩大了"独"的含义，它指人处于别人看不见的状态（包括念头），而不仅仅是他人不在场状态。这种解释颇有新意，发展了慎独思想，并且符合儒家修身本意。念头上不能慎独，就会产生"揜其不善，而著其善"。念头上慎独是闲居中慎独的逻辑前提。慎独既要过"独居"一关，又要过"一念"一关。

《大学》提倡慎独是与耻感联系在一起的。耻感是一种"为他的存在"。"他人构成了那个我为其感到羞耻的东西。我并不为一个作为自为存在的自身而感到羞耻，而是为那个向他人显现的自身而羞耻。"[4] 德国现象学家舍勒以耻感为人在宇宙中做了一个定位，他说："人在世界生物的宏伟的梯形建构中的独特地位和位置，即他在上帝与动物之间的位置，如此鲜明和直接地表现在羞感之中，对此任何感觉无法与之相比。"他认为神和动物都不会害羞。他说："动物的许多感觉与人类相同，譬如畏惧、恐惧、厌恶甚至虚荣心，但是迄今为止的所有观察都证明，它似乎缺乏害羞和对羞感的特定表达。如果想象有某位'害羞'的上帝'，

1   王守仁. 王阳明全集（卷一）[M]. 上海：上海古籍出版社，2006：34.
2   王守仁. 王阳明全集（卷二）[M]. 上海：上海古籍出版社，2006：66.
3   黎靖德：朱子语类（卷六二）[M]. 北京：中华书局，1986：1504.
4   丹·扎哈维. 主体性和自身——对第一人称视角的探究 [M]. 上海：上海译文出版社，2008：219.

这简直荒谬绝伦。"[1] 舍勒认为人是介于动物和神之间的一道"桥梁"和"过渡"，在此之外无论是向此端（动物）和向彼端（神）延伸，都不会有羞感。在儒家文化中人的位置与此不同，但有相似之处。孟子说："无羞恶之心，非人也。"[2] 人之为人，在于有羞恶之心。朱熹认为耻感"存之则进于圣贤，失之则入于禽兽"[3]，儒家文化通过耻感标画出了人的存在位置，知耻使人处于圣人和禽兽之间。动物不知道羞耻，是一个极端；也很难想象有一个羞耻的圣人，圣人超越了耻感之事，是另一个极端，人处于两者之间。《大学》中"小人"近于禽兽；达到"自谦"的人近于圣人。在这两者之间有许多中间过渡形式，感觉到"其严乎"的人，有一种强烈的耻感并逐渐离开禽兽，向着圣人靠拢。"十目所视，十手所指"反映了耻感是一种主体间的、社会化现象。对不道德的行为，他人感到义愤而谴责，自我感到羞愧而慎独。在他人面前或通过想象在他人面前产生耻感，有助于形成慎独的道德品质，使人不断趋向圣贤。

慎独体现了修身活动的真善美。"如恶恶臭，如好好色"的真诚是真的维度，"诚于中"是善的维度，"富润屋，德润身，心广体胖"是美的维度。真善美体现为慎独的不同的存在向度。反之，"小人闲居为不善，无所不至"则反映了与之对立的假恶丑的存在向度。在传统道德生活中，真善美是一体的，它们既有联系又有区分。但是，它们没有现代人的学科性划分：真属于科学，善属于伦理学，美属于美学。古代德育没有学科划分意识和学科性思维方式。

《大学》在"诚意"之后提出"正心"。"正心"是要达到孔子的"不惑"、孟子的"不动心"状态。"正心"要控制自我情绪，培养道德情感，它有着可辨认的感受和行为。《大学》说："所谓修身在正其心者，身有所忿懥，则不得其正；有所恐惧，则不得其正；有所好乐，则不得其正；有所忧患，则不得其正。"正心以否定的陈述表达出来。人

1　马克斯·舍勒. 舍勒选集（第 2 卷）[M]. 刘小枫，译. 上海：上海三联书店，1999：531.

2　孟子·公孙丑上.

3　宋元人注. 四书五经·上册 [Z]. 北京：中国书店，1984：102.

总是处于一定的情绪、情感之中，并通过它们与事物打交道。"世内存在者是通过情绪向此在照面的，并非人和事物先现成存在着而后从灵魂中升出一股情绪来给人和物涂上一层'情绪色彩'。"[1] 与事物打交道，人总有相应的情绪。人应该成为情绪的主人。正心是端正自己的心，控制忿懥、恐惧、好乐、忧患的情绪。这些情绪还可以细分，例如，恐惧可以有胆怯、羞怯、拘束、害怕、惶恐等系列，忿懥有从愠恼到暴怒的系列。这些情绪起来时遮蔽了真心，它们迫使修身者离开修身的意义与目标。在它们消除后真心得以坦露。在儒家看来，它们是"心祟"——害心之物。正心关乎大学之道的晦明。

正心与诚意相关。刘蕺山说："《大学》之言心也，曰'忿懥、恐惧、好乐、忧患'而已。此四者，心之体也。其言，则曰'好好色，恶恶臭'。好恶者，此心最初之机，即四者之所自来也。"[2] 好恶之意是忿懥、恐惧、好乐、忧患产生的根源。这与《大学》的"欲正其心，先诚其意"思想吻合。"心如舟，意如柁"。正心需要诚意。

刘蕺山解释正心之正为"方方正正，有伦有脊"，对心加以规范。诚意之意"所具有的'好恶'（即道德情感）并不是已发层次善恶念头，而是未发层面深微的道德意向。"[3] 而忿懥、恐惧、好乐、忧患之心为已发层面的情绪。忿懥、恐惧、好乐、忧患不同于类似头痛的私人感受，这些情绪不是第一人称意义上的纯粹主观状态——内心心理经验。它们与其说是心理情绪，不如说是生存情绪。这些情感是社会性的，不仅产生于个体的心理活动，而且被个体所处的文化解释所决定。它们"本身也不是一种内在的状态，然后以一种谜一般的方式达及外部，并给事物和人打上它的印记。"[4] 忿懥、恐惧、好乐、忧患的情绪解释依赖于文化

---

1 陈嘉映. 海德格尔哲学概论［M］. 北京：生活·读书·新知三联书店，1995：75.

2 刘宗周. 刘宗周全集（第三册）［M］. 杭州：浙江古籍出版社，2012：351.

3 高海波. 慎独与诚意——刘蕺山哲学思想研究［M］. 北京：生活·读书·新知三联书店，2016：375.

4 休伯特·L. 德雷福斯. 在世：评海德格尔的《存在与时间》（第一篇）［M］. 杭州：浙江大学出版社，2018：209.

的理解。这种文化解释渗透进人的心理，潜移默化形成了非反思性情感。"乐以天下、忧以天下"的道德情感不是通过明晰反思向自身呈现的。修身的可能性是由其文化背景所决定的。若个体有一种相反的文化解释——"人人不损一毫，人人不利天下，天下治矣"，将不会产生这种情感。脱离了情感、情绪的社会文化背景，去寻找它们产生的心理机制，并不能找到真实的情绪、情感。

用朱熹的观点看来，一个人有忿懥、恐惧、好乐、忧患的情绪，就不能使自己的心端正。忿懥、恐惧、好乐、忧患的情绪都不留于心中，才能保持心的"莹然虚明"。正心不仅影响着修身的行为，而且规定着事物如何向人呈现——莹然虚明中呈现。对忿懥、恐惧、好乐、忧患这些"感受的克制和摈斥，'其自身也是感受'……情感只能被情感所克服。"[1] 任何一种感受的克制和摈斥都是通过一种肯定性感受来实现的。"道德感受并不以'我对被实行的行动采取立场'这样的方式随道德行动之后。"[2] 道德感受作为动机首先构成了行动的可能性。借用舍勒的话说：正心是"抑制某种情感波动或情绪激动，使其得不到发泄而产生的情态；这种'强抑'的隐忍力通过系统训练而养成。"[3] 控制这些情绪是以培养相反的情感——"乐以天下、忧以天下"来实现的，因此，正心有平天下的气象。人以平天下的方式造就自身。

因此，为了保证个体行善，需要正心，对忿懥、恐惧、好乐、忧患加以控制。修身的肯定性姿态由否定性的姿态补充。正心中否定词反复出现，这一警醒的书写方式告诉人们正心首先是弱化忿懥、恐惧、好乐、忧患的情绪，直到最后彻底消除这些不良情绪，这些情绪有一个由高到低直至消失的过程。这里，道德意志的增强过程表现为情绪的弱化过程。在道德修养中，有些增强过程是通过强化而实现的，如意志力的磨练（孟子的苦其心志，劳其筋骨），有些增强过程是通过弱化来实现

1 海德格尔. 现象学之基本问题 [M]. 上海：上海译文出版社，2008：177.
2 海德格尔. 现象学之基本问题 [M]. 上海：上海译文出版社，2008：179.
3 转引张祥龙. 从现象学到孔夫子 [M]. 北京：商务印书馆，2001：240.

的（如制怒）。

《大学》说："心不在焉，视而不见，听而不闻，食而不知其味。"心是一身之主，心不在焉，视听等感觉器官都失去了应当有的功能。海德格尔有类似的观点，这里权且以笔者的语言描述：眼镜在鼻梁上如此之近，然而，学生看到的却是黑板、讲台、教师，眼镜在使用中仿佛"抽身而去"。当眼镜担负"何所用"的工具时，不处于现成可见状态。"它离我们如此地近，以至于我们与之毫无距离，反而因此不可能认识或看清楚它。"[1] 这说明，心不在此，最近的东西也关注不到。正心是要使心专注于修身。正心就是收拾精神，自作主宰。专心致志，修己以敬。

习近平引用"心不动于微利之诱，目不眩于五色之惑"[2] 说明新时代的正心明道，切合《大学》正心的本意。他引用孟子的"富贵不能淫，贫贱不能移，威武不能屈"[3] 诠释着当代人应该具有的正心境界，这也是《大学》的正心境界。

刘蕺山认为"物知意心是'一贯的血脉'，它是一个由外向内，逐渐深入心体内部的过程"。[4] 然而，对由外向内不能机械理解。儒家的诚意、正心是一种克己行为，它包括内省。意念真诚与心归于正都要通过内省。但是，内省行为不是一种纯粹的"向里用力"，不是对内在体验的一种发现，齐家、治国、平天下行为不是一种纯粹的"向外用力"。不能从内与外对立的含义上来理解这两种用力，似乎有一道鸿沟将内外分开。不能认为格、致、诚、正的道德意识修养是一种单一地向内深入，齐、治、平的道德行为修养是一种单一地向外扩展。家、国、天下在不同人的眼中是不同的，然而，齐家、治国、平天下在儒家君子的眼

1　海德格尔. 论真理的本质——柏拉图的洞喻和《泰阿泰德》讲疏 [M]. 北京：华夏出版社，2008：7.
2　中共中央文献研究室编. 十八大以来重要文献选编 [M]. 北京：中央文献出版社，2014：341.
3　孟子·滕文公章句下.
4　高海波. 慎独与诚意——刘蕺山哲学思想研究 [M]. 北京：生活·读书·新知三联书店，2016：474.

中是相同的，它们必然与格、致、诚、正联系在一起。A并非不依存B的存在，A的存在是被当作B的条件性的存在，A只有在与B的联系中，才成其所是。八条目都是由修己安人的修身所引出的规定。

修身使家、国、天下三重空间通过齐家、治国、平天下行为得以打开，"成物"就发生于这三重空间之中。家、国、天下是修身自我实现之场所。古代人的空间经验与现代人的空间经验不同，儒家并没有地球是一个行星的宇宙观意义下的空间观念，儒家修身空间以伦理的方式存在。家、国、天下的空间特性必定从其伦理特性上来显现。在齐家、治国、平天下中展开了家、国、天下的空间，伦理特性不是事后附加到空间中去的。如果没有伦理特性，家、国、天下的空间特性就是模糊不清的。齐家、治国、平天下使家、国、天下在空间上被伦理化，这种空间是场所空间与伦理空间的统一。

《大学》并非纯粹知识的论述，更不是知识性概念的单纯堆积，它注重的是实践策略。间架不是逻辑推理系统，而是具有规范性的行动规则体系，它指向家、国、天下。齐家是在血缘共同体中的互动，治国是在民族共同体中的互动，平天下是在人类共同体中的互动。

三、 齐家、治国、平天下是行为阶段

《大学》说"为人君，止于仁；为人臣，止于敬；为人子，止于孝；为人父，止于慈；与国人交，止于信。"在传统社会中，依据社会规范所产生的实践活动是适合于所有人的，角色是为人而不是某个人确定的。你、我、他作为父亲就应该慈爱，评判的标准为是否慈爱。这种文化规定了一个人为了占有这一角色必须做什么（修身），占有了这种角色必须做什么——慈爱。规范他人的世界一定也是我的世界，世界是我和他人共同的世界。个人在做角色分内的事，他人可以而且承担着这一角色。在这个意义上，个体实践行为不是遵从纯粹的私人规则的"个人的实践"，而是遵从社会规则的"社会的实践"。孔子说："鸟兽不可与

同群，吾非斯人之徒与而谁与?"[1] 意思是人与鸟兽是不可同群的，我不同世人一起生活又同谁呢？在儒家看来，绝人逃世的私己行为根本就不是人的行为。在儒家文化中，没有遵从纯粹的私人规则的"个人的实践"，只有"社会的实践"。

自我不是处于一个固定的位置上，而是处于不同的道德情景中所设定的位置上。我与他人分享着不同的"我们"。《大学》中的个体积极地扩展着"我们"，齐家、治国、平天下使个体处于不同的群体（我们）之中，个体在与自我（身）、家、国、天下交往中，形成了与社会既相独立又相融通的社会性存在。这里，不能简单地理解为治国比齐家有更多的主体聚集在一起；平天下比治国有更多的主体聚集在一起，齐家、治国、平天下的扩展是行为方式与关注对象的变化，而不是场所意义上人数聚集的变化。

间架决定着修身的可能方式，修身者通过间架与家、国、天下照面的方式为齐家、治国、平天下，它们揭示了修身者的诸多可能性。齐家、治国、平天下是外在行为表现，在这种修身行为中家、国、天下获得意义。这是一个情感迁移的过程，由爱家人到爱国家再到爱天下。今天德育心理学的情感迁移说就从科学上揭示了这一状态。

美国学者杜维明认为儒家的修身有一个持续的逐渐的包容过程。他说："修身必然地要导致到齐家，因为在儒家学说的范围内，认为自我修养可以离开人际关系而独立进行是不可思议的，家庭关系作为人际关系的基本的方面是自我修养的一个本质的部分。从最终发展的观点来看，齐家也必然地要导致平天下。除非自我修养最终导致平天下，那么它就不可能说是充分地表现了自身。因此，从实用的观点来看，自我修养是一个持续的逐渐的包容过程。"[2] 从最终发展的观点来看，不仅齐家必然地要导致平天下，格物致知也必然地要导致平天下。只有这样，修

---

1 论语·卫灵公.

2 杜维明. 人性与自我修养 [M]. 北京：中国和平出版社，1988：26.

身者才能从整体上成为它所能是的君子。

这个持续的逐渐包容过程是一个多重的同心圆形态。注意：个体不是三维空间坐标上的一个中心点，修身不是从一个空间处所出发，仿佛先有自我，然后再与他人相遇。自我不是现成主体与除了我之外的其他人有一个空间上的进展关系，先进展到家、再进展到国，最终进展到天下。世界是我与他人共同的世界，人实际上就处于家、国、天下之中。画出下图，仅仅是为了叙述的方便。

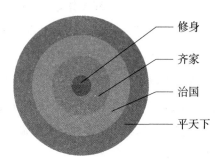

《大学》修身同心圆

第一个同心圆是齐家。齐家是整理、整顿好自己的家族，使家族成员齐心协力、长幼有序、和睦相处。《大学》说："所谓治国必先齐其家者，其家不可教，而能教人者，无之。故君子不出家，而成教于国。孝者，所以事君也。弟者，所以事长也。慈者，所以使众也。康诰曰：'如保赤子。'心诚求之，虽不中，不远矣。未有学养子，而后嫁者也。一家仁，一国兴仁；一家让，一国兴让；一人贪戾，一国作乱；其机如此。此谓一言偾事，一人定国。尧舜率天下以仁，而民从之。桀纣率天下以暴，而民从之。其所令反其所好，而民不从。是故君子有诸己，而后求诸人。无诸己，而后非诸人。所藏乎身不恕，而能喻诸人者，未之有也。故治国在齐其家。"不能机械地这样划分：将父子兄弟关系定为伦理关系，将君臣上下关系定为政治关系。伦理的善行与政治的善政，彼此相互渗透，家—国相通，由家齐到国治的原则相同。

二程认为《大学》是"孔氏之遗书，而初学入德之门也。"在这个入德之门中又有"道德之门径"。蔡元培说："家族者，社会、国家之基本也。无家族，则无社会、无国家。故家族者，道德之门径也。""于家族之道德，苟有缺陷，则于社会、国家之道德，亦必无纯全之望，所谓求忠臣，必于孝子之门者此也。"[1] 齐家是道德的"门"中之"门"。

孔子的学生有子说："孝弟也者，其为仁之本与。"[2] 因为子女在家讲孝悌，到他们长大成人，就可以"移孝作忠"，由齐家而治国。《诗经》说"孝子不匮，永锡尔类。"[3] 只要"文武之道，未坠于地"，这样的文化就会不断地出孝子。在《左传·襄公·襄公二十四年》中，范宣子认为由血脉绵延传承就可以达到不朽，这与孟子的"不孝有三，无后为大"有相通之处。孝是让家族大生命延续。叔孙豹认为立德、立功、立言才是真正的不朽。然而，这种不朽同样与家族命运相联系——光宗耀祖。人追求三不朽，就是对祖上的孝。

从个体与家庭的实践交往关系中形成了这样的治国理念：孝不仅可以作忠，而且由孝产生立德、立功、立言三不朽。因此，《大学》说："君子不出家而成教于国；孝者，所以事君也；弟者，所以事长也；慈者，所以使众也。"说明了家政通行于国政。

《大学》认为统治者的表率作用对"国——家"的影响十分重要，反映了儒家将国治的希望建立在统治者的道德修养之上。儒家向往尧、舜、禹、汤、文、武、周公的德位一致的历史，希望通过"大学之道"再传承、延续这一谱系。这里的话语有着内在的理路："话题"（治国）——"说明"（从"其家不可教"到"一人定国"）——"事例"（尧舜正例与桀纣反例对举）——"期待"（君子要有恕道）——"诗赞"（引《诗经》）。它在"话题"与"说明"之间增加了事例，它们既

1　蔡元培. 国民修养二种 [M]. 上海：上海文艺出版社，1999：34.

2　论语·学而.

3　诗经·大雅·既醉.

对说明起证实作用，又对民众起着范例性教化的作用。事例将过去（尧、舜、禹等历史人物）、当下（学习楷模——有恕道的君子）与未来（规范引领）联结起来，儒家的教导一直是通过事例来进行的，事例是儒家文化延续与传递的一种重要方式。

儒家认为君子求诸己，小人求诸人。针对这一点，梁漱溟断言中国人"理性早启"，即理性上早熟。这种早启是相对西方文化来说的，西方基督教文化认为基督就是真理、道路，进行道德修养是基于对上帝的信仰，修养的标准是上帝的启示。儒家不向外寻求人生准则，而是向内寻求，即求诸己，如荀子所说的以"五寸之矩，尽天下之方"[1]。孔子的忠恕之道、《大学》的絜矩之道都贯穿这一原则。道德的形成源于同情心，源于以己度人的移情能力，仁爱道德奠基于此。《大学》在齐家中说："君子有诸己，而后求诸人。无诸己，而后非诸人。"自己有某种德行，然后要求别人具有某种德行；自己没有某种缺点，然后才能批评别人的某种缺点。君子的己立立人、己达达人来自于"恕"道，即将心比心、推己及人。《大学》得出"一家仁，一国兴仁""一家让，一国兴让"的结论。《大学》认为治国必先齐家。

第二个同心圆是治国。治国是治理好自己的国家。儒家主张为政以德，《大学》首先对社会有一个整体设计，这体现在三纲领、八条目的间架之中，用以规划身、家、国、天下。这是在普遍意义上的人应该如何。在这个整体设计中，又细分出顶层设计与底层设计，这是特殊意义上的人应该如何。

《大学》说："所谓平天下在治其国者，上老老而民兴孝，上长长而民兴悌，上恤孤而民不倍，是以君子有絜矩之道也。"这个絜矩之道就是顶层设计。孔子所说："其身正，不令而行；其身不正，虽令不从。"[2]统治者在道德上的表率作用是至关重要的，上行下效。

1　荀子·不苟.
2　论语·子路.

顶层设计与底层设计相互联系、相互依存，大量的、分散的、个体的底层设计是一种感召模式，由上引发所谓"民兴孝、民兴悌、民不倍"。底层设计的修身活动一样是从我做起，从家庭做起。

在治国中，提倡絜矩之道。絜矩之道包含着在爱民中爱己，立人达人、成己成物的思想。所谓"上老老而民兴孝"是希望上行下效、上下一致、始终一辙。这里教育对象（民众）与教育目的（止于至善）高度统一。《大学》的教育针对全体民众，教育者（统治者）首先要有表率作用（师表、师范作用）。为政以德就是为政以教。

《大学》从多个层次上展开絜矩之道的语义，从上位的表率作用，上下前后左右关系的协调、"所藏乎身不恕"等等角度进行阐明，在齐家、治国、平天下中都贯穿着絜矩之道。当然，在这种絜矩之道中，教育者与受教育者的共识是由于掩盖着的上对下的支配结构造成的。这里隐藏着"从上向下"的德性培育思想，德性是由社会精英制作、培育出来的，并由他们来影响百姓。这里，百姓是受众。这种"从上向下"的思路形成德育的统治者的主导性，社会影响的广泛性特点。

儒家道德行为有普遍性、特殊性、个别性三个层次。整体设计规范着共同体所有成员的行为，维护着儒家文化共同体的秩序。顶层设计与底层设计规范着特殊阶层的人的行为。"壹是皆以修身为本"的活动对于不同个体来说，体现为个别性行为。

第三个同心圆是平天下。平天下是由内修走向外治的极致。《礼记·礼运》说："大道之行也，天下为公，选贤举能，讲信修睦。故人不独亲其亲，不独子其子。使老有所终，壮有所用，幼有所长。鳏寡孤独废疾者皆有所养。男有分，女有归。货恶其弃于地也，不必藏于己；力恶其不出于身也，不必为己。是故谋闭而不兴，盗窃乱贼而不作，故外户而不闭，是谓大同。"这个大同社会就是平天下的境界。

《大学》以修身为本，格物、致知、诚意、正心是修己的功夫，齐家、治国、平天下是安人的功夫，是把修己扩大到家、国、天下的范围，修身将修己与安人统一起来（见下图）。这个图式作为具体有形的显现物展示了修身结构，它呈现为阶梯系列，渗透进儒家修身者的经验之中。它规定了止于至善的修身活动。

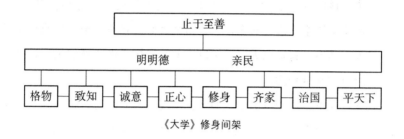

《大学》修身间架

汤一介引用了《论语·为政》和《大学》两段话，并对它们进行了比较。"吾十有五而志于学，三十而立，四十而不惑，五十而知天命，六十而耳顺，七十而从心所欲，不逾矩。""古之欲明明德于天下者，先治其国；欲治其国者，先齐其家；欲齐其家者，先修其身；欲修其身者，先正其心；欲正其心者，先诚其意；欲诚其意者，先致其知，致知在格物。物格而后知至，知至而后意诚，意诚而后心正，心正而后身修，身修而后家齐，家齐而后国治，国治而后天下平。自天子以至于庶人壹是皆以修身为本。"他指出"前者为一种道德哲学或人生境界学说；后者为一套政治哲学或者说是社会政治理论。"[1] 把这两段话弄成"学说"和"理论"显得过大，将它们归属于不同的学科具有现代人的学科意识。在儒家思想中并无学科意识，这两段话不能归属于不同类型的思想。前者展示了修身的境界，后者展示了修身的步骤。修身者按照步骤就可以不断提升自我境界，它们原本一体，不能分裂。

汤一介指出："《大学》把修、齐、治、平归结为'壹是皆以修身为本'，作为一种政治哲学理论那就十分可疑。因为'身'之修由个人努力可提高其道德学问的境界，而国之治、天下之太平，那就不仅仅是靠个人的道德学问了。盖因国家、天下之事不是由什么个人的'修身'可

---

1 汤一介. 在儒学中寻找智慧 [M]. 北京：中国人民大学出版社，2016：110.

解决的。如果企图靠个人的道德修养解决一切社会政治问题，那么无疑会走上泛德主义的歧途，致使中国社会长期是'人治'的社会，而'法治'很难在中国实现。"[1]

首先应该区分一下治国、平天下：一是国与天下的理想治理状态，汤一介的文中所指是这一状态；二是指个体修为状态，个体修身要为治国、平天下尽力，有乐以天下、忧以天下的情怀。将两者混为一谈会掩盖了八条目的修身功能。

其次，这里需要警惕的是我们不能用现代人的眼光根据现代社会的状态看古代社会和古代人。孔子说："听讼，吾犹人也。必也，使无讼乎?"[2] 如果孔子生于现代社会，一定不会说这样的话；而如果我们生于古代社会，一定会赞同孔子的话。古代社会，生活领域没有现代性分化。当人们指责孔子与《大学》作者具有泛德主义时，其实是以今观古。然而，转换视角，这话有合理之处。如果我们今天仅仅将修身作为治国、平天下的道路，这一定是泛德主义的。汤一介说："用道德解决一切问题，包揽一切，不仅仅经济、政治等社会功能要受到破坏，而且道德自身也将不能起到它应起的作用。"这是有道理的，今天如果仅仅提倡修身而弱化其他社会功能，它会产生许多社会问题，最终道德教化功能也不能很好地实现。

上述《论语·为政》和《大学》两段话在修身上是统一的。孟子说："伯夷，圣之清者也，伊尹，圣之任者也，柳下惠，圣之和者也，孔子，圣之时者也。"[3] 孔子是与时偕行的圣人。时间构成了孔子的修身的境域。当孔子说"吾十有五而志于学"时，他将自己的生命当作一个整体呈现出来，伴随着修身境界的不断提升，修身的意义也在不断增强，后一境界含纳着前一境界。孔子修身是一个不断自我超越过程，孔子若活到八十、九十一定会有不同境界。把孔子在不同年龄阶段所取得

1   汤一介. 在儒学中寻找智慧 [M]. 北京：中国人民大学出版社，2016：111.
2   论语·颜渊.
3   孟子·万章下.

的境界贯穿起来就获得了一个孔子生命整体的意义——日新又新。《大学》的八条目与孔子人生境界是统一的，孔子的人生境界不断引导君子按照八条目进行修养，追求自我超越，达到"从心所欲，不逾矩"的至善境界。

第五章　八条目的当代德育传承

　　习近平总书记在广东省暨南大学考察时提出"把中华优秀传统文化传播到五湖四海"[1]。对中华传统美德，他说："这些都是中华文化的重要组成部分，关键是我们怎么样去把握它，赋予新的时代内涵和精神，去很好地理解和运用。我们叫格物、致知、诚意、正心、修身、齐家、治国、平天下。"[2] 习近平经常以《大学》经典讲"中国经验"，以大学之道说"中国道路"，通过大学之道，诠释社会主义核心价值观。八条目既是儒家文化的修身道路又是当代德育的修身道路。习近平总书记在文章、讲话、著作中常常赋予《大学》新的时代内涵和精神，彰显了文化自信。德育要传承"大学之道"，要像习近平总书记所说的那样，不仅要掌握八条目的内涵，而且要赋予其新的时代内涵和精神。与第四章一样，这一章在整——分——合的解读路线中处于"分"的阶段。

　　《大学》中的明明德与亲民是成己成物之学。成己是修己，成物是安人。成己是个体修养，它涉及人的主体性；成物是实现齐家、治国、平天下的理想，它涉及人的主体间性。这使儒家传统文化既关注个体一维又关注社会一维，将人的存在既视为个体存在又视为类存在。

　　修身既要成己（成就自我）又要成物（成就社会）。《中庸》指出：

1　习近平澳门谈中华文化：一书在手，其乐无穷 [N]. 人民日报（海外版），2014-12-21.

2　习近平澳门谈中华文化：一书在手，其乐无穷 [N]. 人民日报（海外版），2014-12-21.

"诚者，非自成己而已也，所以成物也。"[1] 修身是在成己成物中成其所是——君子。相对于现在的成材胜于成人的科学主义教育，"大学之道"关注人的灵魂的教育。借鉴八条目的思想，有助于克服"无灵"的科学主义教育产生的问题。

习近平指出："正确认识时代责任和历史使命，用中国梦激扬青春梦，为学生点亮理想的灯、照亮前行的路，激励学生自觉把个人的理想追求融入国家和民族的事业中。"[2] 新时代的成己成物体现在习近平所说的青春梦与中国梦上，当代德育要传承《大学》中成己成物的思想，既要关注个体维度的修养，使学生实现青春梦；又要关注社会关系维度的和谐发展，使中华民族实现中国梦，实现两者的有机统一。当代德育的"明明德"是"为学生点亮理想的灯、照亮前行的路"，"亲民"是热爱学生。

《大学》间架对提升个体、家庭、民族乃至整个人类的生存境界与精神境界都有积极的启示意义，《大学》的成己成物表现在八条目上。习近平提出："把思想政治工作贯穿教育教学全过程，实现全程育人、全方位育人"[3]，当代德育"三全育人"，可以从具体的路径层面借鉴八条目，为人格塑造提供一套可以指导操作的行动模式。下面具体分析八条目对当代德育的启示。

一、 格物致知的当代传承

习近平指出："中国古代历来讲格物致知、诚意正心、修身齐家、

1　中庸·二十五.
2　习近平在全国高校思想政治工作会议上强调：把思想政治工作贯穿教育教学全过程开创我国高等教育事业发展新局面 [N]. 人民日报，2016-12-09 (01).
3　习近平在全国高校思想政治工作会议上强调：把思想政治工作贯穿教育教学全过程开创我国高等教育事业发展新局面 [N]. 人民日报，2016-12-09 (01).

治国平天下。"[1]《大学》的八条目在某种程度上是按照子路设问与孔子的回答来进行的：修己以敬——格物、致知、诚意、正心；修己以安人——齐家；修己以安百姓——治国、平天下。它形成一整套行为规范来规划人的修身。习近平说："中华文化渗透到中国人的骨髓里，是文化的 DNA。"[2] 因此，可以说八条目是社会主义核心价值观的 DNA。修身是依据间架来调整自我与世界的关系，从而转变人的存在方式（从生物性的人到社会性的人）。在理解八条目时，不能认为格物、致知、诚意、正心是认识的，齐家、治国、平天下是实践的。似乎放弃了修身认识，才产生修身实践；或者修身实践消失，修身认识依然存在。修身实践和修身认识彼此是相互交融的。朱熹说："知行常相须，如目无足不行，足无目不见。"[3] 这对于八条目的理解有帮助。新时代的"知行常相须"要像习近平所说："以新的思想认识推动实践，又以新的实践深化思想认识。"[4]

　　《大学》中的格物之物，不是物理学意义上的物，而是家、国、天下的物。颜元说："格物之'格'，王门训'正'，朱门训'至'，汉儒训'来'，似皆未稳……元谓当如史书'手格猛兽'之'格'。'手格杀之'之'格'，乃犯手捶打搓弄之义。"[5]"格"是动手反复去做，否则，"如此菔蔬，虽上智老圃不知为可食之物也，虽从形色料为可食之物，亦不知味之如何辛也，必箸取而纳之口，乃知如此味辛。故曰，手格其物而后知至。"[6] 这与毛泽东的《实践论》中的思想相类似："你要有知识，你就得参加变革现实的实践。你要知道梨子的滋味，你就得变革梨子，亲口吃一吃……一切真知都是从直接经验发源的。"这里传统的格物与中国化的马克思主义认识论交汇了，后者具有着两千年的格物文化底

1　习近平. 青年要自觉践行社会主义核心价值观——在北京大学师生座谈会上的讲话 [N]. 人民日报，2014-05-05(02).
2　习近平澳门谈中华文化：一书在手，其乐无穷 [N]. 人民日报（海外版），2014-12-21.
3　朱熹. 朱子语类（壹）·卷九 [M]. 上海：上海古籍出版社，2002：298.
4　习近平在党的群众路线教育实践活动总结大会上的讲话 [N]. 人民日报，2014-10-09.
5　颜元.《习斋记余》卷六《阅张氏王学质疑评》[M]. 北京：中华书局，1987.
6　颜元.《四书正误》卷一 [M]. 北京：中华书局，1987.

蕴。今天的格物，具有传统文化的回声并绽露出革命实践的维度。在新时代，习近平赋予格物、致知、知止新的内涵：

1. 格物——一物不知深以为耻

习近平说："人才有高下，知物由学。"他从青年时代就研读历史、政治、哲学、艺术等各种书籍，在清华大学接受了马克思主义理论与思想政治教育专业博士的学习，这使他对格物、致知形成了独特的观点。习近平说："我喜欢文学、历史，为了用好一个成语，经常翻阅很多词典，一物不知深以为耻。插队时，身边学生有些家学渊源，大家常在一起谈论。有些人在谈论具体问题时引用典故和案例，可以做到信手拈来。这使我认识到，学术、知识不能只是在嘴上，要联系实际，做到知行合一、格物致知、学以致用。所以，我后来看书很注意联系实际。"[1]这段话的启示在于今天的格物要将理论与实际联系起来，具有变革梨子的精神。

2. 致知——掌握马克思主义理论和文化科学知识

修身从求知开始。习近平说："我到农村插队后，给自己定了一个座右铭，先从修身开始。一物不知，深以为耻，便求知若渴。上山放羊，我揣着书，把羊拴到山坡上，就开始看书。锄地到田头，开始休息一会儿时，我就拿出新华字典记一个字的多种含义，一点一滴积累。我并不觉得农村 7 年时光被荒废了，很多知识的基础是那时候打下来的。"[2] 新时代的修身要像习近平那样，从求知开始。在新时代，在求知上要有紧迫感。孔子说："学如不及，犹恐失之。"[3] 习近平说："大家要有知识不足、本领不足、能力不足的紧迫感，自觉加强学习、加强实

1　中国新闻网. 习近平分享读书心得：要联系实际、做到知行合一 [EB/OL]. (2018-05-02) [2022-02-16]. http://www.chinanews.com/gn/2018/05-02/8504561.shtml.

2　李斌. 习近平曾给自己定座右铭：先从修身开始 [EB/OL]. (2013-08-19) [2018-03-10]. http://history.people.com.cn/n/2013/0819/c198307-22610298.html.

3　论语·泰伯.

践，永不自满，永不懈怠。"[1] 这里就有着"不及"、"犹恐"一般的紧迫感。新时代的致知具有新内涵，习近平指出："学习和掌握马克思主义理论和文化科学知识，特别是学习马克思主义的世界观和方法论。"[2]

结合习近平关于学习的论述，今天德育的致知要掌握马克思总体性辩证方法，培养学生对总体性的渴望。王阳明说："致知存乎心悟"，致知要求在社会实践中体悟马克思总体性辩证方法。这一方法主张总体相对于部分具有优先性，部分只有在总体中才能得到说明。黑格尔说：熟悉知并非真知。我们熟知的教育现象诸如"五唯"现象，只有与马克思的三大社会形态的论述结合起来，才能看到这种熟知的现象是物化现象。掌握马克思总体性辩证方法，就会将眼前的社会现象纳入历史过程中去思考，获得真知，并能将现阶段放入社会历史长河中来理解，意识到以物的依赖为基础的人的独立性是人类社会发展的一个阶段，我们现在为中国梦而奋斗，从根本上是要超越这一历史阶段，向更高的社会形态迈进。只有马克思总体性辩证方法，才能使《大学》间架获得历史唯物主义意义上的传承。

3. 知止——明大德、立大志

《大学》提倡"知止"。朱熹诠释知止有上线知止与下线知止两个方面。下线知止为"知其不善"。"程子所谓'知其不善，则速改以从善'，曲折专以'速改'字上著力。若今日不改，是坏了两日事；明日不改，是坏了四日事。今人只是惮难，过了日子。"[3] 这一精神被习近平所弘扬，他说："知其不善，则速改以从善。最要在'速改'上著力。"[4]

上线知止为知道至善之所在。朱熹注说："止者，所当止之地，即

1　习近平在党的十九届一中全会上的讲话［EB/OL］. 中国共产党新闻网，2017-12-31. http：//cpc. people. com. cn/n1/2017/1231/c64094-29738076. html.

2　在中央党校建校八十周年庆祝大会暨 2013 年春季学期开学典礼上的讲话，2013 年 3 月 1 日，习近平党校十九讲(内部使用)，中共中央党校出版社，2014 年 12 月 30 日.

3　黎靖德. 朱子语类［M］. 北京：中华书局，1986：506.

4　习近平在河南兰考县县委常委扩大会议上的讲话［EB/OL］. 新华网，2014-3-18. http：//www. xinhuanet. com/politics/2015-09/08/c _ 128206459. htm.

至善之所在也。知之，则志有定向。"[1] 知止是追求至善的理想境地。习近平指出知止要以德为本，要明大德、立大志。这种知止与立志有关。习近平引用"立志而圣则圣矣，立志而贤则贤矣"，勉励青年把自己的小我融入祖国的大我、人民的大我之中。刘蕺山说："不知止，不知本，则一点茫荡灵明，于学问了无干涉。"[2] 不知止，心灵就处于无家可归状态，就如一点茫荡灵明。知止的人才"不是荡而无归者"。因此，知止、立志就可以找到人生的航标。习近平指出："要从小学习立志。志向是人生的航标。一个人要做出一番成就，就要有自己的志向。一个人可以有很多志向，但人生最重要的志向应该同祖国和人民联系在一起，这是人们各种具体志向的底盘，也是人生的脊梁。"[3] 新时代德育的知止让学生立志，要将个人理想（修身，提升个人素质）、家庭理想（齐家，建设美好生活）、职业理想（立业，奋斗的职业目标）、社会理想（中国梦和共产主义远大理想）有机统一起来，使学生生活有目标，前进有方向，修身朝着和谐方向发展。知止（有理想）而后有定（有前进的方向），定而后能静（静下心来），静而后能安（安然处之），安而后能虑（思考人生，谋划人生），虑而后能得（人生有收获）。在"止、定、静、安、虑、得"的积极人生筹划中筑路，先是一个个的"短时段"的成功（个体修身的起步阶段），聚集成"中时段"的成就（齐家、立业），最终为"长时段"奋斗（治国、平天下）。

二、 诚意正心的当代传承

1. 诚意——内无妄思，外无妄动

《大学》的诚意继承了荀子的思想，荀子说："夫诚者，君子之所守

1　朱熹. 四书章句集注 [M]. 北京：中华书局，1983：3.

2　刘宗周. 刘宗周全集（第二册）[M]. 吴光主编. 杭州：浙江古籍出版社，2007：443.

3　习近平. 在会见中国少年先锋队第七次全国代表大会代表时的讲话 [N]. 人民日报，2015-06-02.

也，而政事之本也。"[1] 诚意，是君子的操守，政治的根本。"子绝四——毋意，毋必，毋固，毋我。"[2] 其中"毋我"即无我。习近平说："这么大一个国家，责任非常重、工作非常艰巨。我将无我，不负人民。我愿意做到一个'无我'的状态，为中国的发展奉献自己。"[3] 具有无我境界才能成就大我，才能诚意，形成不负人民、天下为公的高尚人格。

《大学》在诚意中提出了慎独。德育要做到诚意，就要有慎独精神。《中庸》中的"莫见乎隐"、"莫显乎微"是"慎独"的基本要求。在幽暗之中、细微之事，能自觉自律，所谓"细行不矜，终累大德"。慎独有一种由内向外的修养，朱熹将它分为三个层级，习近平在这三个层级上都有关于慎独的论述，后者深化了新时代慎独的意义。

第一层级是针对自我的不睹不闻。这一阶段恶念头没有出现，恶处于针对自我的不睹不闻状态。朱熹说："不闻不见，全然无形迹，暗昧不可得知"[4]，"凡万事皆未萌芽，自家便先怗地戒慎恐惧，常要提起此心。"[5] 在没有"应物起念处"，在心不为事物所触及之时，心存天理，保持戒慎恐惧。在朱熹看来，慎独要始终让天理存于心中。朱熹说："虽不见闻，亦不敢忽。所以存天理之本然，而不使离于须臾之顷也。"[6]

今天慎独要让"初心"始终在心中，让私心杂念不沉渣泛起——不睹不闻。习近平说："古人说，'内无妄思，外无妄动'。党的领导干部更要对组织和人民常怀感恩敬畏之心，对功名利禄要知足，对物质享受和个人待遇要知止。"[7] 这种"内无妄思，外无妄动"的状态使人心处于荀子的"大清明"状态，能够正确地对待功名利禄，对物质享受和个人待遇能够知止。这种知止是适可而止。习近平说："党章要放在床头，

1　荀子·不苟.

2　论语·子罕.

3　习近平. 习近平谈治国理政（第3卷）[M]. 北京：外文出版社，2020：144.

4　黎靖德：朱子语类（卷六二）[M]. 北京：中华书局，1986：1503.

5　黎靖德：朱子语类（卷六二）[M]. 北京：中华书局，1986：1499.

6　朱熹. 四书章句集注 [M]. 上海：上海古籍出版社，2001：20-21.

7　习近平. 重整行装再出发，以永远在路上的执着把全面从严治党引向深入，开创全面从严治党新局面——在十九届中央纪委二次全会上的讲话 [EB/OL]. 新华网，2018-01-11.

经常对照检查，看看自己做到了没有？"[1] 他引用"君子检身，常若有
过"来说明"慎独"，这要求人在没有过错的念头时也要善于反省。这
些话对学生的修养同样适用。习近平说："古人说：'天下之难持者莫如
心，天下之易染者莫如欲'，一旦有了'心中贼'，自我革命意志就会衰
退，就会违背初心、忘记使命，就会突破纪律底线甚至违法犯罪。"[2] 慎
独的第一心理防线是在"不闻不见，全然无形迹"时"守初心"，防
"心中贼"。

第二层级是自我恶念针对他人的不睹不闻。这一阶段恶念对我亦睹
亦闻，对他人不睹不闻。"朱熹将这种在'心'的情感活动与思想活动
中的动机引发状况看作'行动'的萌芽，并因此也已经看作是只有自己
才知道'小形迹'，而别人则只能在某种程度上认识那些伸展到外部的
行为的'大形迹'"。[3]

慎独是让恶念消退，消除"心中贼"。《中庸》说："莫见乎隐，莫
显乎微，故君子慎其独也。"朱熹解释说："隐，暗处也。微，细事也。独
者，人所不知而己所独知之地也。言幽暗之中、细微之事，迹虽未形而
几则已动。人虽不知，而己独知之，则是天下事无有著见明显而过于此
者。"[4] 因此"君子既常戒惧，而于此尤加谨焉，所以遏人欲于将萌，而
不使其滋长于隐微之中，以至离道之远也"。[5] 这是将人欲的念头遏制
住，不使它在隐微之中生长。习近平说："要时刻反躬自省，就像古人
讲的'吾日三省吾身'，自重、自省、自警、自励，洁身自好，存正祛
邪，注重修身养德，增强防腐拒变的'免疫力'。"[6] 习近平教育学生
"每天都可以想一想，对祖国热爱吗？对集体热爱吗？学习努力吗？对

1　习近平. 在"不忘初心、牢记使命"主题教育总结大会上的讲话 [N]. 人民日报，2020-01-
　　09.
2　习近平. 习近平谈治国理政（第3卷）[M]. 北京：外文出版社，2020：541.
3　耿宁. 人生第一等事（上册）[M]. 北京：商务印书馆，2016：206.
4　朱熹. 四书章句集注 [M]. 北京：中华书局，1983：18.
5　朱熹. 四书章句集注 [M]. 上海：上海古籍出版社，2001：21.
6　习近平. 之江新语 [M]. 杭州：浙江人民出版社，2007：272.

同学们关心吗？对老师尊敬吗？在家孝敬父母吗？在社会上遵守社会公德吗？对好人好事有敬佩感吗？对坏人坏事有义愤感吗？这样多想一想，就会促使自己多做一做，日积月累，自己身上的好思想、好品德就会越来越多了。"[1] 这样，一有小小不善的念头，就能立即觉知并廓清扫除。第二层级要求"改心过"。

这一阶段介于上下两层级之间：习近平强调"一念收敛，则万善来同；一念放恣，则百邪乘衅。"[2] 收敛一个恶念，就会带来众多善行，上升到第一层级，达到"守初心"状态；放纵一个恶念，各种邪恶就会趁虚而入，跌落到第三层级，达到滋生恶行的状态。

第三层级是自我行为针对他人的不睹不闻。这一阶段恶行对我亦睹亦闻，对他人不睹不闻。慎独是让恶行消退，防止突破纪律底线违法犯罪。习近平说："《礼记》有云：'莫见乎隐，莫显乎微，故君子慎其独也。'党员干部要'慎独'。党员干部特别是领导干部手中往往掌握一定的权力，不仅要主动接受组织、制度的监督，而且还要不断加强自律，做到台上台下一个样，人前人后一个样，尤其是在私底下、无人时、细微处，更要如履薄冰、如临深渊，始终不放纵、不越轨、不逾矩。"[3] 习近平突出强调了"莫见乎隐"、"莫显乎微"的当代价值。

慎独要从"隐"和"微"两方面入手，所谓"莫见乎隐"，就是不要在人们看不见、听不着时就放纵自己的行为；所谓"莫显乎微"就是在微小的事情上也不能放松自己。"莫显乎微"要求从小毛病改起，防微杜渐。习近平说："古人云：'堤溃蚁穴，气泄针芒'，'巴豆虽小坏肠胃，酒杯不深淹死人'。这揭示了由量变到质变的深刻哲理。"[4] 这将"莫显乎微"赋予马克思主义哲学新意，将其上升到唯物辩证法的新高度。

1   习近平. 从小积极培育和践行社会主义核心价值观 [N]. 人民日报，2014-05-31.

2   习近平. 2018 年 1 月 5 日在学习贯彻党的十九大精神研讨班上的重要讲话 [N]. 人民日报，2018-01-06.

3   习近平. 2018 年 1 月 5 日在学习贯彻党的十九大精神研讨班上的重要讲话 [N]. 人民日报，2018-01-06.

4   习近平. 之江新语 [M]. 杭州：浙江人民出版社，2007：38.

新时代的慎独有一种由内向外的修养，守初心，就可以避免恶念、恶行，防止向二、三层级跌落。同时，慎独有一种由外向内的矫正。跌落到第三层级的人，要让外在的恶行消退需要进步到第二层级，让恶念消退；让恶念消退需要进步到第一层级，守初心。习近平指出："'人患不知其过，既知之，不能改，是无勇也。'要把'改'字贯穿始终，立查立改、即知即改，能够当下改的，明确时限和要求，按期整改到位；一时解决不了的，要盯住不放，通过不断深化认识、增强自觉，明确阶段目标，持续整改。"[1] 由第三层级向第二层级、第一层级前进，需要有改过精神。勇于改过，不断改过，就可以达到慎独上的不睹不闻，它与亦睹亦闻相辅相成。慎独上的不睹不闻能够显现出一个人道德品质的光辉，使人的道德亦睹亦闻。

在慎独上，习近平阐述了大与小、巨与细的辩证法，他引用"千丈之堤，以蝼蚁之穴溃；百尺之室，以突隙之烟焚"、"天下难事，必作于易；天下大事，必作于细"说明由量变到质变的辩证关系，防止由小到大的恶性转化，促成由细到巨的良性发展，让社会主义核心价值观教育在"在落细、落小、落实上下功夫"。

慎独与"不远复"相联系，即所谓失之不远，回复善道。"不远复"要在"速改"上着力。颜渊被称为"复圣"，就有"不远复"的意思。不远复可以防微杜渐，做到慎独。诚意发出慎独的道德指令，诚意与慎独联系在一起，诚意是一种建构起来的心理体验，它是通过儒家的修身文化塑造出来的。只有修身者掌握了儒家文化，他才能够体验到这种心理状态。今天，只有在马克思主义思想指导下，经过创造性继承，才会有德育的慎独。

刘蕺山说："圣学之要，只在慎独。"[2] 慎独成为圣学的命脉。"圣贤千言万语，说本体、说工夫，总不离慎独二字……总之诸儒之学，行到

1　习近平. 在"不忘初心、牢记使命"主题教育总结大会上的讲话 [N]. 人民日报，2020-01-09.
2　刘宗周. 刘宗周全集（第二册）[M]. 吴光主编. 杭州：浙江古籍出版社，2007：361.

水穷深处，同归一路，自有不言而契之妙。"[1] 圣贤千言万语最后都能够归结到慎独上。刘蕺山的感悟直抵当代修为。经历一千多年，修身的千言万语离不开慎独，这可以从刘少奇、邓小平、习近平谈修身中见出。传统文化与马克思主义中国化的修养"同归一路，自有不言而契之妙"。

做到慎独一是要遵守规矩。孟子说："规矩，方圆之至也。"[2] 慎独要遵循道德规矩和尺度。杜甫诗："在山泉水清，出山泉水浊。"慎独是要保持一湾在山清泉水，不使其出山（违反规矩），变成浊水。人生自幼至老，数十寒暑，经历许多变化，惟大人者不失其赤子之心，心灵保持一种童真，使生命之泉水只清不浊。

习近平指出："古人云，当官之法唯有三事：'曰清、曰慎、曰勤'。对于共产党人来说，谨慎是一种责任心，用权时要如临如履，小心翼翼；是一种作风，要多做少说，敏于事而慎于言；是一种能力，要见微知著，防患于未然；也是一种品格，要慎权慎独，自警自励。保持谨慎，决不是因循守旧，谨小慎微，而是始终保持清醒头脑，谨言细致，慎终如始。"[3] 这些要求固然是对党内干部的要求，但对于学生的人生修养同样有意义、有价值。学生只有培养起慎独精神，在社会上提倡"曰清、曰慎、曰勤"的风气，才能有风清气正的社会。慎独既要学习历史上圣人的弘道精神、做人标准（如大丈夫人格），又要学习新时代的英雄人物、道德标兵。从而外学于人，内立于己。

慎独与人的自由全面发展的思想有关联，它要处理好闲暇时光。马克思指出自由时间是人的全面发展的条件，说明可自由支配的闲暇时光对人的发展具有重要意义。工作时间有共性，闲暇时光有个性，个性的彰显与滋养常常来自闲暇时光。闲暇中琐微小节能反映人的品德修养。钱穆说："闲暇的人生，正如名画之空白处，画中山川人物之灵气，即

1　刘宗周. 刘宗周全集（第二册）[M]. 吴光主编. 杭州：浙江古籍出版社，2007：258-259.
2　孟子. 离娄上.
3　习近平. 干在实处走在前列——推进浙江新发展的思考与实践 [M]. 北京：中共中央党校出版社，2006：160.

在此空白处胎息往来。'小人闲居为不善'，皆因其欠缺处闲暇的学问。"今天资本逻辑渗透进人的闲暇时光，商家的各种促销活动试图侵占人们的"空白处"，使闲暇时光成为异化的追逐时尚的消费时光。一个热点代替另一个热点的时尚使人们"陶醉于理性的毁灭，陶醉于意义的消解"。时尚具有传染性危害，它导致人的自我异化、相互异化和被异化，侵蚀了人的胎息往来之灵气。在闲暇时光中抵制生活的异化，需要有丰富自我精神生活的闻道、求道的学问精神。

2. 正心——新时代的心学

《大学》提出的"正心"是要培养道德意志，它传承了孔子的"四十而不惑"、孟子的"四十不动心"的思想。习近平指出："中国人历来强调'正心以为本，修身以为基'。"[1] 正心是立身处世的根本。《大学》的正心揭示了一个深刻的道理：忿懥、恐惧、好乐、忧患这些情绪呈现了人的存在状态——正处于"偏心"的状况，这些状况威胁着修身者的自我筹划。德育需要正视并控制这些情绪。这些情绪显现出人的存在是一种能在——"可能性存在"。面对这些情绪，人可能控制住它们或可能控制不住它们。这种可能性在儒家文化中有一个系列："偏心"、正心、孟子的"不动心"、孔子的"不惑"。这一系列状态启示德育：从偏心到不忘初心也有一个系列，中间有许多过渡状态，修身者最低可能性是"偏心"，最高的可能性是"不忘初心"。在正心中，人以情绪、情感方式认识它自己的能在，使自我认识进入到它的可能性领域。若人放纵于忿懥、恐惧、好乐、忧患这些情绪之中，会败坏人心。借鉴《大学》间架，德育的修身应当担当起"正心"的可能性，并筹划着向最高的可能性"不忘初心"迈进，向着终极之处至善进行自我筹划。

孟子说："居天下之广居，立天下之正位，行天下之大道；得志与民由之，不得志独行其道；富贵不能淫，贫贱不能移，威武不能屈：此

1　习近平. 2018 年 1 月 5 日在学习贯彻党的十九大精神研讨班上的重要讲话［N］. 人民日报, 2018-01-06.

之谓大丈夫。"[1] 孟子这段话习近平多次引用，勉励新时代修身者要正心。今天的"广居"是人类命运共同体、国家与民族，"正位"是社会主义核心价值观，"大道"则是中国特色社会主义道路。古语说："淡泊以明志，宁静而致远"。它要求人清简素朴，少一些私欲，与《大学》的"正心"精神相通，可以成为当代德育的座右铭。人格修养需要正心，心若流连于富贵、功名、利禄，不可能归于正。

刘蕺山说："禅门说既悟时如水上葫芦，无人动着，常荡荡地，触着便动，捺着便转。然则吾儒门既悟时如水上行舟，有柂在手，常荡荡地，无险不破，无岸不登。"[2] 依照这种形象的说法，新时代德育的正心有柂在手，此一柂即马克思主义理论。通过正心使其心常荡荡地，如孔子所说"君子坦荡荡"，从而在前行的路上无险不破，无岸不登。

习近平指出，"对领导干部而言，党性就是最大的德"[3] "党性教育是共产党人修身养性的必修课，也是共产党人的'心学'"[4]。人生修养，全仗一心。心学作为儒学的一个重要学派，可推溯自孟子，北宋程颢开其端，南宋陆九渊则大启其门径，明代王阳明将其发扬光大。王阳明说："充天塞地中间，只有这个灵明……我的灵明，便是天地万物的主宰。天没有我的灵明，谁去仰他高；地没有我的灵明，谁去俯他深；鬼神没有我的灵明，谁去辨他吉凶灾祥？"[5] 这个灵明就是良知。人的灵明可以觉解一切，照亮一切，它赋予万事万物以价值，由它开辟了心灵世界或价值世界，共产党人的"灵明"就是初心。

习近平说："自古以来，我国知识分子就有'为天地立心，为生民

1　孟子・滕文公下.

2　刘宗周. 刘宗周全集（第二册）[M]. 吴光主编. 杭州：浙江古籍出版社，2007：475-476.

3　习近平. 在全国党校工作会议上的讲话（2015 年 12 月 11 日）[EB/OL]. (2016-05-01) [2020-02-10]. http：//jhsjk. people. cn/article/28317481.

4　习近平. 在全国党校工作会议上的讲话（2015 年 12 月 11 日）[EB/OL]. (2016-05-01) [2020-02-10]. http：//jhsjk. people. cn/article/28317481.

5　王守仁. 王阳明全集 [M]. 吴兴、钱明等编校. 上海：上海古籍出版社，2014：140-141.

立命，为往圣继绝学，为万世开太平’的志向和传统。"[1] 张载的学说虽然不是"心学"，但其四句话可以作为今天共产党人的"心学"。为天地立心——共产党人的初心；为生民立命——实现民族复兴；为往圣继绝学——继承中国优秀传统文化；为万世开太平——建构人类命运共同体、实现共产主义理想。它使今天的正心具有了新时代内涵。

三、 齐治平的当代传承

习近平说："中国优秀传统思想文化体现着中华民族世世代代在生产生活中形成和传承的世界观、人生观、价值观、审美观等，其中最核心的内容已经成为中华民族最基本的文化基因，是中华民族和中国人民在修齐治平、尊时守位、知常达变、开物成务、建功立业过程中逐渐形成的有别于其他民族的独特标识。"[2] 修齐治平是中华民族独特的精神标识。

修齐治平体现为一个多重的同心圆形态，它以修身为圆点，环绕着三个同心圆：齐家、治国、平天下。"同心圆"是习近平新时代中国特色社会主义思想的关键词之一，反映习近平总揽全局的总体性思想。新时代同心圆有以下几点要求：一是以党的领导为圆点，以实现中国梦为圆周。习近平说："什么是同心圆？就是在党的领导下，动员全国各族人民，调动各方面积极性，共同为实现中华民族伟大复兴的中国梦而奋斗。"[3] 二是网上网下形成同心圆。相对于传统社会，今天的社会产生了新的实践领域——虚拟空间，产生出网络思想政治教育这一新的对象化形式。这决定了思想政治教育要兼顾网上网下，形成合力——同心圆形

1　习近平. 在哲学社会科学工作座谈会上的讲话［N］. 人民日报，2016-05-19（002）.

2　习近平. 在纪念孔子诞辰 2565 周年国际学术研讨会暨国际儒学联合会第五届会员大会开幕会上的讲话［N］. 人民日报，2014-09-25.

3　习近平. 在网络安全和信息化工作座谈会上的讲话［N］. 人民日报，2016-04-26（002）.

态。习近平说："为了实现我们的目标，网上网下要形成同心圆。"[1] 三是"找到最大公约数，画出最大同心圆"[2]。这是要形成共识，凝聚最大的正能量，最大限度地扩大团结面。形成第二、第三层次的同心圆是为了实现第一层次的同心圆。当代德育处于新时代，这种同心圆层次具有了与传统社会同心圆完全不同的意义。

十八大以来，习近平多次谈及"修身、齐家、治国、平天下"的家国天下情怀，将其赋予新时代的教育内容。在习近平的齐家、治国、平天下论述中，有着《大学》的思想资源和传承谱系。《大学》的修身、齐家、治国、平天下使个体的小我不断融入大我之中。这与今天人的价值实现的道路相吻合，习近平说："只有把自己的小我融入祖国的大我、人民的大我之中，与时代同步伐、与人民共命运，才能更好实现人生价值、升华人生境界。"[3] 在坚持上述三个"同心圆"的基础上，围绕修身，出现了三个同心圆。

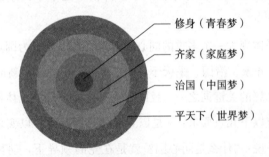

修齐治平的同心圆形态

1. 齐家——建设家庭文明

齐家在习近平所画的系列同心圆中，是直径最小的同心圆。《大学》的齐家以亲情为中心，培养道德情感，由爱家庭到爱家乡到爱祖国，实

1　习近平. 习近平谈治国理政（第2卷）[M]. 北京：外文出版社，2017：335.

2　习近平. 决胜全面建成小康社会夺取新时代中国特色社会主义伟大胜利 [M]. 北京：人民出版社，2017：39-40.

3　习近平. 在纪念五四运动100周年大会上的讲话 [N]. 人民日报，2019-05-01.

现正向的情感迁移。《大学》通过齐家实现一个仁、敬、孝、慈、信的社会。当代德育齐家的内容为"要在家庭中培育和践行社会主义核心价值观，引导家庭成员特别是下一代热爱党、热爱祖国、热爱人民、热爱中华民族。"[1] 它继承了大学之道，将仁、敬、孝、慈、信融入齐家之中，并赋予它们新内容。今天的"仁"体现为"四个热爱"，"敬、孝、慈、信"要求处理好当代社会的家庭关系。

在习近平所画的齐家同心圆中，包含二层思想：一是从社会发展上看，在齐家中治国，在治国中齐家，它们不分先后；二是从个体教化上看，齐家先于治国。

一是从社会发展上看，齐家与治国处于相互作用的辩证关系之中。习近平引用"所谓治国必先齐其家者，其家不可教而能教人者，无之"，要求各级领导干部要带头抓好家风。齐家与治国紧密联系。习近平指出："我们要认识到，千家万户都好，国家才能好，民族才能好。国家富强，民族复兴，人民幸福，最终要体现在千千万万个家庭都幸福美满上，体现在亿万人民生活不断改善上。我们还要认识到，国家好，民族好，家庭才能好。只有实现中华民族伟大复兴的中国梦，家庭梦才能梦想成真。"[2] 家国同构，家是缩小的国，国是放大的家，它们之间有着休戚与共的关系。习近平说："在家尽孝，为国尽忠是中华民族的优良传统。"[3] 今天的齐家要继承孝与忠的积极内涵，孝敬长辈、忠于国家是中华民族的美德。德育在培育学生的孝的情感中，培养学生移孝作忠的情感迁移能力。

《大学》认为家齐而后国治，当代德育辩证地理解齐家与治国的关系。上述"两个认识到"说明了齐家（建设家庭文明）与治国（实现中国梦）是辩证统一关系。

二是从教化上看，齐家先于治国。首先，家庭是人受教育的最初场

1　习近平. 在会见第一届全国文明家庭代表时的讲话［N］. 人民日报，2016-12-16 (2).

2　习近平. 在会见第一届全国文明家庭代表时的讲话［N］. 人民日报，2016-12-16 (002).

3　中共中央国务院举行春节团拜会习近平发表讲话［EB/OL］. ［2019-05-03］. http://www.gov.cn/xinwen/2019-02/03/content_5363742.htm.

所。习近平说:"家庭是人生的第一个课堂,父母是孩子的第一任老师。孩子们从牙牙学语起就开始接受家教,有什么样的家教,就有什么样的人。家庭教育涉及很多方面,但最重要的是品德教育,是如何做人的教育。也就是古人说的'爱子,教之以义方','爱之不以道,适所以害之也'。"[1] 道德学习最早是在家庭中完成的,家庭提供了最初的情感互动场域。当代德育要与家庭教育紧密结合,形成教育合力。

其次,使天下得到教化,必须先使家庭得到教化。习总书记说:"我还要强调一下家风问题。从近年来查处的腐败案件看,家风败坏往往是领导干部走向严重违纪违法的重要原因。不少领导干部不仅在前台大搞权钱交易,还纵容家属在幕后收钱敛财,子女等也利用父母影响经商谋利、大发不义之财。有的将自己从政多年积累的'人脉'和'面子',用在为子女非法牟利上,其危害不可低估。古人说:'将教天下,必定其家,必正其身。'"[2] 要想教化天下人,必先治理好家庭。

2. 治国——实现"两个一百年"奋斗目标

习近平运用新思想新理念新战略,为治国画出美丽的同心圆。习近平说:"广大家庭都要把爱家和爱国统一起来,把实现家庭梦融入民族梦之中,心往一处想,劲往一处使,用我们4亿多家庭、13亿多人民的智慧和热情汇聚起实现'两个一百年'奋斗目标、实现中华民族伟大复兴中国梦的磅礴力量。"[3] 这里有着修身(13亿多人民个体修为)、齐家(4亿多家庭梦)、治国(民族梦)的"大学之道"的逻辑发展线索,让治国与修身、齐家融为一体,形成磅礴力量。

治国要提倡絜矩之道,《大学》说:"君子有诸己而后求人,无诸己而后非诸人。"习近平继承了这一思想,他说:"'善禁者,先禁其身而

1　习近平. 在会见第一届全国文明家庭代表时的讲话 [N]. 人民日报, 2016-12-16 (002).
2　习近平. 在中纪委第六次全体会议上的讲话 [EB/OL]. 新华网, [2016-05-03]. http://news. xinhuanet. com/politics/2016-05/03/c_128951516_2. htm.
3　习近平. 在会见第一届全国文明家庭代表时的讲话 [N]. 人民日报, 2016-12-16 (002).

后人。'各级领导干部要以身作则、率先垂范。"[1] 这是在新时代提倡絜矩之道。《大学》说："道得众则得国，失众则失国。"习近平说："人民立场是中国共产党的根本政治立场，是马克思主义政党区别于其他政党的显著标志。党与人民风雨同舟、生死与共，始终保持血肉联系，是党战胜一切困难和风险的根本保证，正所谓'得众则得国，失众则失国'。"[2] 习近平的这些话是德育应当弘扬的思想。

今天的治国就是站在世界历史的高度，不懈探索和把握中国特色社会主义规律，永葆党的生机活力，永葆国家发展动力，实现中华民族伟大复兴的中国梦。习近平总书记应时、应势提出了中国梦，他把"中国梦"定义为："实现伟大复兴，就是中华民族近代以来最伟大的梦想"[3]，并且表示这个梦"一定能实现"。习近平强调："到中国共产党成立 100 年时全面建成小康社会的目标一定能实现，到新中国成立 100 年时建成富强民主文明和谐的社会主义现代化国家的目标一定能实现，中华民族伟大复兴的梦想一定能实现。"[4] 中国梦代表了民族的心声。中国梦既是民族的梦，也是每个中国人的梦。这里有着小康社会和民族复兴的同心圆。

实现治国目标，德育要使学生有信念、有梦想。习近平指出："现在在高校学习的大学生都是 20 岁左右，到 2020 年全面建成小康社会时，很多人还不到 30 岁；到本世纪中叶基本实现现代化时，很多人还不到 60 岁。也就是说，实现'两个一百年'奋斗目标，你们和千千万万青年将全过程参与。有信念、有梦想、有奋斗、有奉献的人生，才是有意义的人生。当代青年建功立业的舞台空前广阔、梦想成真的前景空前光明，希望大家努力在实现中国梦的伟大实践中创造自己的精彩

1　习近平. 在第十八届中央纪律检查委员会第二次全体会议上的讲话 [N]. 人民日报，2013-01-23（002）.

2　习近平. 在纪念朱德同志诞辰 130 周年座谈会上的讲话 [N]. 人民日报，2016-11-30.

3　习近平. 习近平谈治国理政（第 1 卷）[M]. 北京：外文出版社，2018：36.

4　习近平. 习近平谈治国理政（第 1 卷）[M]. 北京：外文出版社，2018：36.

人生。"[1]

2014 年 4 月 30 日习近平在新疆考察工作结束时的讲话中引用苏轼的话："天下之患，最不可为者，名为治平无事，而其实有不测之忧。坐观其变而不为之所，则恐至于不可救。"[2] 这说明治国要有忧患意识。新时代的治国要培养学生"居安思危，全面认识和有力应对一些重大风险挑战"[3] 的潜在能力。

亨廷顿说："中国的历史、文化、传统、经济活力和自我形象，都驱使它在东亚寻求一种霸权地位。这个目标是中国经济迅速发展的自然结果。所有其他大国英国、法国、德国、日本、美国和前苏联，在经历高速工业化和经济增长的同时或在紧随其后的年代里，都进行对外扩张、自我伸张和实行帝国主义。没有理由认为，中国在经济和军事实力增强后不会采取同样的做法。"[4] 这种观点代表着西方敌对势力对中国的崛起的非议，这说明他们根本不了解中国的历史与传统。韦伯指出："静态的经济生活的压力，使得中国的战神从来无法得到像奥林匹斯诸神那么崇高的地位。中国的皇帝亲行耕作的仪式，他早就是农民的守护神，也就是说，他早就不再是一位武士的君主了。"[5] "儒教是和平主义的、入世的、纯粹以敬畏鬼神为取向的。"[6] 中国历史就是和平主义的。从古至今，在中国文化中并没有寻求一种霸权的文化和野心。实现中国梦并非去建立一个西方霸权式的国家，为资本的最大增值服务，而是为了世界和平，为最终扬弃资本服务。

3. 平天下——实现共产主义

马克思认为"我们当中的每一个人都或多或少地受着我们主要在其

1　习近平. 习近平谈治国理政（第 1 卷）[M]. 北京：外文出版社，2018：175.
2　习近平. 在新疆考察工作时的讲话. 2014-04-27—30.
3　习近平主持召开十九届中央国家安全委员会第一次会议并发表重要讲话. 中央政府门户网站，(2018-04-17) [2022-02-16]. http://www.gov.cn/xinwen/2018/04/17/content_5283445.htm.
4　亨廷顿. 文明的冲突与世界秩序的重建 [M]. 北京：新华出版社，1999：255.
5　韦伯. 儒教与道教 [M]. 南京：江苏人民出版社，1995：32.
6　韦伯. 儒教与道教 [M]. 南京：江苏人民出版社，1995：165.

中活动的精神环境的影响。"[1] 人的思想受民族文化的精神环境影响。马克思指出："某一观点是否在整个民族中占优势，该民族的共产主义思想方式是否涂上了政治的、形而上学的或者其他色彩，这自然是由该民族发展的整个进程来决定的。"[2] 邹诗鹏指出："社会主义与共产主义，不能仅仅看成是马克思主义从外部输入的观念，这些价值观在中国文化传统中有其根源，诸如大同社会、和谐观念、平等意识，都与社会主义与共产主义有某种联系。通过一定的价值观实现对一定族群的整合，必须考虑一个民族本身的价值观传统。"[3] 社会主义与共产主义被接受的心理基础是平天下等思想。

福山在《历史的终结和最后的人》一书中宣称以美国为代表的资本主义社会是人类的终极社会，这个社会是人类无法超越的社会，以后不再有历史。德里达在《马克思的幽灵》一书中批驳了福山的观点。他指出不能没有马克思，没有马克思就没有未来。只有马克思主义才有对资本主义社会的批判与超越意识。在德育中要让学生坚信马克思主义，在治国之上，树立平天下的理想。中国共产党不仅要造福中国人民、实现中华民族伟大复兴，也要造福世界各国人民，实现平天下的新境界。

党的十八大以来，习近平多次谈及"天下为公"，他说："世界上一些有识之士认为，包括儒家思想在内的中国优秀传统文化中蕴藏着解决当代人类面临的难题的重要启示，比如，关于道法自然、天人合一的思想，关于天下为公、大同世界的思想。"[4] 天下为公、大同世界的思想是平天下的思想，今天它被赋予了新内涵。新时代的平天下，吸取了《大学》平天下的理想，又超越了自然经济社会条件下的大同社会理想。儒家的美好社会常常是指尧舜时代，它被作为期望（尚未达到的理想）并

1　马克思、恩格斯. 马克思恩格斯选集（第 1 卷）[M]. 北京：人民出版社，1995：622.

2　马克思、恩格斯. 马克思恩格斯全集（第 1 卷）[M]. 北京：人民出版社，1960：552.

3　邹诗鹏. 马克思主义哲学中国化的生存论阐释 [J]. 吉林大学社会科学学报. 2009（1）.

4　习近平. 在纪念孔子诞辰 2565 周年国际学术研讨会暨国际儒学联合会第五届会员大会开幕会上的讲话 [N]. 人民日报，2014-09-25（02）.

且是已经失去的对象而存在，在"尚未"和"不再"的模式中存在。今天的平天下是从"已然"的社会向"尚未"的社会过渡，它在"已然"与"尚未"的模式中存在。今天平天下不是对象性的理想图景，而是境域化的理想，它是一个我们的先辈、我们、未来的我们寓于其中的奋斗过程。

"平天下"包含两个阶段：一是构筑亚洲命运共同体和人类命运共同体，为结束人类史前史和进入真正人类历史做准备。这里有亚洲命运共同体同心圆、人类命运共同体同心圆；二是超越资本逻辑，实现共产主义社会，建构人类自由联合体的同心圆。

习近平指出要"教育引导学生正确认识世界和中国发展大势，正确认识中国特色和国际比较，正确认识时代责任和历史使命，正确认识远大抱负和脚踏实地。"[1] 当代德育在新时代的土壤和世界历史空间进行。以往关于德育目标的思考主要是内在向度——培养社会主义建设者与接班人的思考，缺少外在向度——培养"充分自觉地参与历史运动"[2] 的国际化人才的思考。人类命运共同体思想的提出为深化德育目标提供了新视野，为人的自由全面发展教育提供了一个价值引领方向。马克思指出："只有在共同体中，个人才能获得全面发展其才能的手段，也就是说，只有在共同体中才可能有个人自由。"[3] 人的自由全面发展是在共同体中实现的，人类命运共同体与人的自由全面发展具有内在统一性。"人类命运共同体"是从马克思所说的资本主义社会"虚幻的共同体"、"冒充的共同体"向"自由人的联合体"前进道路上的必经环节。

人类命运共同体思想是马克思世界历史理论的创新，是中华文明智慧的传承和弘扬，它深化了人们对世界历史的认识。德育要保持在世界历史中的主动性，需要坚守马克思主义立场，置身于世界历史的空间思

1　习近平在全国高校思想政治工作会议强调：把思想政治工作贯穿教育教学全过程开创我国高等教育事业发展新局面 [N]. 人民日报，2016-12-09.

2　马克思、恩格斯. 马克思恩格斯选集（第1卷）[M]. 北京：人民出版社，1995：155.

3　马克思、恩格斯. 马克思恩格斯选集（第1卷）[M]. 北京：人民出版社，1995：119.

考人类整体命运，把握世界历史的脉络和走向，回答世界历史的普遍性
问题（如何构建人类命运共同体，实现共赢共享）和中国德育的特殊性
问题（在构建人类命运共同体中德育如何促进人的全面发展）。德育目
标需要增加构建人类命运共同体这一向度。

　　德育要在构建人类命运共同体中深化教育目标，既需要以马克思主
义为指导，理解马克思主义中国化关于全球治理的中国方案，通过构建
人类命运共同体向马克思的"自由人的联合体"方向迈进，使德育不
断生成新的世界历史意义；又需要继承传统文化，使学生认识到人类
命运共同体的发展与中华民族共同体的发展的一致性，培养学生治国、
平天下的能力，显现建构人类命运共同体的中国情怀。在新时代，人
的全面发展教育目标包含着具有"建设持久和平、普遍安全、共同繁
荣、开放包容、清洁美丽的世界"的素质维度。德育通过价值观的引
领，培养坚持合作共赢、追求国际公平正义、追求国际关系民主化、
追求持久和平、彻底打破国强必霸的逻辑的国际化人才，让中国深度
参与世界历史进程。在人类命运共同体中，德育既有中国意义又有世
界意义。

　　在世界历史发展的大背景下，在思考中国德育的特殊性问题时（在
构建人类命运共同体中教育如何促进人的全面发展），需要在这种思考
中将特殊提升到世界历史的普遍，思考德育如何在构建人类命运共同体
中培养人才，思考构建人类命运共同体所需要的人才的共同价值观和基
本素质等，为解决人类问题贡献中国智慧。

　　在中国日益走向世界舞台中心的征途中，向世界传播传统文化的治
国、平天下观念，德育培养习近平所说的"用欣赏、互鉴、共享的观点
看待世界，推动不同文明交流互鉴、和谐共生，积极为构建人类命运共
同体添砖加瓦"[1] 的平天下的修身者。这种人维护全人类整体利益，是

1　习近平. 习近平主席在联合国教科文组织第九届青年论坛开幕式上的贺词 [N]. 人民日报，
　2015-10-27（01）.

着眼于全人类共同体利益的"世界公民"。他关心全球事务，尊重别国文化。新时代的平天下要求在德育使学生保持国家认同的基础上，形成基于马克思主义价值取向的世界认同，构建人类命运共同体，使学生为超越资本逻辑的社会而奋斗，坚定中国特色社会主义的理想信念，树立共产主义远大理想，参与和引领世界历史潮流。新时代的修身使个人利益、家庭利益、国家利益与全球利益实现协调统一，这是至善。

历史唯物主义揭示了世界历史的发展趋势，马克思在《德意志意识形态》中指出："各个相互影响的活动范围在这个发展进程中越是扩大，各民族的原始封闭状态由于日益完善的生产方式、交往以及因交往而自然形成的不同民族之间的分工消灭得越是彻底，历史也就越是成为世界历史。"[1] 马克思揭示了世界历史形成的原因。

科耶夫指出："完全地意识到现实世界，必然也是完全地意识到自我。"[2] 对世界的意识与自我意识是统一的，只有将自我带入世界中，自我才能得到领会，因为理解了世界过程就理解了我们自身。当我们依据历史唯物主义去认识整个世界时就是认识我们自己，"对生存的领会本身总是对世界的领会。"[3]

习近平指出："'君子务本，本立而道生。'2015 年，我提出构筑亚洲命运共同体倡议，阐述了建设亚洲美好明天的共同目标。"[4] 这里，有着新的"本立而道生"。首先构建"亚洲命运共同体"，然后本立而道生，推动人类命运共同体的建构。沿着这种"君子务本"的思路，在新时代，"本立而道生"有了新内容：修身、齐家、治国、构筑亚洲命运共同体、建构人类命运共同体、实现共产主义社会。实现后一个，就要使前一个"本立"。

1　马克思、恩格斯. 马克思恩格斯选集（第 1 卷）[M]. 北京：人民出版社，1995：88.

2　科耶夫. 黑格尔导读 [M]. 南京：译林出版社，2005：366.

3　休伯特·L. 德雷福斯. 在世：评海德格尔的《存在与时间》（第一篇）[M]. 杭州：浙江大学出版社，2018：230.

4　习近平. 携手开创亚洲安全和发展新局面——在亚信第五次峰会上的讲话 [N]. 人民日报，2019-06-16.

古今的国家、天下观念有所不同。今天的天下不仅基于地理学的全球观念，或者天文学的一个行星的宇宙观，而且是基于历史由民族历史转变为世界历史，资本逻辑支配现代社会的天下观念。今天的国家也不同于古代周天子分封的宗法制度下的国。尽管如此，《大学》治国、平天下的方略依然有启示价值。

齐家同心圆（家庭梦）、小康社会同心圆、民族复兴同心圆（国家梦）、亚洲命运共同体同心圆、人类命运共同体同心圆、自由人联合体同心圆（世界梦），圆连着圆，一层层拓展编织着中国梦，擘画出历史性新篇章。

《大学》的仁爱的运动有三个融入：小我融入大我之中、当下的自我融入过去与未来之中、自我人生融入自然之中。习近平勉励青年"以青春之我……创建青春之国家，青春之民族。"[1] 在这种创建中，德育需要继承《大学》的仁爱运动。

一是小我不断融入大我之中。大学之道是规范性的道，《大学》修身行为是以规范呈现出来的道德行为，其规范具有超越性，它从个体到群体（家），再到更大的群体（国），直至超越了特殊群体（家与国），走向天下。涉及"身"的是一阶规范，涉及家的是二阶规范，涉及国的是三阶规范，涉及天下的为最高规范。规范之间"和而不同"，高阶规范容纳着低阶规范。它将越来越多的人引向越来越大的共同体，不断将人们带向更大的共识和理解。这体现为修身、齐家、治国、平天下的日新又新的无限运动。习近平说："中国梦是国家的梦、民族的梦，也是包括广大青年在内的每个中国人的梦。'得其大者可以兼其小。'只有把人生理想融入国家和民族的事业中，才能最终成就一番事业。"[2] 在习近平关于中国梦的论述中，青春梦、家庭梦、中国梦、世界梦紧密相联，呈现出修身、齐家、治国、平天下的日新又新的无限运动。他指出：

1　习近平. 在同各界优秀青年代表座谈时的讲话 [N]. 人民日报，2013-05-05.

2　习近平. 勇做走在时代前面的奋进者开拓者奉献者 [N]. 人民日报，2013-05-05.

"青年的人生目标会有不同，职业选择也有差异，但只有把自己的小我融入祖国的大我、人民的大我之中，与时代同步伐、与人民共命运，才能更好实现人生价值、升华人生境界。离开了祖国需要、人民利益，任何孤芳自赏都会陷入越走越窄的狭小天地。"[1] "只有把小我融入大我，才会有海一样的胸怀，山一样的崇高。"[2]

二是当下的自我融入过去与未来之中。孔子说："逝者如斯夫，不舍昼夜"[3]，修身在历史长河中处于流动状态，它从过去流到现在，再流到将来。习近平说："光阴荏苒，物换星移。时间之河川流不息，每一代青年都有自己的际遇和机缘，都要在自己所处的时代条件下谋划人生、创造历史。"[4] 习近平说："中国的昨天已经写在人类的史册上，中国的今天正在亿万人民手中创造，中国的明天必将更加美好。"[5] 将青春梦与中国梦联系起来，年轻人需要接续昨日的荣光，开启明天的希冀，将自我融入过去与未来之中。

三是使自我人生融入自然之中。《大学》培养"与天地合其德，与日月合其明"的"大人"，使人成为"赞天地之化育"的君子。习近平说："我们既要绿水青山，也要金山银山。宁要绿水青山，不要金山银山，而且绿水青山就是金山银山。"[6] 今天"赞天地之化育"的君子就是守护绿水青山，实现人与自然和谐相处，将人生融入自然之中的时代新人。

四、 比德思想的当代传承

《大学》善于以隐喻方式（比德）言说修身，隐喻在八条目的修身

1　习近平. 在纪念五四运动 100 周年大会上的讲话 [N]. 人民日报，2019-05-01.

2　习近平寄语南开师生：只有把小我融入大我，才会有海一样的胸怀，山一样的崇高 [EB/0L]. （2019-01-18）［2019-08-18］. http: //cpc. people. com. cn/n1/2019/0118/c64094-30576822. html.

3　论语·子罕.

4　习近平. 青年要自觉践行社会主义核心价值观 [N]. 人民日报，2014-05-05（02）.

5　习近平. 在庆祝中华人民共和国成立 70 周年大会上的讲话 [N]. 人民日报，2019-10-02.

6　习近平在哈萨克斯坦纳扎尔巴耶夫大学发表重要演讲：弘扬人民友谊共同建成"丝绸之路经济带" [N]. 人民日报，2013-09-08（01）.

论述中具有建构作用。《大学》继承了孔子所开创的比德方法，使其在修身中发挥重要作用，彰显儒家德育的诗性特征。以物比德将超出直观的道理直观化，将道德情感寄托于物，为形而上的大学之道提供了感性直观的形而下的体验。比德方法是一种诗性隐喻方法，被说出来的意思并非指其自身，而是指另外的事物。保罗·利科指出："隐喻就是一种形象化表达。""用一种观念的符号来表示另一种观念。"[1] 隐喻是在感性的东西中引导着要理解的东西，被理解的东西本身不是感性的。它使抽象的东西变成具体的东西，无生命的东西变成有生命的东西，非感觉的东西变成可感觉的东西，它介于似与不是之间。隐喻实现了感性现象与超感性意义的统一，它在不同的事物之间甚至是相隔遥远的事物之间发现相似性。"隐喻可以被视为'微缩的诗歌'"。

习近平说："独特的文化传统，独特的历史命运，独特的基本国情，注定了我们必然要走适合自己特点的发展道路。"[2] 中国传统德育文化是诗性文化，传承这一诗性文化，当代德育才能走适合自己特点的发展道路。

习近平指出："要继承和弘扬我国人民在长期实践中培育和形成的传统美德，坚持马克思主义道德观、坚持社会主义道德观，在去粗取精、去伪存真的基础上，坚持古为今用、推陈出新，努力实现中华传统美德的创造性转化、创新性发展，引导人们向往和追求讲道德、尊道德、守道德的生活，让13亿人的每一分子都成为传播中华美德、中华文化的主体。"[3]《大学》比德思想的新时代传承折射出习近平用典智慧，这种用典堪称"努力实现中华传统美德的创造性转化、创新性发展，引导人们向往和追求讲道德、尊道德、守道德的生活"[4] 的典范。德育要发挥这一精神，培养学生的古为今用、推陈出新的创新精神，"让13亿

1　[法] 保罗·利科. 活的隐喻 [M]. 上海译文出版社，2004：109.
2　习近平在全国宣传思想工作会议上强调：胸怀大局把握大势着眼大事努力把宣传思想工作做得更好 [N]. 人民日报，2013-08-21.
3　习近平谈治国理政 [M]. 北京：外文出版社，2014：160-161.
4　习近平谈治国理政 [M]. 北京：外文出版社，2014：160-161.

人的每一分子都成为传播中华美德、中华文化的主体。"[1]

1. 汤之《盘铭》意义域的新时代拓展

《大学》提到商汤王的修身故事,商汤王刻在洗澡盆上的铭言:"苟日新,日日新,又日新。"这是赋予修身以方向与意义的箴言:假如一天能够自新,就要天天自新,永远自新。时复时,日复日,年复年,反复不已,永远进步。"逝者如斯夫,不舍昼夜",没有停顿,只是向前。人必须在旧我与新我的关系中存在,在自我转变与自我超越状态中存在,必须不断从旧我转变为新我。这一铭文铭刻进民族心理中,推动着民族的修身实践。它是中华民族修身的最早方式。汤之《盘铭》距离我们有三千七百多年历史。

这引发了习近平两处用典,他说:"中国是正在发生深刻变革的国家。我们的先人早就提出了'天行健,君子以自强不息'的思想,强调要'苟日新,日日新,又日新'。在激烈的国际竞争中前行,就如同逆水行舟,不进则退。"[2] 他以汤之《盘铭》的内容激励人们自强不息。"照镜子、正衣冠、洗洗澡、治治病"[3] 中"洗洗澡"与汤之《盘铭》的形式相通,习近平以此激励人们自查自省,修身改过。这两处引用都含有日新又新的精神,前者是通过自强不息、后者是通过改过自新达到日新又新。从习近平的这种用典方式我们看到了"大学之道"的教育魅力,德育工作者要学习这种用典方式,为教育注入历史智慧。

习近平说:"中国传统文化博大精深,学习和掌握其中的各种思想精华,对树立正确的世界观、人生观、价值观很有益处。学史可以看成败、鉴得失、知兴替;学诗可以情飞扬、志高昂、人灵秀;学伦理可以知廉耻、懂荣辱、辨是非。"[4] 从博大精深的中国传统文化中可以掌握修身方法的思想精华。在历史上,古人的修身不断地超出既有方式,创造

1   习近平谈治国理政 [M]. 北京:外文出版社,2014:161.

2   习近平. 在布鲁日欧洲学院的演讲 [N]. 人民日报 2014-04-02.

3   习近平. 习近平谈治国理政 [M]. 北京:外文出版社,2014:375.

4   习近平. 习近平党校十九讲 [M]. 北京:中共中央党校出版社,2015:299-300.

出新的修身方式。汤之《盘铭》的修身箴言与《庄子·知北游》所说的"澡雪而精神"、《礼记·儒行》所说的"澡身而浴德"共同构成了"澡洁其身"的意义域。汤之《盘铭》的修身箴言产生了修身意义上的繁衍和增生。

"邹忌讽齐王纳谏"、李世民的"以铜为镜，可以正衣冠；以古为镜，可以知兴替；以人为镜，可以明得失"、神秀的"身是菩提树，心如明镜台。时时勤拂拭，勿使惹尘埃"等等，这些修身箴言继承了"苟日新，日日新，又日新"的精神，并构成了"以镜为鉴"的意义域。

毛泽东说："房子是应该经常打扫的，不打扫就会积满了灰尘；脸是应该经常洗的，不洗也就会灰尘满面。我们同志的思想，我们党的工作，也会沾染灰尘的，也应该打扫和洗涤。"[1] 习近平传承了毛泽东的隐喻，他说："对作风之弊、行为之垢来一次大排查、大检修、大扫除。"[2] "就像房间需要经常打扫一样，思想上的灰尘也要经常打扫，镜子要经常照，衣冠要随时正，有灰尘就要洗洗澡，出毛病就要治治病。"[3] 上述思想继承了汤之《盘铭》的精神，构成了"开展批评和自我批评"的意义域。

上述的隐喻具有家族相似性，在历史上它们形成了一条隐喻链，同属于一个谱系，将"苟日新，日日新，又日新"的修身特征突出出来。习近平对汤之《盘铭》的传承体现在两个方面：一是内涵丰富。习近平关于镜子的隐喻内涵十分丰富，在"以镜为鉴"的意义域中，习近平分别有观于自身、观于历史、观于榜样、观于小事小节四种论述：一是观于自身。"'观于明镜，则瑕疵不滞于躯；听于直言，则过行不累乎身。'党内政治生活质量在相当程度上取决于这个武器用得怎么样。"[4] 二是观

1　毛泽东. 毛泽东选集（第3卷）[M]. 北京：人民出版社，1991：1096-1097.

2　李章军. 深入扎实开展党的群众路线教育实践活动为实现党的十八大目标任务提供坚强保证 [N]. 人民日报，2013-06-19.

3　中共中央文献研究室. 十八大以来重要文献选编 [M]. 北京：中央文献出版社，2016：94-95.

4　习近平. 在党的群众路线教育实践活动总结大会上的讲话 [N]. 人民日报，2014-10-09（002）.

于历史。习近平说的"学史可以看成败、鉴得失、知兴替。"[1] "历史上发生过的很多事情也都可以作为今天的镜鉴。"[2] 三是观于榜样。要"把焦裕禄精神作为一面镜子，从里到外、从上到下反复照一照自己，深入查摆自己在思想境界、素质能力、作风形象等方面存在的问题和不足，努力向焦裕禄同志看齐，从今天做起，从眼前做起，从小事做起。"[3] 四是观于小事小节。习近平说："于细微处见精神，于细微处也见品德。小事小节是一面镜子，能够反映人品，反映作风。"[4] 这四种"观于"可以用于德育教师的自身修养，通过自我修养，教师成为学生的镜子。习近平指出："教师要成为学生做人的镜子，以身作则、率先垂范，以高尚的人格魅力赢得学生敬仰，以模范的言行举止为学生树立榜样。"[5] 二是外延拓展。"澡洁其身"的意义域、"以镜为鉴"的意义域、"开展批评和自我批评"的意义域在习近平的"照镜子、正衣冠、洗洗澡、治治病"中得以串通并拓展。汤之《盘铭》："苟日新，日日新，又日新"这一修身箴言的历史发展反映出"照镜子、正衣冠、洗洗澡、治治病"隐喻的文化底蕴十分深厚，"每字能如弦上之音，空外余波，袅袅不绝"。

　　汤之《盘铭》的浴德是修身隐喻的原初的生成状态，思想的发萌，商汤王的洗澡盆是浴德的原生地，浴德是"隐喻核"。"澡洁其身"的意义域、"以镜为鉴"的意义域、"开展批评和自我批评"的意义域是隐喻域，是在"隐喻核"基础上扩大了的"隐喻域"，这一隐喻域是道德实践的"应当域"。习近平的用典使德育与充满活力的文化源头创建联系，"苟日新，日日新，又日新"成为新时代德育面向未来的自我筹划。德

1　习近平. 在中央党校建校 80 周年庆祝大会暨 2013 年春季学期开学典礼上的讲话 [N]. 人民日报, 2013-03-03.
2　习近平在中共中央政治局第十八次集体学习时强调：牢记历史经验历史教训历史警示为国家治理能力现代化提供有益借鉴 [N]. 人民日报, 2014-10-14.
3　习近平. 焦裕禄精神是我们党的宝贵精神财富 [J]. 党建, 2014, (4): 1.
4　习近平. 之江新语 [M]. 杭州: 浙江人民出版社, 2013: 38.
5　习近平首次点评"95"后大学生 [N]. 人民日报, 2017-01-03 (2).

育学习这些诗性隐喻"可以情飞扬、志高昂、人灵秀"[1]。

海德格尔说:"此在是以它当下去存在的方式,因而也就是随着隶属于的存在之领悟生长到一个承袭下来的此在解释中去并在这种解释中成长。"[2] 这句话适用于解释中国文化,中华民族已经在流传下来的"苟日新,日日新,又日新"中解释自身,并在这种解释中不断成长。

传统文化不是留在历史上的过去的事情,不是仿佛是需要回忆的事情。人就生活在传统文化之中。习近平用典方式说明德育必须在传统文化的解释中领会自身。德育通过文化继承可以领悟到"中华民族是具有非凡创造力的民族,我们创造了伟大的中华文明,我们也能够继续拓展和走好适合中国国情的发展道路。"[3] 在历史上,考察汤之《盘铭》意义的不断扩展,可以看到这种非凡创造力。新时代德育要继承汤之《盘铭》的精神,继续拓展和走好适合中国国情的发展德育道路。习近平说:"中华民族创造了源远流长的中华文化,中华民族也一定能够创造出中华文化新的辉煌。"[4]

2. 知止的新时代追求

《大学》说:"缗蛮黄鸟,止于丘隅。子曰,于止知其所止,可以人而不如鸟乎?"《大学》的知止受到孔子启发,孔子说鸟知道它应该停留在什么地方(所止),难道人还不如鸟吗?这说明人比芸芸众物高明的地方就在于人能知止。知止是《大学》作者在设定修身格局时给出的一个基本定位。唯有知止,人生中的一切事物才有意义,家、国、天下才得以理解和把握。知止在修身中具有优先地位。这里的"止"是"止于至善"。

人是否能为人生定向是按照人所隶属的"人生理论"来衡量的。在

1　习近平. 在中央党校建校 80 周年庆祝大会暨 2013 年春季学期开学典礼上的讲话 [N]. 人民日报, 2013-03-03.
2　海德格尔. 存在与时间 [M]. 北京:生活·读书·新知三联书店, 1987: 26.
3　习近平. 习近平谈治国理政 [M]. 北京:外文出版社, 2014: 40.
4　习近平. 习近平谈治国理政 [M]. 北京:外文出版社, 2014: 155-156.

儒家看来，人生修养，始于知止。"知止"是人生的关键时刻，它使人生获得方向。知止就是知道人生目标是达到至善。人生若没有目标就会飘忽不定。

《大学》的"知止而后有定，定而后能静，静而后能安，安而后能虑，虑而后能得"有助于克服庄子的"方生方死，方死方生。方可方不可，方不可方可。因是因非，因非因是"[1]的相对主义生存状态。

习近平关于"知止"的思想在传承，比朱熹的思想丰富。下线知止有两层含义。习近平说："要坚持以严的标准要求干部、以严的措施管理干部、以严的纪律约束干部，使干部心有所畏、言有所戒、行有所止。"[2]这里的知止是知道行为底线；"古人说，'内无妄思，外无妄动'。党的领导干部更要对组织和人民常怀感恩敬畏之心，对功名利禄要知足，对物质享受和个人待遇要知止。"[3]这里的知止是指适可而止。上线知止是追求至善的目标。习近平说："正所谓'金无足赤，人无完人'。我们都要'自强不息，止于至善'。"[4]这里的止于至善向着美好目标前进，这里的知"止"是不断前进的意思。这种传承使《大学》的知止在新时代产生了意义的繁衍和增生，使传统与现实相互贯通。

3. 絜矩之道的新时代弘扬

絜矩之道是一个道德隐喻，朱熹注说："絜，度也，矩，所以为方也。"絜的本意是测量长度，矩的本意是指画方的工具，引申为法度、规则。絜矩象征道德上的规范。习近平说："古人说，'欲知平直，则必准绳；欲知方圆，则必规矩。'"[5]这就是絜矩之道。习近平继承了传统文化思想，将絜矩之道引入党内生活，指出"规矩是党的各级组织和全

1　庄子·齐物论.

2　习近平. 在党的群众路线教育实践活动总结大会上的讲话 [N]. 人民日报, 2014-10-09 (01).

3　习近平. 习近平谈治国理政（第3卷）[M]. 北京：外文出版社, 2020：507.

4　习近平. 毫不动摇坚持我国基本经济制度推动各种所有制经济健康发展 [N]. 人民日报, 2016-03-09 (002).

5　习近平. 习近平谈治国理政（第2卷）[M]. 北京：外文出版社, 2017：151.

体党员必须遵守的行为规范和规则。"[1]

絜矩之道具有儒家仁爱意义，朱熹说："言能絜矩而以民心为己心，则是爱民如子，而民爱之如父母矣。"[2] 《大学》把絜矩之道发扬光大，扩展到上/下、前/后、左/右的人际关系中去。《大学》有一个道德意义空间，絜矩之道成为这个空间中的度量之法。絜矩之道是总原则，它贯穿于"为人君，止于仁；为人臣，止于敬；为人子，止于孝；为人父，止于慈；与国人交，止于信"的一切互动关系之中。这种上/下、前/后、左/右的扩展不是物理性空间扩展，而是道德意义空间扩展。上/下、前/后、左/右不是由一个现成人的身体的位置决定的。在道德意义空间中，自我的身体不是一个客观的坐标系，也不是一切取向的中心，絜矩之道以修身为出发点而不是以占据某个空间位置的身体为出发点。

《大学》说："所恶于上，毋以使下；所恶于下，毋以事上；所恶于前，毋以先后；所恶于后，毋以从前；所恶于右，毋以交于左；所恶于左，毋以交于右。此之谓絜矩之道。"修身者通过絜矩之道建构自身——他者关系。在上位——下位、前位——后位、左位——右位的对举中，人际关系分有不同层次。

习近平将德育活动扩展到上/下、前/后、左/右的关系中去，具有总体性思维。他指出："集中教育活动要搞好，必须批批接续、层层压紧、环环相扣。上面的问题需要下面配合解决的就上题下答，下面的问题根子在上面的就下题上答，需要地方和地方、地方和部门、部门和部门联合会诊的就同题共答，前后照应、左右衔接，使查摆和解决问题做到纵向到底、横向到边。实践证明，只有坚持问题导向，从细处入手，向实处着力，一环紧着一环拧，一锤接着一锤敲，才能积小胜为大胜。"[3]

1　习近平. 深化改革巩固成果积极拓展，不断把反腐败斗争引向深入 [N]. 中国纪检监察报，2015-01-14.
2　朱熹. 四书章句集注 [M]. 北京：中华书局，1983：10.
3　习近平. 在党的群众路线教育实践活动总结大会上的讲话 [N]. 人民日报，2014-10-09 (01).

这种批批接续、层层压紧、环环相扣与絜矩之道的扩展方式有异曲同工之妙。

　　絜矩之道的方法是以己度人。人以何种方式对待自己（面向自身的存在）就应该以同样的方式对待别人（面向他人的存在）。这是一种移情式的情感投射，他人仿佛是另一个自我。恩格斯说："人只须了解自己本身，使自己成为衡量一切生活关系的尺度，按照自己的本质去估价这些关系，真正依照人的方式，根据自己本性的需要，来安排世界……不应当到虚幻的彼岸，到时间空间以外，到似乎置身于世界的深处或与世界对立的什么'神'那里去找真理，而应当到近在咫尺的人的胸膛里去找真理。"[1] 絜矩之道具有恩格斯所说的这种精神，它强调从自己内心情感体验这个角度去认识别人，"操五寸之矩，尽天下之方也"[2]，从"近在咫尺的人的胸膛里去找真理"，使自我成为衡量人与人之间伦理关系的尺度。

　　马克思恩格斯曾主张将"共产主义道德限定于这一原则，即己所不欲，勿施于人"[3]。絜矩之道就是忠恕之道，它的精神受到了马克思恩格斯的高度评价。习近平高度肯定这种精神，他说："在5000多年的文明发展中，中华民族一直追求和传承着和平、和睦、和谐的坚定理念。以和为贵，与人为善，己所不欲、勿施于人等观念和传统在中国代代相传，深深植根于中国人的精神中，深深体现在中国人的行为上。"[4] 他认为这种精神不仅是处理人与人关系的原则，而且是处理国与国关系的原则。他指出："己所不欲，勿施于人。中国需要和平、爱好和平，也愿意尽最大努力维护世界和平，真诚帮助仍然遭受战争和贫困煎熬的人

1　马克思、恩格斯. 马克思恩格斯全集（第1卷）[M]. 北京：人民出版社，1956：651.
2　荀子·不苟.
3　马克思、恩格斯. 马克思恩格斯全集（第42卷）[M]. 北京：人民出版社，1979：235.
4　习近平：在中国国际友好大会暨中国人民对外友好协会成立60周年纪念活动上的讲话[EB/OL]. http://www.xinhuanet.com/politics/2014-05/15/c_1110712488.htm.

们。"[1] 絜矩之道既有益于建构和谐的人与人关系，又有益于建构和谐的国与国关系。

絜矩之道蕴含以身作则的要求，将心比心，让别人做到的，自己要先做到。《大学》说："所谓平天下在治其国者，上老老而民兴孝，上长长而民兴弟，上恤孤而民不倍，是以君子有絜矩之道也。"习近平说："必须领导带头、以上率下。正人必先正己，正己才能正人。中央怎么做，上层怎么做，领导干部怎么做，全党都在看。首先从中央做起，各级主要领导亲自抓、作表率，是这次活动取得成效的关键。"[2] 这一思想传承了《大学》的絜矩之道。习近平将絜矩之道运用于新时代的治国、平天下之中，体现了执古之道以御今之有的政治智慧。

4. 如切如磋，如琢如磨新时代的修身意义

荀子说："君子之学也，以美其身"[3]，《大学》就是以美其身的君子之学，它将人生作为艺术品来打造。《大学》引《诗经》："'瞻彼淇澳，菉竹猗猗。有斐君子，如切如磋，如琢如磨。瑟兮僩兮，赫兮喧兮。有斐君子，终不可諠兮！'"意思是看那淇水弯弯的岸边，嫩绿的竹子郁郁葱葱。有一位文质彬彬的君子，研究学问如加工骨器，不断切磋；修炼自己如打磨美玉，反复琢磨。他是那样严谨，胸怀宽大，是那样的光明煊赫。这样一个文质彬彬的君子，真是令人难以忘怀啊！这诗"宛然入画，情景适会"。所谓"情融乎内而深且长，景耀乎外而远且大。"[4] 诗将"有斐君子"召唤进语词之中，使君子在召唤中现身在场。

钱穆先生对"如切如磋，如琢如磨"作出两种解释：一是治骨曰切，治象曰磋，治玉曰琢，治石曰磨；二是治象牙骨者，切了还要磋，使益平滑。治玉石者，琢了还要磨，使益细腻。这两种解释都有精益求

1　习近平. 在纪念孔子诞辰 2565 周年国际学术研讨会暨国际儒学联合会第五届会员大会开幕会上的讲话 [N]. 人民日报，2014-09-25（02）.

2　习近平. 在党的群众路线教育实践活动总结大会上的讲话 [N]. 人民日报，2014-10-09（01）.

3　荀子·劝学篇.

4　谢榛. 四溟诗话 [M]. [清] 丁福宝辑. 历代诗话续编. 北京：中华书局，1981：1147.

精之意。"如切如磋，如琢如磨"还有第三种解释：作为单独制作玉器方法（南怀瑾的解释），用它来形容君子的修身。"切"——切开玉石、"磋"——去掉玉上的石头、"琢"——雕琢成装饰品、"磨"——磨光。这是人格塑造的一种诗性隐喻。

海德格尔指出诗的真谛在于，它是一种"命名"行为。《大学》的循序渐进的人生奋斗程序：格物、致知、诚意、正心、修身、齐家、治国、平天下，以"如切如磋，如琢如磨"的含义被展开。八条目就是一步一个台阶、越来越精细的"制造玉器"的过程，它通过诗人的"命名"（赋予含义）得以表现。

"如切如磋，如琢如磨"最先被引入《论语·学而》之中，子贡曰："贫而无谄，富而无骄，何如？"子曰："可也。未若贫而乐，富而好礼者也。"子贡曰："《诗》云，'如切如磋，如琢如磨'，其斯之谓与？"子曰："赐也！始可与言《诗》已矣，告诸往而知来者。"孔子与子贡探讨人对待贫富问题，孔子首先认可子贡的说法，但提出了更高的见解。子贡感悟这种探讨体现了君子修身风格——"如切如磋，如琢如磨"。《大学》引用它继承了孔子的思想，将其隐喻《大学》修身的道路。这使道德生活方式成为无止境地追求美的生活方式。

在习近平用典中，有许多如琢如磨的攻玉隐喻。一是形容国际交往中的学习交流。他说："我们要坚持以扩大对外交流合作为动力。'他山之石，可以攻玉。'"[1] 二是形容社会主义建设。他在金砖国家工商论坛上的讲话中指出："今年是中国改革开放40周年。艰难困苦，玉汝于成。40年来，中国走过了不平凡的历程，成功开辟了中国特色社会主义道路。"三是形容个体修养。他说："广大青年人人都是一块玉，要时常用真善美来雕琢自己，不断培养高洁的操行和纯朴的情感，努力使自己成为高尚的人。"[2] 中国的玉文化包含着丰富的人文精神和伦理道德观

1　习近平. 凝心聚力，精诚协作，推动上海合作组织再上新台阶：在上海合作组织成员国元首理事会第十四次会议上的讲话 [N]，人民日报，2014-09-13（1）.

2　习近平出席金砖国家工商论坛开幕式并发表主旨演讲 [N]. 人民日报，2017-09-04（1）.

念，习近平传承了玉是德的"载体"，是君子的化身的传统观念。他勉励学生："正所谓'玉不琢，不成器；人不学，不知义'。少年儿童正在形成世界观、人生观、价值观的过程中，需要得到帮助。不要嫌父母说得多，不要嫌老师管得严，不要嫌同学们管得宽，首先要想想说得管得对不对、是不是为自己好，对了就要听。有些事没有做好，这不要紧，只要自己意识到、愿意改就是进步。自己没有意识到，父母、老师、同学指出来了，使自己意识到、愿意改也是进步。"[1] 这种隐喻不是修饰的艺术，而是对修身的深层理解。习近平以传统文化中具有普遍性的教育隐喻——"玉不琢，不成器"引导学生求真臻美、砺志笃行，勉励学生要像打磨璞玉一样磨练自己。"玉不琢，不成器"形容世界观、人生观、价值观的养成过程。在这一过程中，自我雕刻与他人（父母、老师、同学）琢磨相统一，自我意识到的问题主动改进、他人提出来的问题也主动改进，不断完善。这将"有斐君子，如切如磋，如琢如磨"的修养方式渗透进当代德育之中，使典故历久弥新。四是形容批评与自我批评。习近平指出："要倡导开展积极的善意的实事求是的批评和自我批评，大家坦诚相待、如切如磋、如琢如磨，总结经验教训，交流思想认识，达到帮助同志、增进团结、做好工作的目的。"[2] "如切如磋、如琢如磨"与"开展批评和自我批评"的意义域联系起来，具有了"苟日新，日日新，又日新"[3] 的含义，这使马克思主义中国化具有三千七百多年的文化底蕴。在习近平用典中，君子修身与国家治理的"如切如磋，如琢如磨"的风格得以显现。

　　以玉比德，使中国传统人生修养走上了艺术化的人生修养道路。只有诗性的艺术化眼光，才能欣赏到玉的美。马克思指出："贩卖矿物的

1　习近平. 从小积极培育和践行社会主义核心价值观——在北京市海淀区民族小学主持召开座谈会时的讲话 [N]. 光明日报，2014-05-31.
2　中共中央政治局召开专门会议对照检查中央八项规定落实情况讨论研究深化改进作风举措 [N]. 人民日报，2013-06-26.
3　礼记·大学.

商人只看到了矿物的商业价值，而看不到矿物的美和特性。"[1] 在商人的功利性眼光中，玉仅仅是矿石。德育不能就道德而论道德，不能单凭道德说教，还应该提高学生的审美修养，要像习近平用典那样，使学生欣赏到玉的美，从唯功利境界上升到审美境界，这本身就是道德教育。

将人生作为艺术品来打造，正是《大学》以玉比德对当代德育的启示。《大学》让人"做新民"，其人生修养是"如切如磋，如琢如磨"；当代德育让人做时代新人，其人生修养是"苟日新，日日新，又日新"，用一生的修养艺术化地创造出光彩照人的新人格。德育借鉴《大学》间架，学习习近平用典，"如切如磋，如琢如磨"，培养学生经世济民精神，以天下为己任的情怀，以美大学生之"身"，形成现代人格修养间架。

习近平说："古诗文经典已融入中华民族的血脉，成了我们的基因。我们现在一说话就蹦出来的那些东西，都是小时候记下的。语文课应该学古诗文经典，把中华民族优秀传统文化不断传承下去。"[2] 习近平在一系列重要讲话、文章、谈话中引用《大学》比德思想，与深厚的文化底蕴相关。研究《大学》比德思想，有助于推动习近平新时代中国特色社会主义思想的生动阐释与广泛传播。

1　马克思、恩格斯. 马克思恩格斯全集（第 42 卷）[M]. 北京：人民出版社，1979：126.
2　习近平万米高空聊传统文化：要学古诗文经典 [EB/OL]. 中国新闻网，（2014-09-11）http://www.chinanews.com/gn/2014/09-11/6582936.shtml.

第六章　大学之道与时代新人的总体性设计

　　本章论述层层递进：表现为修己安人——修身为本——时代新人目标树——大学之道与中国梦的会通——大学之道与价值观的契合。第一节通过习近平的相关重要论述，结合修己安人的君子诠释时代新人的总体性形象，展示"新民"与"新人"的古今传承。只有通过《大学》"间架"才能深入理解修己安人的君子形象。与之相应，只有通过德育目标树总体结构才能透彻把握习近平关于时代新人的重要论述。第二节论述修身为本与自我教育的古今传承，修身为本是修己安人的必修课。第三节《大学》"间架"与德育目标树总体结构的论述是将"新民"与"新人"落实到目标树的层次，使时代新人形象直观，由象发展到像的层次。深入理解德育目标树必须将其与习近平关于中国梦的重要论述结合起来，目标树体现了中国梦的精神。第四节大学之道与实现中国梦的总体设计相会通的论述，从中国梦中引出身、家、国、天下四个维度，说明目标树体现了中国梦的精神。习近平指出："中国梦的宣传和阐释，要与当代中国价值观念紧密结合起来。"[1] 理解中国梦，必然要阐明社会主义核心价值观，而后者与大学之道一脉相通。第五节大学之道与社会主义核心价值观相契合论述说明彼此一脉相通。通过五个层次的论述，

1　完善和发展中国特色社会主义制度推进国家治理体系和治理能力现代化 [N]. 人民日报，
　2014-02-18 (001).

加深对于习近平关于时代新人的重要论述的理解。

一、 修己安人的君子与时代新人的总体性形象

2016 年习近平在全国高校思想政治工作会议的讲话中指出："我国有独特的历史、独特的文化、独特的国情，决定了我国必须走自己的高等教育发展道路，扎实办好中国特色社会主义高校。"[1] 办好中国特色社会主义高校、确立时代新人的总体性形象需要继承中国优秀传统文化。习近平总书记在党的十九大报告中提出了"培养担当民族复兴大任的时代新人"的新要求。这一时代新人的总体性形象与"子路问君子"有着历史传承关系，体现了习近平用传统文化"育新人"的教育路径。

孔子的理想人格是基于仁爱精神进行修己安人的君子，孔子所教的是为人之道。《论语》开篇："学而时习之，不亦说（悦）乎？"这是自我修养的"成己"活动。它紧接着又说："有朋自远方来，不亦乐乎？"这里的"朋"指学生，这是培养学生的"成物"活动。"时习"是成己、修己，"朋来"是成物、安人。《论语》编者将这两句话列为全书之首，寓意深刻。孔子的君子就是成己成物，它既是"大学之道"思想源头，又是时代新人历史源头。

习近平不断"劝学"、"促学"，他说："要坚持学而信、学而思、学而行，把学习成果转化为不可撼动的理想信念，转化为正确的世界观、人生观、价值观，用理想之光照亮奋斗之路，用信仰之力开创美好未来。"[2] 这传承了孔子"学而"意义上的修己；习近平在俄罗斯"中国旅游年"开幕式上的致辞中说："有朋自远方来，不亦乐乎。"这传承了孔子"有朋"意义上的安人。习近平从《论语》中寻找学习与交往的有效的历史参照，借古喻今展示了时代新人在学习与交往上应该修炼的格局。

1　习近平在全国高校思想政治工作会议上强调：把思想政治工作贯穿教育教学全过程开创我国高等教育事业发展新局面 [N]. 人民日报，2016-12-09.
2　习近平. 习近平谈治国理政（第 2 卷）[M]. 北京：外文出版社，2017：50.

孔子的理想人格是君子，君子本义是对贵族男子和为政者的通称。从字形上看，上面"尹"代表手拿权杖，下面口代表发号施令。然而，使用词源分析的方法，从字典中提取出君子的含义难以抓住君子的实质内涵，修身是君子修养的拱顶石。笔者不劳神于君子的定义或概念的分析，直接从子路与孔子的对话中诠释君子。

在儒家思想中，君子是一个理想人格，不是一种社会地位标志。关于儒家修身，可以随着时间之流回溯到最初源头。在一定意义上，今天的修身是回复与守候这个源头，修身的溯源地是《论语》。习近平提出的"培养什么人、怎样培养人、为谁培养人"这一根本问题具有"子路问君子"的 DNA。

《论语·宪问》记载："子路问君子。子曰：修己以敬。曰：如斯而已乎？曰：修己以安人。曰：如斯而已乎？曰：修己以安百姓。修己以安百姓，尧舜其犹病诸。"相对于大学之道，孔子的修己安人是修身间架的源始结构，是儒家修身文化"谱系树"的树根。对孔子的君子修炼格局的理解越是深入，分析《大学》间架的地基就越牢靠，对时代新人的总体性形象理解就会越透彻。

习近平指出："《论语》中说要'修己以敬'、'修己以安人'、'修己以安百姓'，对我们共产党人来说，修己最重要是修政治道德。"[1] 习近平将经典名句与共产党人的修己联系起来。德育修己一样需要与政治道德相联系，将身、家、国、天下贯穿起来。上述三个层次的层层推进，为当代德育提供了源远流长的历史资源，反映了习近平立德树人观念的深厚历史文化底蕴。通过习近平的阐发，孔子与子路的直接对话间接影响着当代德育与《论语》的现实对话。

子路的发问突出地提出君子问题，这是儒家展示修身格局的第一时间。海德格尔说："提问也有其等级秩序。"子路一步步追问，将问题不

1　新华社. 习近平在中共中央政治局第十次集体学习时强调：严把标准公正用人拓宽视野激励干部造就忠诚干净担当的高素质干部队伍［N］. 人民日报，2018-11-27.

断深入，"只有一步一步地沿着哲学活动自我追问的严肃道路，通过（追问到人的本质深度中的）存在者，才能导向对最高理念的察看。通常只有在持久地追问着学习着的过程中，才能达到这种察看。"[1] 这种"看"是非感性的看。子路通过一步步地有等级地提问，察看到了修身理念——修己安人（它是最初的东西——源于孔子，也是最终的东西——儒家修身的归宿）。借用海德格尔的话，这种察看"不是像我们目不转睛地盯着看一个现成的东西那样，不是一种单纯在视线中的发现或接纳，而是在察—看。"[2] 这种追问是一个不断的揭蔽的过程，为儒家修炼格局——君子的出场提供了关键契机。所谓："善待问者如撞钟，叩之以小则小鸣，叩之以大则大鸣，待其从容，然后尽其声。"[3] 子路为增知闻道而一连三问，孔子的回答越来越深入，规定了君子之为君子，展现了修炼格局。直到"曰：如斯而已乎？曰：修己以安百姓"，这段对话达到了对儒家理想的最彻底的追问。修己安人这一格局不是普遍的、跨文化的、超历史的理想人格结构，而是处于具体文化中的君子结构。子路在发问中获得了君子的基本特征。这一格局为儒家修身提供了根本，朱熹说："次读《论语》，以立其根本。"若追溯修身的起源，"子路问君子"是大学之道源发的追问境况，只有联系《论语》中的这段对话，才能知道《大学》间架的根本，才能通晓时代新人的立身之本。习近平引用"君子务本，本立而道生"说明"本"的重要性。时代新人的精神命脉在中华优秀传统文化之中、在"修己以安人"的君子形象之中。此为时代新人的文化之本。

修身问题与科学问题不同，科学问题具有确定的答案，在科学上解决了的问题就是永远解决了，一个人解决了即全人类解决了。所以，当祖冲之解决了圆周率问题，后人再追问它就变得毫无意义，它已经不再

1　海德格尔. 论真理的本质——柏拉图的洞喻和《泰阿泰德》讲疏 [M]. 北京：华夏出版社，2008：93.
2　海德格尔. 论真理的本质——柏拉图的洞喻和《泰阿泰德》讲疏 [M]. 北京：华夏出版社，2008：70.
3　礼记·学记.

是一个值得追问的问题。修身问题两千五百年以来在一代代人身上复演。在一个人、一代人生活的某个时期解决的问题，在另一个时期又会重复出现；在一个人、一代人身上解决的问题，在另一个人、另一代人身上又会重复出现。它是一个不断更新的问题，需要反复寻解。针对中国传统文化中修身问题的追问与思考，习近平指出："这些都是中华文化的重要组成部分，关键是我们怎样去把握它，赋予新的时代内涵和精神，去很好地理解和运用。我们叫格物、致知、诚意、正心、修身、齐家、治国、平天下。"[1] 修身问题在新时代重复出现，需要德育很好地理解与运用传统文化的资源，与时俱进地赋予其新的时代内涵和精神。

习近平指出："文化自信，是更基础、更广泛、更深厚的自信。在5000多年文明发展中孕育的中华优秀传统文化，在党和人民伟大斗争中孕育的革命文化和社会主义先进文化，积淀着中华民族最深层的精神追求，代表着中华民族独特的精神标识。"[2] 君子修炼格局代表着中华民族独特的德育精神标识，积淀着中华民族人格完善的最深层的精神追求。它作为一种文化解释的"成果"，体现了历史上许许多多主体的复合性参与。将时代新人培育置于历史长河中去考察，德育就能够产生更基础、更广泛、更深厚的自信。

从经典作家在修身中的历史影响及出现的顺序来看，对于儒家修炼格局，孔子的"修己以安人"是第一解释。它是开启修身文化的一块界碑，具有奠基性含义，形成了儒家共享的修身理念。它发源于孔子的本己体验，是最初（第一）和最终（作为归宿）的东西。这一开端是最强有力的，它的力量延伸至今。习近平说："孔子创立的儒家学说以及在此基础上发展起来的儒家思想，对中华文明产生了深刻影响，是中国传

1　习近平总书记访澳门大学赠书与学生座谈．（2014-12-31）［2017-07-05］. http：//agzy. youth. cn/qsnag/zxbd/201412/t20141231 _ 6374923. htm.

2　习近平. 在庆祝中国共产党成立 95 周年大会上的讲话［N］. 人民日报，2016-07-02.

统文化的重要组成部分。"[1] 孔子预先描述了儒家修身的可能性，踏上通向探索君子修身的旅程。孔子的思想改变了中华民族的内在精神状态，此后谈及道德修养都借助修己安人的思维框架。《论语》与后来儒家学问存在着源与流的关系。孟子与荀子都分有修己安人这一向度。孟子的"穷则独善其身，达则兼济天下"[2] 为第二解释。荀子的"请问为国？曰：闻修身，未尝闻为国也"[3] 为第三解释。他们为君子修身设立了具有个性的思想路标，为修身提供了核心要素和向上攀登的精神阶梯。这些解释不是简单的思想注解，而是进一步的义理阐发。通过这些解释，君子的存在方式得以规定，君子以成己成物的方式存在。《大学》综合上述思想，为解释投射上了一道光亮——在一个连贯统一的间架中呈现出修炼格局。它将修身奠定在全新的基础之上——间架，后者成为确保通达君子的正确方式。《大学》不是对修己安人思想的简单演绎，而是开拓性建构，勾画出的独特修身结构，使修己安人的君子形象得到突出彰显，使修炼格局"乾坤定矣"，形成君子"完整形体"。它向儒家提供了一个总体性、全景式的修身图景，在儒家生活世界具有普遍认可的公度性。它具有返本开新的意义，有新的思想和新的话语呈现，在儒家修身问题的终极起源（孔子的修己安人）与后世儒家修身的思想类型（穷则独善其身，达则兼济天下）之间建立了思想联系。它成为今天德育修身的内在基因。在新时代，习近平提出的"培养德智体美全面发展的社会主义建设者与接班人"的教育目标，体现了修己（德智体美全面发展）与安人（建设者与接班人）的有机统一。这是时代新人形象的根本解释，具有深厚的历史感。

　　习近平指出："讲清楚中华文化积淀着中华民族最深沉的精神追求，是中华民族生生不息、发展壮大的丰厚滋养；讲清楚中华优秀传统文化

1　习近平. 在纪念孔子诞辰 2565 周年国际学术研讨会暨国际儒学联合会第五届会员大会开幕会上的讲话［N］. 人民日报，2014-09-25（02）.

2　孟子·尽心上.

3　荀子·君道.

是中华民族的突出优势，是我们最深厚的文化软实力；讲清楚中国特色社会主义植根于中华文化沃土、反映中国人民意愿、适应中国和时代发展进步要求，有着深厚历史渊源和广泛现实基础。"[1] 回顾"子路问君子"这一追问的历史发展，使我们清楚地意识到新时代德育积淀着中华民族最深沉的精神追求，时代新人离不开中华民族生生不息、发展壮大的丰厚滋养。只有将对时代新人的塑造植根于中华文化沃土，德育才有着深厚历史渊源和广泛现实基础。

修炼格局的蓝图设计得越清晰，修身的可能性就变得越明确。朱熹将《大学》的主题定为修身的间架，间架是修身者价值观和人格形成的根据。大学之为大人之学，是让人在儒家文化解释中被社会化——受社会教育影响而成为大人。

海德格尔指出："我们以特有的方式在一种双重意义上使用'理解'，一方面是在理解通达某物的意义上，在重要的启示性的开显与昭揭的意义上来使用理解。在突出的意义上，这一生产性意义上的理解是来自这样一些人的：他们起到了特别的启示作用，是他们首先第一次理解了某物。但是，我们在知悉的意义上，也是在聆听和有所听闻的意义上使用'理解'。"[2] 借助海德格尔的这一思想，可以认为上述解释都是对君子的启示性的开显与昭揭，是生产性意义上的理解。上述解释的言说是儒家君子格局的生成方式，它们就是人之为人的一种生成方式。由此言说开放出了儒家修身的新的可能性，它们使修身者在这一格局中去寻求自身发展的可能性。这些君子格局的解释将修身行为驱动得如此之远，以至于今天我们仍然行进于这条道路上，今天的德育与这些解释保持着持续关联。

儒家君子的价值取向与当代德育价值取向相通。在两千五百年后的今天，在新时代，修身有了新的内涵。时代新人的修己是守初心，安人

1　习近平在全国宣传思想工作会议上强调胸怀大局把握大势着眼大事努力把宣传思想工作做得更好 [N]. 人民日报，2013-08-21.

2　海德格尔. 时间概念史导论 [M]. 北京：商务印书馆，2009：368.

是担使命。"守初心，担使命"的人格风范是德育培养的理想目标。

子路将君子作为一个重要问题提出来了，师生的问与答本身就是一种修身活动。"子路问君子"这种追问的里程是一种漫游。海德格尔说："这种漫游，这种走向追问之问题的旅程，不是探险，而是回家。"[1] 这种值得追问的问题具有不可穷尽的性质，它是回家——回到传统文化的精神家园中去。

新时代德育以文化人思想体现于习近平关于修己安人的论述中。修身、齐家、治国、平天下是习近平立身行事、治国理政的生动写照。习近平总书记在北京大学师生座谈会上的讲话中引用"大学之道，在明明德，在亲民，在止于至善"来阐明"坚持办学正确政治方向"。他反复强调领导干部要"修身齐家"，并引用"修其心，治其身，而后可以为政于天下"来说明修身对于平天下的重要性。他引用"治政之要在于安民，安民之道在于察其疾苦"来说明如何夯实党的执政之基，体现了他的"亲民"路线。儒家关于修己安人的名言是德育的重要思想资源，习近平通过修己安人的用典，为德育以文化人提供了重要的启示。学习习近平以典故（修己安人的名言）育人的方式，德育需要传承大学之道的修己安人的文化基因，塑造时代新人。

治学如叩钟，"叩之以小则小鸣，叩之以大则大鸣。"[2]《大学》叩响了人生修养之钟，它对人生问题的思考与回答，在中国历史上回响了两千多年，其声经久不衰。习近平提出"培养什么人、怎样培养人、为谁培养人"这一根本问题，叩响了时代新人塑造之钟，在这一钟声中有《大学》钟声的回音。

二、 修身为本与自我教育

立德树人有三个"本"，它们层层深入。习近平说："'求木之长者，

1　[美] 乔治·斯坦纳. 海德格尔 [M]. 杭州：浙江大学出版社，2012：108.
2　礼记·学记.

必固其根本；欲流之远者，必浚其泉源'。中华优秀传统文化是中华民族的精神命脉，是涵养社会主义核心价值观的重要源泉，也是我们在世界文化激荡中站稳脚跟的坚实根基。"[1] 中华优秀传统文化是社会主义核心价值观之本。在传统文化中，道德又是根本。习近平指出："要修德，加强道德修养，注重道德实践。'德者，本也。'"[2] 他继承了《大学》的"德者，本也"的思想。在道德中修身又是根本。习近平总书记引用"修其心，治其身，而后可以为政于天下"，强调修身为本。在当代德育中，传统文化之本、道德之本、修身之本层层深入。所谓"君子务本，本立而道生。"[3] 当代德育只有立足于这三个根本，才能开出教育新格局。上述三个根本，决定着从总体性上继承《大学》间架就是要提倡修身为本，用德育话语来说就是要提倡自我教育。

动物的存在方式是是其所是，人的存在方式是是其所不是和不是其所是。动物不会提出如何存在及成为什么样的存在的问题。只有人才面临着这样的问题。习近平指出："世界上最难的事情，就是怎样做人、怎样做一个好人。"[4] 儒家以弘道解释了人如何存在，以修己安人的君子解释了成为什么样的存在。今天，如何存在（怎样做人）和成为什么样的存在（怎样做一个好人）仍然是每一个人面临的问题。习近平说："人无德不立，品德是为人之本。止于至善，是中华民族始终不变的人格追求。"[5]《大学》的止于至善仍然是时代新人的价值追求。

《大学》作为大人之学，它的理想目标是让人成圣成贤，掌握修己安人之道。《大学》修身的逻辑前提是人的自由选择，这使修身获得了自主性根基。孟子说："舜何人也，余何人也，有为者亦若是。"[6] 人人

---

1 习近平在文艺工作座谈会上的讲话 [N]. 人民日报，2014-10-16.

2 习近平. 青年要自觉践行社会主义核心价值观——在北京大学师生座谈会上的讲话 [N]. 光明日报，2014-05-05.

3 论语·学而.

4 习近平在会见中国少年先锋队第七次全国代表大会代表时寄语全国各族少年儿童强调：美好的生活属于你们 美丽的中国梦属于你们 [N]. 人民日报，2015-06-02 (001).

5 习近平. 在纪念五四运动 100 周年大会上的讲话 [N]. 人民日报，2019-05-01 (002).

6 孟子·滕文公上.

都与舜一样有选择自由，只要努力修身，人人可以成为舜那样的人。习近平说："人生之路，有坦途也有陡坡，有平川也有险滩，有直道也有弯路。青年面临的选择很多，关键是要以正确的世界观、人生观、价值观来指导自己的选择。无数人生成功的事实表明，青年时代，选择吃苦也就选择了收获，选择奉献也就选择了高尚。"[1] 习近平向时代新人指出了价值选择。

人或"孳孳为利"或"孳孳为善"，所有这一切都是由选择决定的。拒绝回答这一问题恰恰是回应这一问题的一种特殊的方式。例如，压制这一问题，麻木不仁、得过且过展示了一个人的"如何存在"；不去选择面对这一问题（这仍然是一种选择），延续过去的生存状态展示了一个人的"成为什么样的存在"。由此可见，尽管这个问题可以被压制和忽略，但不能被超越。习近平说："关键是要学会思考、善于分析、正确抉择，做到稳重自持、从容自信、坚定自励。"[2] 不同的选择，会有不同的人生态度、人生领悟与人生实践。"青年的价值取向决定了未来整个社会的价值取向，而青年又处在价值观形成和确立的时期，抓好这一时期的价值观养成十分重要。这就像穿衣服扣扣子一样，如果第一粒扣子扣错了，剩余的扣子都会扣错。人生的扣子从一开始就要扣好。"[3] 青年的价值选择决定了未来整个社会的价值选择，他们的人生道路就像扣扣子一样，扣好与扣错的不同选择决定了未来不同的人生。荀子说："圣人者，人之所积而致也。"[4] 大人是不断选择做善事，积善而成的。习近平说："就是要从自己做起、从身边做起、从小事做起，一点一滴积累，养成好思想、好品德。'少壮不努力，老大徒伤悲。'千里之行，

---

1   习近平. 在同各界优秀青年代表座谈时的讲话 [N]. 人民日报，2013-05-05（002）.

2   习近平. 青年要自觉践行社会主义核心价值观——在北京大学师生座谈会上的讲话 [N]. 光明日报，2014-05-05.

3   习近平. 青年要自觉践行社会主义核心价值观——在北京大学师生座谈会上的讲话 [N]. 光明日报，2014-05-05.

4   荀子·性恶.

始于足下。每个人的生活都是由一件件小事组成的，养小德才能成大德。"[1] 这与荀子的思想相同，养小德成大德就可以成长为新时代的"大人"。

习近平说："当青年思想认识陷入困惑彷徨、人生抉择处于十字路口时要鼓励他们振奋精神、勇往直前"。[2] 德育要让青年人依据大学之道选择修身，使他们对生存获得一种全新的态度——向止于至善筹划自身，这种态度会对人生有着全新的领会——修己安人，这种领会又会导致全新的活动类型——孜孜为善（区别于孜孜为利）。教育弘道要提倡自我修养，以期立德、成德、达德，引导人们去思考与回答人如何存在和成为什么样的存在问题。作为人（自然的人），就要成为一个人（社会化、道德化的人）。修身就是成人活动。

《大学》的修身为本在一定程度上把握住了道德活动的本质特征，它反映了儒家一贯主张的德治思想。习近平传承修身为本有两层涵义：一是起步。习近平说："我 15 岁。我当时想，齐家、治国、平天下还轮不到我们去做，我们现在只能做一件事，就是读书、修身。"[3] 青少年都应该从修身起步，一屋不扫，何以扫天下？二是根本。习近平指出："《论语》中就说，要'修己以敬'、'修己以安人'、'修己以安百姓'。古人所推崇的修身齐家、治国平天下，修身是第一位的。"[4] 第一位即根本。当代德育应当贯穿"大学之道"，根据新时代的要求，形成具有时代特色的修身行为。

修身为本确立了人在道德活动中的主体地位，肯定了人的主观能动性，对现代德育有借鉴意义。德育按作用于教育对象的形式，可分为两大类：一类是自我教育（即修身），另一类是社会教育。社会教

1　习近平. 从小积极培育和践行社会主义核心价值观 [N]. 人民日报，2014-05-31（002）.
2　习近平. 在纪念五四运动 100 周年大会上的讲话 [N]. 人民日报，2019-05-01（002）.
3　习近平. 梁家河 [M]. 西安：陕西人民出版社，2018：70.
4　习近平. 办公厅工作要做到"五个坚持"——习近平同志在同中央办公厅各单位班子成员和干部职工代表座谈时的讲话 [J]. 秘书工作，2014（6）.

育是教育者对教育对象有计划、有组织地施以系统的道德影响的活动，是国家教育行政部门层层下达德育任务，自上而下传达关于道德的观念的活动。如果没有自我教育，这种自上而下的传达就演变为外部强加的政治任务。自我教育是教育对象以积极的态度对待外界的灌输和影响，自觉地转变思想，培养道德品质和控制行为的活动。它将"关于道德的观念"转化为"道德观念"。没有自我教育，"关于道德的观念"就不会转化为"道德观念"，就始终是一种与我无关的道德知识。

　　自我教育和社会教育形式是统一的。习近平说："今天的学生就是未来实现中华民族伟大复兴中国梦的主力军，广大教师就是打造这支中华民族'梦之队'的筑梦人。"[1] 从习近平关于中国梦激扬青春梦的论述中，可以更好地理解社会教育与自我教育的关系。社会教育是自我教育的前提和条件，它要"用中国梦激扬青春梦，为学生点亮理想的灯、照亮前行的路，激励学生自觉把个人的理想追求融入国家和民族的事业中。"[2] 自我教育是社会教育得以实现的基本途径和方法，它使"青少年敢于有梦、勇于追梦、勤于圆梦，让每个青少年都为实现中国梦增添强大青春能量。"[3] "努力在实现中华民族伟大复兴的中国梦的生动实践中放飞青春梦想。"[4] 增强德育效力的关键在于启发和引导教育对象进行自我教育。毛泽东说："外因是变化的条件，内因是变化的根据，外因通过内因而起作用"。这一思想适应于解释社会教育与自我教育、中国梦与青春梦的关系问题。社会教育的效果取决于能否调动起个体自我教育的欲求，取决于教育的信息能否通过教育对象的头脑接受、内化和行动。归根到底，社会教育的功能和作用的实现，个体良好道德品质的形成，依赖于自我教育。没有自我教育的作用，任何强有力的德育都难以

1　习近平. 做党和人民满意的好老师 [N]. 人民日报，2014-09-10（002）.

2　习近平在全国高校思想政治工作会议上强调：把思想政治工作贯穿教育教学全过程开创我国高等教育事业发展新局面 [N]. 人民日报，2016-12-09.

3　习近平. 在同各界优秀青年代表座谈时的讲话 [N]. 人民日报，2013-05-05.

4　习近平. 在同各界优秀青年代表座谈时的讲话 [N]. 人民日报，2013-05-05.

奏效。若青少年不敢有梦、追梦、圆梦，就不会实现中国梦。

苏联教育家苏霍姆林斯基提出了"真正的教育是自我教育"的著名论断，这与《大学》修身为本意义相同。《大学》说："自天子以至于庶人，壹是皆以修身为本。"上至天子下到百姓全部都以修身为根本，人人都要修身。苏霍姆林斯基指出："只有促进自我教育的教育才是真正的教育。"[1] 教育就是一棵树摇动另一棵树，一朵云推动另一朵云，一个灵魂召唤另一个灵魂。教育是灵魂的唤醒，整个教育活动最终是要让学生精神振奋起来，实现自我教育、自我提升，将学习与实践活动融入到中国特色社会主义的实践活动中去，凝心聚力，为民族复兴而奋斗。

"促进自我教育的教育"就是要培养教育对象自我教育的能力，借鉴格、致、诚、正的思想，提高大学生的自我认识、自我体验、自我调节和自我控制水平；借鉴齐、治、平的思想，提高大学生的社会实践能力，并提倡在明明德中亲民，在亲民中明明德。这种能力一旦形成，教育对象就成为接受教育的内因，由教育客体变为教育主体，成为教育的一种积极力量。因此，修身为本这一思想在今天仍应大力提倡。

学习与贯彻习近平德育的重要论述，德育要改变那种仅以作用与被作用（实为决定与被决定）关系来划分教育主体与客体的片面思维习惯及做法，即把教育对象划分为客体，把教育者划分为主体，使教育主体与教育客体成为相互分离的两个部分。由于把教育对象仅仅看成客体，从客体外在形式和直观受动角度考察人及人的思想，就看不到教育对象的能动性，否认了受教育者在实践中实现接受教育和自我教育互换的可能性，必然将教育仅仅局限于教育者对受教育者的范围内。这种教育结果不利于受教育者主体的健康发展，往往引起他们的抵触逆反的情绪和消极对抗行为。教育者要从"你打我通"、"你说我服"的过去"左"的教育方式中跳出来。纠正这种偏向，也要防止教育走向另一个极端，即完全否认教育者的作用。自我教育的主体虽然是学生，但处于主导地位

1　苏霍姆林斯基. 少年的教育和自我教育［M］. 北京：北京出版社，1984：100.

的应该是教育者。哲学领域中的主体性思想，曾一度被简单地移植于德育中，夸大了教育对象的主体作用，放松了教育者的主导地位，使学校德育工作丧失了目的性和先进性，为一些人拒绝接受马克思主义教育，放任自流，提供了最大的自由度。要克服德育中存在的这两种倾向，使德育实现教育人、塑造人的任务，既要重视教育者的主导作用，又要充分调动和发挥教育对象的主动性，两个积极性不可偏废。这就要求把教育与自我教育结合起来，使教育成为促进自我教育的教育。德育要在肯定教育者的主导作用的前提下提倡修身为本。

三、《大学》"间架"与德育目标树总体结构

在习近平德育重要论述中，修己安人的君子与时代新人的总体性形象相融合。依据这一融合，沿着目标树分析法去把握《大学》的间架，分析三纲领、八条目的逻辑关系，通过目标树分析法展示修己安人的君子结构，进而构建德育目标树总体结构，可以更加深入理解习近平关于德育的重要论述。《大学》间架将儒家修身思想系统化，为修身提供了一个切实的入口和明澈的境域。时代新人的精神风采具有《大学》间架意蕴。

习近平指出："青少年阶段是人生的'拔节孕穗期'，最需要精心引导和栽培。"[1] 这是德育中的"树隐喻"，要培育好树苗，德育需要有一个"目标树"。合理的目标树对德育活动具有指导意义，不合理的目标树会导致德育活动的失败。借鉴《大学》间架形成德育目标树，对于教育活动来说，既提供了行动规范又提供了行动的意义，目标树有助于"积极为青年创造人人努力成才、人人皆可成才、人人尽展其才的发展条件。"[2] 由于修己安人的君子与时代新人的总体性形象相融合，德育目

1　张烁. 用新时代中国特色社会主义思想铸魂育人贯彻党的教育方针落实立德树人根本任务[N]. 人民日报，2019-03-19 (001).

2　习近平. 在纪念五四运动 100 周年大会上的讲话 [N]. 人民日报，2019-05-01 (002).

标树就隐含在习近平关于德育的修己安人重要论述中，本研究只是将其从丰富的论述中整理出来。

从管理学上的目标树设计上看，《大学》"间架"是人类历史上第一个管理目标树，它同时也是历史上第一个德育活动的目标树。目标树是管理学概念，它按照树形结构对目标进行分解，它将目标分解出总目标、分目标、子目标。以总目标为树根，在此基础上像树干与树枝一样一层层地生出分目标与子目标。《大学》间架有最高层——止于至善（总目标），中间层——明明德与亲民（分目标）和最低层——格物、致知、诚意、正心、修身、齐家、治国、平天下（子目标）。它把止于至善的目标作为总目标，进而分出分目标、子目标，明明德与亲民是止于至善的展开状态，格物、致知、诚意、正心是明明德的展开状态，齐家、治国、平天下是亲民的展开状态。修身再按最低层次、中间层次、最高层次的次序分阶段、双向互动地加以实施。它使教育活动成为一个循序渐进的过程。

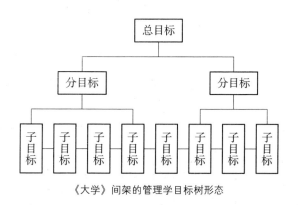

《大学》间架的管理学目标树形态

它作为人格塑造的间架，蕴含着先秦儒家孔子、孟子、荀子的修身思想，是优秀传统文化的传承；作为指导性的间架，它是教育的未来前景，表现为教育活动的结果。同时，它为人格塑造规定了具体的行动方案，人格塑造是依据间架规定的方法和轨道来进行的，在这个意义上，它又是作为德育过程的当下起点发挥着作用。修身赋予间架以时间维度，间架是曾在、当前、未来三个时间维度的统一。时间性的三个维度是修身的存在方式。依据习近平关于大学之道的重要论述，德育可以明确：继承优秀传统，立足当下新时代，面向实现中国梦的未来的三维时间是领会间架的一种境域。

《大学》"间架"反映了修养的知行合一。习近平指出："知是基础、是前提；行是重点、是关键；必须以知促行，以行促知，做到知行合一。"[1] 新时代的知行合一需要继承《大学》思想，在理论立意与实践效果之间应该有一间架。习近平说："新时代中国青年，要有家国情怀，也要有人类关怀，发扬中华文化崇尚的四海一家、天下为公精神，为实现中华民族伟大复兴而奋斗，为推动共建'一带一路'、推动构建人类命运共同体而努力。"[2] 传承《大学》间架，对提升学生的自身素质，实现习近平对新时代中国青年的上述要求有十分重要的意义。

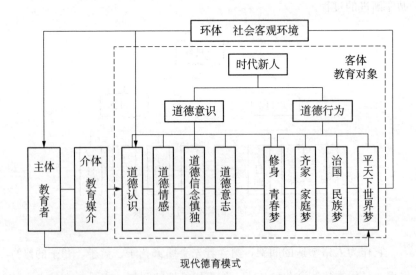

现代德育模式

1　习近平. 在党的群众路线教育实践活动第一批总结暨第二批部署会议上的讲话 [J]. 党建研究. 2014 (2).

2　习近平. 在纪念五四运动 100 周年大会上的讲话 [N]. 人民日报，2019-05-01 (002).

四、 大学之道与实现中国梦的总体设计相会通

德育目标树就隐含在习近平关于德育的重要论述中，在实现中国梦的总体设计中有着清晰展示。上文论述了《大学》"间架"与德育目标树总体结构，两者结合的思想基础在于习近平关于实现中国梦的重要论述之中。

习近平指出："每个人都有理想和追求，都有自己的梦想。现在，大家都在讨论中国梦，我以为，实现中华民族伟大复兴，就是中华民族近代以来最伟大的梦想。"[1] 习近平阐述了中国梦的内涵，为德育提出了止于至善的追求和奋斗目标。这一中国梦吸取了《大学》修身、齐家、治国、平天下的思想。

不同时代有不同的价值追求，由于古今时代差异，修身内容有所不同。然而，中国梦扎根于中国传统文化之中。习近平指出：中国梦"深深反映了中国人自古以来不懈追求进步的光荣传统。"[2] 实现中国梦需要传承中国优秀传统文化，传承大学之道。

《大学》以止于至善为总目标，以明明德和亲民为分目标，以格物、致知、诚意、正心、修身、齐家、治国、平天下为子目标，形成了一个修身为本、纲目结合、修己安人的目标网络。与之相似，实现中国梦有总目标、分目标与子目标。"总任务是实现社会主义现代化和中华民族伟大复兴，在全面建成小康社会的基础上，分两步走在本世纪中叶建成富强民主文明和谐美丽的社会主义现代化强国。"[3] 总任务是总目标，分两步走是分目标。

在习近平关于中国梦的论述中，包含着子目标的论述。他说："我

1　习近平. 在参观《复兴之路》展览时的讲话［N］. 光明日报，2012-11-29.
2　习近平. 在联合国教科文组织总部的演讲［N］. 人民日报，2014-03-28.
3　习近平. 决胜全面建成小康社会夺取新时代中国特色社会主义伟大胜利——在中国共产党第十九次全国代表大会上的报告［N］. 人民日报，2017-10-28（001）.

记得，1981 年北大学子在燕园一起喊出'团结起来，振兴中华'的响亮口号，今天我们仍然要叫响这个口号，万众一心为实现中国梦而奋斗。广大青年既是追梦者，也是圆梦人。追梦需要激情和理想，圆梦需要奋斗和奉献。广大青年应该在奋斗中释放青春激情、追逐青春理想，以青春之我、奋斗之我，为民族复兴铺路架桥，为祖国建设添砖加瓦。"[1] 广大青年作为追梦者、圆梦人在追求自己青春梦中为民族复兴铺路架桥，为祖国建设添砖加瓦。青年人的青春梦、家庭梦的实现是中国梦的子目标。

《大学》"间架"反映了道德修养的知行合一结构。习近平传承了这一思想，他指出："于实处用力，从知行合一上下功夫。"[2] 习近平这样论述中国梦："用中国梦激扬青春梦"；"只有实现中华民族伟大复兴的中国梦，家庭梦才能梦想成真"；"中国梦与世界梦息息相通"；"中国梦是奉献世界的梦"。其中"青春梦"、"家庭梦"、"国家梦"、"世界梦"呈现出以自我修身为中心，一层层向外推进的态势。这种态势包含着修身、齐家、治国、平天下的维度，与大学之道实现了精准对接。这四个梦深化了"行"这一环节，拓展了当代修身实践。

在中国梦追求中，形成了目标网络。习近平在谈治国时说："治国犹如栽树，本根不摇则枝叶茂荣。"[3] 在治国犹如栽树的隐喻中，中国梦的总目标仿佛树根，在此基础上像树根生出树枝（两步走）、树枝长出树叶（青春梦、家庭梦）一样一层层地产生分目标与子目标，使子目标依托于分目标，分目标依托于总目标，彼此相互连接。子目标充实与丰富着分目标，分目标充实与丰富着总目标。中国梦作为一个整体将每个环节（"青春梦""家庭梦""国家梦""世界梦"）都放到系统整体上进行考察，而不是孤立地就事论事，通过统一性（中国梦）来把握多样性

1　习近平. 在北京大学师生座谈会上的讲话 [N]. 人民日报，2018-05-03（002）.

2　习近平. 青年要自觉践行社会主义核心价值观 [N]. 人民日报，2014-05-05（002）.

3　习近平在省部级主要领导干部学习贯彻十八届三中全会精神全面深化改革专题研讨班开班式上发表重要讲话强调：完善和发展中国特色社会主义制度推进国家治理体系和治理能力现代化 [N]. 人民日报，2014-02-18.

（"青春梦""家庭梦""国家梦""世界梦"的各个环节）。在实现中国梦中每环节都不是孤立的、自足的东西，必须与其他环节相互关联。中国梦将各环节一起带入统一的整体之中。

借用庄子的话说：《大学》宏观总体"至大无外，谓之大一"，它一直扩展到平天下；微观上说"至小无内，谓之小一"，一直深入到个体内在心灵。中国梦与《大学》间架同构，它至大无外，一直扩展到平天下。如习近平所说"像空气一样无处不在、无时不有"[1]；至小无内，通过文化熏陶，润物细无声，"把爱我中华的种子埋入每个孩子的心灵深处"[2]，成为百姓日用而不觉的行为准则。《大学》修身实践就是总体性实践，实现中国梦的实践也是总体性实践，个人既是总体化的动力（追梦者、圆梦人），又是总体化的结果（全过程参与中国梦的实现）。这一总体化规定了时代新人的本质。

《大学》间架使修身按最低层次、中间层次、最高层次的秩序分阶段、双向互动地加以实施。中国梦的追求过程具有这一特征，它既是一个由近而远、由小而大、由易而难的发展过程，又是一个逐步展开、步步提升的过程。青春梦、家庭梦是实现分目标（分两步走）的策略，分目标是实现中国梦的策略。在实现中国梦中，子目标是实现分目标的步骤，分目标是完成总目标的步骤。习近平说："我们要把学习的具体目标同民族复兴的宏大目标结合起来，为之而奋斗。只有把小我融入大我，才会有海一样的胸怀，山一样的崇高。"[3] 中国梦的目标实现过程是小我不断融入大我的过程。

《大学》说："自天子以至于庶人，壹是皆以修身为本。"上至天子下到百姓全部都以修身为根本，人人都要修身。习近平说："在建成社

1　习近平. 在文艺工作座谈会上的讲话 [M]. 北京：人民出版社，2015：3.
2　习近平在参加内蒙古代表团审议时强调：扎实推动经济高质量发展扎实推进脱贫攻坚 [N]. 人民日报，2018-03-06（01）.
3　习近平寄语南开师生：只有把小我融入大我，才会有海一样的胸怀，山一样的崇高 [EB/OL]. 新华网，2019-01-18. http://www.xinhuanet.com/politics/leaders/2019/01/18/c_1124006791.htm.

会主义现代化强国、实现中华民族伟大复兴的征途上，每一个行业、每一个人都要心怀梦想、奋勇拼搏，一步一个脚印，一棒接着一棒，在奋力奔跑和接续奋斗中成就梦想。"[1] "壹是皆以修身为本"在实现中国梦中演化成为"每一个行业、每一个人都要心怀梦想、奋勇拼搏"。

依照《大学》间架进行君子修身都要经历总目标、分目标、子目标三个层次的规范。任何人，一旦选择做儒家的君子，都会以这样或那样的方式经历这些目标。越是想着成为君子，这些目标就越是显得合理与紧迫。习近平指出："现在在高校学习的大学生都是 20 岁左右，到 2020 年全面建成小康社会时，很多人还不到 30 岁；到本世纪中叶基本实现现代化时，很多人还不到 60 岁。也就是说，实现'两个一百年'奋斗目标，你们和千千万万青年将全过程参与。"[2] 当代青年人的修身全过程参与中国梦的实现，使修身都要经历总目标、分目标、子目标三个层次的规范。

孟子说："鸡鸣而起，孳孳为善者，舜之徒也；鸡鸣而起，孳孳为利者，跖之徒也。欲知舜与跖之分，无他，利与善之间也。"[3] 大学之道止于至善，它让人向善、迁善。习近平说："全党全军全国各族人民要在中国共产党领导下，闻鸡起舞，登高望远，撸起袖子加油干，继续向着全面建成小康社会的奋斗目标进发，继续向着中华民族伟大复兴的中国梦进发，继续向着构建人类命运共同体的美好前景进发，在我们广袤的国土上，书写 13 亿多中国人民伟大奋斗的历史新篇章！"[4] 德育培养时代新人，要引导青年人追梦、圆梦，使他们成为闻鸡起舞、登高望远的"孳孳为善者"。

中国梦连接的一端是理想（民族振兴），一端是实践（追梦、圆梦），它是二者的桥梁，沟通事实世界与价值世界，规定着活动的方向

1　习近平. 为实现我国探月工程目标乘胜前进为推动世界航天事业发展继续努力 [N]. 人民日报, 2019-02-21 (001).

2　习近平. 青年要自觉践行社会主义核心价值观 [N]. 人民日报, 2014-05-05 (002).

3　孟子·尽心上.

4　习近平. 在 2017 年春节团拜会上的讲话 [N]. 人民日报, 2017-01-26.

和理路，是德育的指南。它规定了新时代修身的"何所向"，它使修身者朝向给定的可能性筹划自身。习近平指出："中国梦是中华民族的梦，也是每个中国人的梦。我们的方向就是让每个人获得发展自我和奉献社会的机会，共同享有人生出彩的机会，共同享有梦想成真的机会。"[1]

《大学》将仁、敬、孝、慈、信贯穿于修身、齐家、治国、平天下之中。在新时代，社会主义核心价值观贯穿于个人梦、家庭梦、国家梦、世界梦之中。习近平指出："我们要积极培育和践行社会主义核心价值观，弘扬中华民族传统美德，把爱家和爱国统一起来，把实现个人梦、家庭梦融入国家梦、民族梦之中，用我们4亿多家庭、13亿多人民的智慧和力量，汇聚起夺取新时代中国特色社会主义伟大胜利、实现中华民族伟大复兴中国梦的磅礴力量。"[2] 中国梦蕴含着个人梦、家庭梦、国家梦、世界梦，在社会主义核心价值观引领下，当代德育的修身、齐家、治国、平天下彰显新时代内涵。

五、 大学之道与社会主义核心价值观相契合

习近平指出："中国梦的宣传和阐释，要与当代中国价值观念紧密结合起来。中国梦意味着中国人民和中华民族的价值体认和价值追求，意味着全面建成小康社会、实现中华民族伟大复兴，意味着每一个人都能在为中国梦的奋斗中实现自己的梦想，意味着中华民族团结奋斗的最大公约数，意味着中华民族为人类和平与发展作出更大贡献的真诚意愿。"[3] 中国梦与社会主义核心价值观在本质上是一致的。

在习近平总书记治国理政思想体系中，培育和践行社会主义核心价值观是重要内容。习近平指出："经过反复征求意见，综合各方面认识，

1　习近平. 在中法建交五十周年纪念大会上的讲话 [N]. 人民日报，2014-03-29（002）.

2　习近平. 在2018年春节团拜会上的讲话 [N]. 人民日报，2018-02-15（002）.

3　习近平. 建设社会主义文化强国着力提高国家文化软实力 [N] 光明日报，2014-01-01.

我们提出要倡导富强、民主、文明、和谐，倡导自由、平等、公正、法治，倡导爱国、敬业、诚信、友善，积极培育和践行社会主义核心价值观。"[1] 社会主义核心价值观是集体智慧的结晶，其内涵十分丰富。"社会主义核心价值观，体现了古圣先贤的思想。"[2] 其中，《大学》与社会主义核心价值观之间有着重要的传承关系。

习近平说："一个民族、一个国家的核心价值观必须同这个民族、这个国家的历史文化相契合，同这个民族、这个国家的人民正在进行的奋斗相结合，同这个民族、这个国家需要解决的时代问题相适应"。[3] 与古圣先贤的思想相契合是一个民族、一个国家的核心价值观的生成之道、立身之道、运行之道。所谓"本立而道生"，只有扎根于传统文化之中，社会主义核心价值观才有勃勃生机。大学之道是中国传统社会的治国大纲，社会主义核心价值观是实现中国梦的治国之"纲"。习近平反复强调社会主义核心价值观与"大学之道"相契合，当代德育实践社会主义核心价值观，要弘扬大学之道。

1. 以古人之规矩，开自己之生面

党的十八大提出社会主义核心价值观，它彰显着我们民族的品格。培育和践行社会主义核心价值观，是党的一项重大决策。核心价值观，是一个民族和国家在一定时期稳定的价值观念的统领性纲目，它既是价值理想，又是行动纲领。儒家核心价值观是仁，仁在《大学》间架中展现为止于至善的境界和明明德、亲民的行动纲领，进而延展出八条目的行动步骤。习近平指出："中华文化中，很核心重要的一条是爱国。人、家、国、天下，一层层递进。"[4] 它与社会主义核心价值观实践的方式相契合。

习近平指出："传承中华文化，绝不是简单复古，也不是盲目排外，

1 习近平. 青年要自觉践行社会主义核心价值观 [N]. 人民日报, 2014-05-05 (002).
2 习近平. 从小积极培育和践行社会主义核心价值观 [N]. 人民日报, 2014-05-31 (002).
3 习近平. 习近平谈治国理政 [M]. 北京：外文出版社, 2014：171.
4 习近平澳门谈中华文化：一书在手，其乐无穷 [N]. 人民日报（海外版），2014-12-21.

而是古为今用、洋为中用，辩证取舍、推陈出新，摒弃消极因素，继承积极思想，'以古人之规矩，开自己之生面'，实现中华文化的创造性转化和创新性发展。"[1] 如何"以古人之规矩，开自己之生面"呢？这表现在许多方面。特别值得一提的是对大同与小康进行创造性转化。

儒家文化以宏大叙事规划美好未来，将美好的社会划分为小康与大同两个阶段。小康和大同与社会主义和共产主义有一种社会想象意义上的相似性，小康和大同思想在历史上成为许多马克思主义者追求共产主义理想的精神资源，它们成为我们今天描述美好生活的语言。习近平指出："中国人民正在为实现'两个一百年'奋斗目标而努力，其中全面建成小康社会中的'小康'这个概念，就出自《礼记·礼运》，是中华民族自古以来追求的理想社会状态。使用'小康'这个概念来确立中国的发展目标，既符合中国发展实际，也容易得到最广大人民理解和支持。"[2] 新时代的奋斗目标继承了儒家文化对人类社会的美好规划。

从小康到大同，是一个大写的历史，这与马克思主义理论有会通处。马克思主义的社会发展理论关注宏大叙事，五种社会形态说是一个大写的历史。马克思恩格斯指出："随着分工的发展也产生了单个人的利益或单个家庭的利益与所有互相交往的个人的共同利益之间的矛盾。"[3] 在此基础上分析了异化与扬弃异化问题，后者通向共产主义社会。这里，就有涉及个体（单个人的利益）、家庭（家庭的利益）、国家（所有互相交往的个人的共同利益）和共产主义社会四个维度。

《大学》的修身、齐家、治国、平天下是古人对社会的美好向往，马克思主义掌握了历史发展进程，这使"大学之道"各主要环节被合理地纳入历史进程之中。新时代的修身、齐家、治国、平天下反映了历史

1　习近平. 在文艺工作座谈会上的讲话 [M]. 北京：人民出版社，2015：26.
2　习近平. 在纪念孔子诞辰 2565 周年国际学术研讨会暨国际儒学联合会第五届会员大会开幕会上的讲话 [N]. 人民日报，2014-09-25（02）.
3　马克思、恩格斯. 马克思恩格斯文集（第 1 卷）[M]. 北京：人民出版社，2009：536.

进程。按照习近平的说法，修身、齐家、治国、平天下"同民族、这个国家的人民正在进行的奋斗相结合，同这个民族、这个国家需要解决的时代问题相适应"。[1]

马克思将"现实的个人"作为历史唯物主义的出发点，将"人类社会或社会的人类"作为哲学的立脚点。今天，人类命运共同体的建构以"现实的个人"为起点，着眼于"人类社会或社会的人类"，最终实现人类大同理想，这是一个从个体到天下的行动路线。在马克思主义理论指导下，继承《大学》间架，通过辩证取舍、推陈出新，可以更好地实现"以古人之规矩，开自己之生面"的创新。

2. 依据大学之道对小德与大德进行新时代的诠释

习近平指出："要讲清楚中华优秀传统文化的历史渊源、发展脉络、基本走向，讲清楚中华文化的独特创造、价值理念、鲜明特色，增强文化自信和价值观自信。要认真汲取中华优秀传统文化的思想精华和道德精髓，大力弘扬以爱国主义为核心的民族精神和以改革创新为核心的时代精神，深入挖掘和阐发中华优秀传统文化讲仁爱、重民本、守诚信、崇正义、尚和合、求大同的时代价值，使中华优秀传统文化成为涵养社会主义核心价值观的重要源泉。"[2] 社会主义核心价值观的培育需要扎根于中国优秀传统文化的丰厚土壤，推动传统文化的创造性转化。"使中华优秀传统文化成为涵养社会主义核心价值观的重要源泉"涉及的内容十分广泛，联系大学之道，习近平强调修德，并将德创造性地分为大德与公德、私德，要求"明大德、守公德、严私德"。

习近平说："修德，既要立意高远，又要立足平实。要立志报效祖国、服务人民，这是大德，养大德者方可成大业。同时，还得从做好小事、管好小节开始起步，'见善则迁，有过则改'，踏踏实实修好公德、私德，学会劳动、学会勤俭，学会感恩、学会助人，学会谦让、学会宽

1　习近平. 青年要自觉践行社会主义核心价值观 [N]. 人民日报, 2014-05-05 (002).

2　习近平. 习近平谈治国理政 [M]. 北京：外文出版社, 2018：164.

容，学会自省、学会自律。"[1] 习近平将修德分为两部分，一是大德，二是公德、私德，这与大学之道的修德思想相通。《大学》涉及大德——治国、平天下与私德——修身、齐家，并将两者打成一片。

习近平说："'天下难事，必作于易；天下大事，必作于细。'成功的背后，永远是艰辛努力。"[2] 在当代德育中，"大"是治国、平天下，实现中国梦；"小"是个体的"修身"，实现青春梦、家庭梦。修德需要从做好小事、管好小节开始，由易到难、由小到大。正如《大学》所说："知所先后，则近道矣。"

习近平在北京大学师生座谈会上说："古人说：'大学之道，在明明德，在亲民，在止于至善。'核心价值观，其实就是一种德，既是个人的德，也是一种大德，就是国家的德、社会的德。国无德不兴，人无德不立。如果一个民族、一个国家没有共同的核心价值观，莫衷一是，行无依归，那这个民族、这个国家就无法前进。"[3] 习近平依据大学之道对小德与大德进行新时代的诠释。《大学》提出"知止"，以克服"莫衷一是，行无依归"的状态。今天的"知止"是确立社会主义核心价值观。"大学之道"就是一种核心价值观，它既培养个人的德，又培养国家的德、社会的德。它通过修身、齐家、治国、平天下将个人的德和国家和社会的大德统一起来，成为实践社会主义核心价值观的民族心理基础。

习近平指出："'道虽迩，不行不至；事虽小，不为不成。'这是永恒的道理。做人做事，最怕的就是只说不做，眼高手低。"[4]《大学》的八条目是一个由近及远、由易到难的发展过程。它有时间上的过程性——由知到行和空间上的结构性——家、国、天下的空间结构。习近平关于核心价值观的养成的观点与大学之道相通，他指出："核心价值观的养成绝非一日之功，要坚持由易到难、由近及远，努力把核心价值

1　习近平. 青年要自觉践行社会主义核心价值观 [N]. 人民日报, 2014-05-05 (002).
2　习近平. 青年要自觉践行社会主义核心价值观 [N]. 人民日报, 2014-05-05 (002).
3　习近平. 青年要自觉践行社会主义核心价值观 [N]. 人民日报, 2014-05-05 (002).
4　习近平. 青年要自觉践行社会主义核心价值观 [N]. 人民日报, 2014-05-05 (002).

观的要求变成日常的行为准则，进而形成自觉奉行的信念理念。"[1]

3. 修齐治平与国家层面 + 社会层面 + 公民层面的融通

习近平指出：社会主义核心价值观"实际上回答了我们要建设什么样的国家、建设什么样的社会、培育什么样的公民的重大问题。"[2] 大学之道回答了如何修身、如何齐家、如何治国平天下的问题。社会主义核心价值观包括国家、社会与公民个体三个层面。《大学》间架包括治国平天下、齐家、修身几个方面，它与社会主义核心价值观有契合之处。习近平指出："中国古代历来讲格物致知、诚意正心、修身齐家、治国平天下。从某种角度看，格物致知、诚意正心、修身是个人层面的要求，齐家是社会层面的要求，治国平天下是国家层面的要求。我们提出的社会主义核心价值观，把涉及国家、社会、公民的价值要求融为一体，既体现了社会主义本质要求，继承了中华优秀传统文化，也吸收了世界文明有益成果，体现了时代精神。"[3]

社会主义核心价值观的个体层面包括爱国、敬业、诚信、友善，做到这些需要修身。与之相似，《大学》间架从修身开始。社会主义核心价值观的社会层面包括自由、平等、公正、法治。传统社会没有这样的社会，与之处于相同层次的是家族社会的齐家，所以，习近平说"齐家是社会层面的要求"。社会主义核心价值观把社会放在国家之前，只有实现一个自由、平等、公正、法治的社会，才能更好地治国。这与"家齐而后国治"有异曲同工之妙，即在个体与国家之间，有一个必须的环节。固然，传统社会的齐家与自由、平等、公正、法治社会有不同性质。传统社会是家族社会，家族就是一个小社会。《大学》说"为人君，止于仁；为人臣，止于敬；为人子，止于孝；为人父，止于慈；与国人

1　习近平. 青年要自觉践行社会主义核心价值观 [N]. 人民日报，2014-05-05（002）.

2　习近平. 青年要自觉践行社会主义核心价值观——在北京大学师生座谈会上的讲话 [M]. 北京：人民出版社，2014：5.

3　习近平. 青年要自觉践行社会主义核心价值观——在北京大学师生座谈会上的讲话 [M]. 北京：人民出版社，2014：5.

交，止于信。"通过齐家实现一个仁、敬、孝、慈、信的社会，达到社会安定，为治国奠定基础。今天自由、平等、公正、法治社会层面价值观既超越了仁、敬、孝、慈、信，具有与市场经济相吻合的现代社会的内涵，又继承了这些精神。

社会主义核心价值观有个体、社会和国家三个层面，说明了建设什么样的国家、社会及培育什么样的公民的问题。《大学》有修身、齐家、治国三个层面，回答了如何治国、如何齐家、如何修身的问题。虽然今天的社会不同于过去的家族社会，但都在个体与国家之间设置了一个环节。由于社会结构不同，环节也有所不同。在此之上都有治国，建设一个富强、民主、文明、和谐的社会主义现代化国家是治国，这是今天治国的新内涵。社会主义核心价值观把国家、社会、公民三个层面的价值要求融为一体，大学之道把修身、齐家、治国打成一片。《大学》最后要达到平天下境界，这是行动纲领的极致。社会主义核心价值观以马克思主义理论为指导，最终是实现共产主义社会，这是新的平天下的境界。

习近平指出："培育和弘扬社会主义核心价值观必须立足中华优秀传统文化。牢固的核心价值观，都有其固有的根本。抛弃传统、丢掉根本，就等于割断了自己的精神命脉。博大精深的中华优秀传统文化是我们在世界文化激荡中站稳脚跟的根基。"[1] 修身、齐家、治国、平天下与国家层面＋社会层面＋公民层面的融通，说明核心价值观有其固有的根本。德育要继承自己的精神命脉，就使社会主义核心价值观与大学之道相融合，使德育实践具有实际的行动步骤：修身、齐家、治国、平天下。

4. 顶层设计与底层设计结合

"大学之道"贯穿着"絜矩之道"，在"絜矩之道"中蕴含着顶层设计与底层设计。《大学》说："所谓平天下在治其国者，上老老而民兴

1　习近平. 习近平谈治国理政［M］. 北京：外文出版社，2014：163-164.

孝，上长长而民兴悌，上恤孤而民不倍，是以君子有絜矩之道。"这个絜矩之道就是顶层设计。孔子所说："其身正，不令而行；其身不正，虽令不从。"[1] 统治者在道德上的表率作用是至关重要的，上行下效。

底层设计体现为二点：一是对顶层设计的底层回应，产生"民兴孝、民兴悌、民不倍"；二是"如切如磋，如琢如磨"，将自我作为一件艺术品来打造。顶层设计与底层设计相互联系、相互依存。

社会主义核心价值观教育继承了絜矩之道，顶层设计与底层设计并举。《大学》说："君子有诸己而后求人，无诸己而后非诸人。"习近平继承了这一思想，他说："'善禁者，先禁其身而后人。'各级领导干部要以身作则、率先垂范。"[2] 这是新时代的絜矩之道。弘扬社会主义核心价值观的顶层设计包括明确历史使命（举旗帜、聚民心、育新人、兴文化、展形象）和规范教育行为（培养什么人、怎样培养人、为谁培养人）。这一顶层设计基于对世界和中国发展大势的总体考察，将教育放入民族复兴的历程中，提出了培养担当民族复兴大任的时代新人的教育目标，使个体发展与民族复兴、构建人类命运共同体的历程相一致。顶层设计承载着对中国特色社会主义教育的存在方式的基本认知和问题判断，成为社会主义核心价值观教育的标识性理念。这使德育产生了新的运行逻辑：规范性的顶层设计（培养什么人、怎样培养人、为谁培养人）——教育的目标设定（培养担当民族复兴大任的时代新人和德智体美劳全面发展的社会主义建设者和接班人）——产生个体能动的活动——汇集成革命性社会实践。顶层设计具有方向性与规范性。

底层设计是"扣好人生第一粒扣子"，"文明其精神，野蛮其体魄"。没有顶层设计的规范性，个体主体能动行为就会成为同历史发展进程相分离的孤立的行动，学生就会成为历史过程的消极旁观者；没有个体主体行为的能动参与，学生意识不到自己是历史过程的主体，顶层设计就

1　论语·子路.

2　习近平. 更加科学有效地防治腐败坚定不移把反腐倡廉建设引向深入 [N]. 人民日报，2013-01-23.

会变成空洞的思想公式，革命性社会实践就会落空。只有将顶层设计的规范性与个体主体能动性结合起来，方能生成活生生的民族复兴的历史辩证运动。顶层设计与底层设计上下互动形成良性循环，产生修身、齐家、治国、平天下的动力。

5. 逆向转化与顺向强化

习近平指出："我们要在全社会大力弘扬和践行社会主义核心价值观，使之像空气一样无处不在、无时不有，成为全体人民的共同价值追求，成为我们生而为中国人的独特精神支柱，成为百姓日用而不觉的行为准则。要号召全社会行动起来，通过教育引导、舆论宣传、文化熏陶、实践养成、制度保障等，使社会主义核心价值观内化为人们的精神追求、外化为人们的自觉行动。"[1] 贯彻这一精神，使社会主义核心价值观教育落地生根，就要从两个维度借鉴儒家德育思想。在《大学》看来，只有当人选取并坚守通往止于至善的目标，走上修身之路，才能行大学之道。修身包括对三纲领、八条目的领会与践行、评价与行为的调整。周敦颐的《通书·志学》说："圣希天，贤希圣，士希贤。"这将对三纲领、八条目的领会与践行、评价与行为的调整具体化。圣、贤和士都是儒家修身的追求，士人希望成为贤人，贤人希望成为圣人，圣人希望成为知天之人。修身过程有一个顺向强化过程（由凡人、士人、贤人、圣人的上升发展），还有一个逆向转化过程（所谓浪子回头金不换，浪子可以逆转为士人、贤人、圣人）。即使成了圣人也有不断提升的问题，如王阳明所隐喻的扩大金子的分量。修身一是追求"精一"，成色足，以德为本；二是讲求"斤两"，分量重，尽显才干。

社会主义核心价值观培育"贤人"，习近平指出："用一贤人则群贤毕至，见贤思齐就蔚然成风。"[2] 通过榜样教育培养千千万万贤人，使社会主义核心价值观像空气一样无处不在、无时不有。这种教育同样具有

---

1 习近平. 在文艺工作座谈会上的讲话［M］. 北京：人民出版社，2015：26.
2 习近平. 习近平谈治国理政［M］. 北京：外文出版社，2014：418.

这两个维度。价值观教育开始于认识阶段，学生对价值观的态度有认之为真的接受和认之为假的拒绝，存在着赞同与不赞同两者择一的情况。这里存在着正向与负向两个维度：一是知晓、认同、喜爱、指导行动的正向态度（它们并非是简单地罗列出来的东西，它们之间有一种特定的关系，体现着态度的不断深化），进而产生积极的修养行为。习近平说："青年要把正确的道德认知、自觉的道德养成、积极的道德实践紧密结合起来，不断修身立德，打牢道德根基，在人生道路上走得更正、走得更远。"[1] 这里就包含知晓、认同（正确的道德认知）、喜爱（自觉的道德养成）和指导行动（积极的道德实践）；二是无知、漠视、反感、抵制行动的负向态度，进而产生逆反行为。它将个体的个性降低到了极端片面的发展水平。这两种态度都开始于认识。价值观教育要使学生的负向态度转向正向态度（逆向转化），使学生由否定抉择转向肯定抉择，并使正向态度巩固下来，使其持续不断地作出肯定抉择，由正向态度的知晓经过认同、喜爱，发展到指导行动（顺向强化），使学生向"贤人"方向发展，"使符合核心价值观的行为得到鼓励、违背核心价值观的行为受到制约"[2]。

1　习近平. 在纪念五四运动 100 周年大会上的讲话［N］. 人民日报，2019-05-01（2）.
2　习近平在中共中央政治局第十三次集体学习时强调：把培育和弘扬社会主义核心价值观作为凝魂聚气强基固本的基础工程［N］，光明日报，2014-02-26（01）.

第七章　道、理、器、技辨析与教育弘道

"大学之道"源于文武之道，弘扬"大学之道"就是弘扬传统中国文化的大道。孔子说："道不远人。"[1] 道离我们不远，它就存在于我们的生活中，个体修养过程是体会、领悟道的过程。然而，在诠释道时，会碰到错综复杂的现象，使它成为朦胧不清的东西，有一种"道可道，非常道"的难言。我们不能完全依据对道的界定（阐明道在内容上"是什么"）来甄别道。仅仅知道了《大学》间架结构，也不能完全把握道。对道的把握涉及道与理、道与器、道与技的关系问题。对道的解释是把有待解释者（理、器、技）引入与道的各种关系的诠释之中。通过范畴辨别，掌握道、器、理、技的基本关系，方能使道在与器、理、技的对照下获得领会，从而使对道的追问成为透彻的追问。从关系的角度规定探讨的视线，就要探讨道与理、道与器、道与技。本书整——分——合的解读路线是一种纵向深入，本章是在达到"合"的认识之后，对道的问题的横向拓展。

一、道与理

理解道与理的关系，需要以性命教育代替生命教育。这里，不是标

1　礼记·中庸.

新立异，试图提出一个新概念去代替一个当下流行的生命教育概念，以博取读者的眼球。相反，恰恰是以一个老概念代替一个新概念。如果想法有新意，也是"温故而知新"。习近平指出："温故而知新。知识有前人传承的知识，也有今人创造的知识。前人传承的知识积累了人们历史上对处理人、社会、自然三者关系的重要认知和经验，今人创造的知识形成了人们应对时代问题的智慧和探索。这两方面的知识对人类继往开来都十分重要。"[1] 本书依据"前人传承的知识"阐述关于德育的"重要认知和经验"。

时下，在教育界，在各种西方时尚思想潮流的冲击下，人们已经厌倦了时装表演般的概念翻新。然而，生命教育已经成为一股潮流，它浩浩荡荡、奔腾不息。与这样一个公认的有价值的教育思想"较真"，显得有些不合时宜。然而，生命一词却难以彰显教育本质。构建本土的教育理论当从重构教育的核心范畴开始。

性命的内涵早已被历史的尘土封埋了，以至于生命教育理论察觉不出性命与生命的区别，丧失了对中国传统文化的敏感性。这里，为什么不说"生命"偏要说"性命"，隐含着中国文化的大问题。

习近平说："'熊掌和鱼，不可兼得'，不要既想当官，又想发财，要当干部就不要想发财，这一条恐怕是古今中外概莫能外。"[2] 这一经典原文出自《孟子·告子上》："鱼，我所欲也；熊掌，亦我所欲也，二者不可得兼，舍鱼而取熊掌者也。生，亦我所欲也；义，亦我所欲也。二者不可得兼，舍生而取义者也。"熊掌和鱼的关系比喻生与义的关系。这里的"生"为自然生命。当生与义二者不可兼得时，舍生取义。

在孟子思想中，"生"不能显出人"性"。受孟子的影响，古人有"苟且偷生"一说，此"生"同于孟子所说的"生"。在孟子看来，"生"与"性"有大分别。孟子这一生死观直通性命观而不是生命观。钱穆

---

1   习近平. 在纪念孔子诞辰 2565 周年国际学术研讨会暨国际儒学联合会第五届会员大会开幕会上的讲话 [N]. 人民日报，2014-09-25（02）.

2   习近平. 摆脱贫困 [M]. 福建人民出版社，1992：56.

说："与孟子同时有告子，他曾说生之谓性。此一语，若用今通俗语翻译，即是说生命即性命。生命之外，更无所谓性命了。"[1] 两千多年前的告子最早将"生命"与"性命"相混淆，于是有了孟子与告子的著名辩论。生命是先天素质，它是指活着的生物，人与动物都相同。性命与之不同。钱穆接着说："但孟子非之，孟子质问告子说犬之性犹牛之性，牛之性犹人之性与？此即说：若单讲生命，则犬的生命、牛的生命和人的生命都一般，没有大区别。但犬牛和人，在其生命相同之外，还有各别的性……若单说生命，则犬牛与人各有生命，人与禽兽的生命，便无法大分别。必须言性命，始见人之异于禽兽，始见人生之尊严处。"[2] 这里显示出中国文化中生命与性命的大区别：就生命言，人与动物一样；就性命言，人高于动物，比动物有尊严。马克思指出："吃、喝、性行为等等，固然也是真正的人的机能。但是，如果使这些机能脱离人的其他活动，并使它们成为最后的和唯一的终极目的，那么，在这种抽象中，它们就是动物的机能。"[3] 在马克思看来，离开了社会规范，人的行为就成为纯粹动物性行为。这种纯粹动物性行为，在孟子看来就是"生"。

钱穆举例说："诸葛亮出师表：苟全性命于乱世，不求闻达于诸侯。当知此所谓苟全性命，决不是苟全生命之义。若求苟全生命，则北走魏，东奔吴，在曹操、孙权处求闻达，一样可以全生命。可见诸葛孔明高卧南阳，苟全性命，实有甚深意义，极大节操，此乃诸葛孔明高出一世之所在。他所用'性命'二字，乃是儒家传统思想所特别重视的性命，决不仅指几十年的生命言。"[4] 传统中国人自孟子后以讲生命为耻，不耻于告子将性命与生命等同，更不耻于仅将自己的性命等同于动物生命。孟子说："人之所以异与禽兽者几稀"[5]，这"几稀"不是在生命上

1　钱穆. 中国思想通俗讲话 [M]. 北京：九州出版社，2011：25.
2　钱穆. 中国思想通俗讲话 [M]. 北京：九州出版社，2011：26.
3　马克思、恩格斯. 马克思恩格斯全集（第42卷）[M]. 北京：人民出版社，1979：94.
4　钱穆. 中国思想通俗讲话 [M]. 北京：九州出版社，2011：26.
5　孟子·离娄下.

而是在性命上。"苟全性命"显出诸葛亮确然不可拔的人格。若《出师表》写成"苟全生命",会贻笑大方。苟全"生"命近乎苟且偷"生"。有舍生取义的精神方能"苟全性命",显出人性与动物性的区别。准确理解"熊掌和鱼,不可兼得",理解习近平用典的原义,需要区别"生"与"性"。

今天要将两千年前的案子(性命高于生命)翻出来并以性命教育代替生命教育有意义吗?将具有二十多年研究积淀,具有丰富内涵的生命教育"篡改"为性命教育,是不是太迂腐、太矫情了?现在讲生命,谁不知道人的生命不同于动物的生命?难道一说生命就全然抹去了人与动物的分别吗?肯定不是。既然如此,还有必要代替吗?即使是生命教育中的生命区别于动物的生命,仍然需要代替。虽然性命与生命仅一字之差,然而,差之毫厘,谬以千里。

只有"性命教育"才能认祖归宗,它是在"道理合成的世界"中弘道的教育。只有它才能使教育"通上"中国文化的脉,而不是嫁接在西方教育学的脉上。"生命"一词用于教育相形见绌。性命教育可以成为中国教育的一张名片,性命是地地道道的本土文化。现在讲生命教育不丢人,放在诸葛亮时代讲、放在中国传统文化中讲一定丢人。现在讲的生命教育要以民族文化为根本,讲此教育不知道性命与生命的文化区别一定会丢人——丢掉了中国人的文化,丢了中国人。按照传统文化,单讲生命,人兽同质。生命不可教化,性命可以教化。

中庸开宗明义:"天命之谓性,率性之谓道,修道之谓教。"天(自然)赋予了人之性,使人区别于犬之性、牛之性。依照人的天性而行即率性而为就是道。如何率性?要修道,修君子之道就是教化。行大学之道就是修道之谓教。性命涵养的深意浓缩在《中庸》这三句话中。由生命教育转入性命教育,由生命转入性命,如此,性、道、教这些具有中国传统文化属性的立德树人范畴才成为教育理论的范畴,使教育研究(特指教育基本理论研究不是中国教育史研究)说一些久违了的"中国话"。

在性命教育的花园中漫步,看到了与以往的生命教育全然不同的风景。这里有"生"死观、性命观、道理观，它意味着出现了一种新的视域，以往生命教育研究的基本范畴暂时隐匿了。然而，当务之急是教育对接孟子与告子的人、犬、牛之辨，保住"性命"。然后，性命教育再与生命教育接洽、接续、接轨。《论语》说："君子务本，本立而道生。"[1] 教育之本是"性命"，本立才会明道、修道、弘道。

杨朱说："万物所异者生也，所同者死也。生则有贤愚、贵贱，是所异也；死则有臭腐、消灭，是所同也。虽然，贤愚、贵贱非所能也，臭腐、消灭亦非所能也。故生非所生，死非所死，贤非所贤，愚非所愚，贵非所贵，贱非所贱。然而万物齐生齐死，齐贤齐愚，齐贵齐贱。十年亦死，百年亦死，仁圣亦死，凶愚亦死。生则尧舜，死则腐骨；生则桀纣，死则腐骨。腐骨一矣，孰知其异？且趣当生，奚遑死后？"[2] 这里的"生"与动物性的"生"具有同样性质。

舍勒说："我睁开眼睛：一片带有丰富多彩的事物、房子、河流等的广阔风景远远地展现在我眼前。下一回，我睁开眼睛，却发现一间狭小的空房间。无疑，与这两个视觉内容相应的所谓的感觉，与之相应的身体状况，具有相同的数量。但我所看到的，却在质的丰富性、广度和距离方面有着巨大差异。"[3] 休谟由此得出结论，认为这种差异只不过是所谓联想、判断和推论的结果。其实不然，差异很大。走上儒家的修身，就好比看到了一片开阔的远景；孳孳为利者，只能看见狭小的房间。这种差异，不能以感觉本身来衡量，不能将它们全部化约为"联想、判断和推论"的感觉机制。同理，孔子修身的丰富多彩的境界，不能以年龄数量来衡量，这全然不是"十年亦死，百年亦死"所能概括了的。孰知其异？按照舍勒的话说："在质的丰富性、广度和距离方面有着巨大差异。"只有在儒家规范的视野之内仁爱之举才作为应该行为而成为清晰可见的。

1　论语·学而.

2　列子·杨朱.

3　马克斯·舍勒. 爱的秩序 [M]. 北京：北京师范大学出版社，2017：54.

同样，仅仅局限于生命教育，就处于中国传统文化上的"一间狭小的空房间"，转入性命教育，通过生死观、性命观、道理观就使中国传统文化"广阔风景远远地展现在我眼前"。在生命教育课堂与性命教育课堂中，学生"所谓的感觉，与之相应的身体状况，具有相同的数量"。但是，它们所给出的教育感受有着巨大差异。注意，这种差异特指在中国传统文化感受上的差异。这里与生命教育课堂质量的高低全无关系，生命教育课堂没有中国传统文化元素一样可以生动活泼、意境高远。难道说，生命教育没有价值吗？当然很有价值！没有中国传统文化元素的生命教育能展现广阔吗？当然是的。然而，中国人的生命教育若一直没有中国传统文化元素就不好了。这里说的教育中的中国元素，不是教育"作料"，不是在教育中随便撒上的一大把中国传统文化的"盐"。中国元素特指具有中国传统文化的理念成为教育的支撑性理念，成为教育思想的"元概念"。

钱穆说："若我们向外面看世界，可有两种不同的看法，一是看成为一个道的世界，一是看成为一个理的世界。"[1] 这个"我们"浸润在原汁原味的中国文化之中。"我们"不再是"教育主体"，"向外面看的世界"不再是"教育客体"。性命教育不再信奉传统教育学，将教育研究定位于（教育主体）透过教育现象把握教育本质（教育客体）的科学。这种教育学"开宗明义"将研究对象定位于教育规律，此"宗"与中国人的祖宗之"宗"不沾边，它没有中国文化内涵，完全扭曲了教育方向。准确地说，传统教育学"不靠谱"，它没有中国文化的"谱系"。这样说是不是危言耸听？依循凯洛夫教育学（钟启泉称它为一块发霉的奶酪）建构的传统教育学隐含着见物（规律与本质）不见人（中国人）的倾向。"人者仁也"[2]，这是中国传统文化对人的定义。借用孔子的话说若传统教育学"求仁而得仁，又何怨"[3]。那样，我们就不会"怨"它

1   钱穆. 中国思想通俗讲话 [M]. 北京：九州出版社，2011：49.
2   礼记·中庸.
3   论语·述而.

了。因为，"求仁"的教育是弘道的教育。

钱穆所说的"看"扣住了中国文化的主题，这"看"也抓住了性命教育的命脉。钱穆说："中国思想之主要论题，即在探讨道理。我们也可以说，中国文化，乃是一个特别尊重道理的文化。中国历史，乃是一部向往于道理而前进的历史。"[1] 虽然中国老百姓讲道理，它在老百姓心中是最普通的词，但传统教育学不讲道理，它在传统教育学中是最陌生的词。传统教育只讲规律，它没有道理。在日常用语中，道理二字，已经混成一词。它在中国传统文化中是两个不同的思想范畴。性命教育的道理必须分开讲。这样说有什么道理呢？道理二字，本属于两个不同含义。

德育要明道，就要回归传统文化，弄清道与理的关系。改革开放前的德育存在着"假大空"的现象，改革开放后，人们反感以前的教育方式，近几十年来又形成一种偏见：德育不能讲"抽象的大道理"。特别是 21 世纪以来，随着胡塞尔现象学和生活世界理论的引入，在教育中"回归生活世界"的呼声日益高涨。当今教育理论的流行趋势是反对讲抽象的大道理，并用警告式语气断言抽象的大道理是僵死的概念，它们会使生活世界扭曲、变形。流行的德育理论将教育效果不佳的原因归结为只讲抽象的大道理。德育要避免和杜绝以前教育中的"假大空"的现象，同时，要将道与理区分开来，既不能笼统地讲抽象的大道理，又不能笼统地反对抽象的大道理。依据中国传统文化，道与理处于不同的异质维度。

钱穆说："道究竟指的是什么呢？庄子说：'道行之而成'。这犹如说，道路是由人走出来的。唐代韩愈在《原道》篇里说：'由是而之焉之谓道'。这是说，道指的由这里往那里的一条路。可见道应有一个向往的理想与目标，并加上人类的行为与活动，来到达完成此项理想与目

1 钱穆. 中国思想通俗讲话 [M]. 北京：九州出版社，2011：5.

标者始谓之道。"[1] 道由目标与行动来完成。韩愈说:"博爱之谓仁,行而宜之谓义,由是而之焉之谓道。"意思是博爱叫作仁,合宜于仁的行为叫做义,按照仁义的原则去做叫作道。道具有一定的目标与理想,沿着此一目标与理想前行而达到目的就是道。

钱穆说:"道是行之而成的,谁所行走着的,便得称为谁之道。"[2] 儒家有大学之道,道家有无为之道,释家有空寂之道。儒家的道是入世之道,道家的道是避世之道,释家的道是出世之道。虽然它们之间有些思想可以相互借鉴(如理学借鉴佛老思想),但在价值取向上根本不同。正所谓道不同,不相为谋。对于道,人可以自主选择。恰如鲁迅所说,世间本无路,走的人多了,就形成了路。德育让学生都走积极入世的"大学之道",而不走佛老的避世、出世之道。对于道,人可以自主选择。中华五千年文明历程就是炎黄子孙走出来的道。中国人讲"人道"不讲"人理",现在讲"人道主义"不讲"人理主义"。因为道中有人的作为。理中没有人的作为,所以中国人讲"物理"不讲"物道"。用词不同,折射出中国文化大智慧。今天的教育明辨"人道"与"物理",可以防止教育走上唯理性教育。乍一看,道平淡无奇,不值(教育学)一提。当传统教育学将研究对象定位于教育规律时,就与中国传统文化的"道"失之交臂,教育中的"有道"与"无道"、"得道"与"失道"问题就被忽略了。在中国传统文化中,道重于理、高于理。

传统教育学更接近理。钱穆说:"开始特别提出一个理字,成为中国思想史上一个突出观念,成为中国思想史上一重要讨论的题目者,其事始于三国的王弼。王弼注《易经》,说:'物无妄然,必有其理'。这是说宇宙间一切万物,决不是随便而成其为这样的,宇宙万物,必有其一个所以然之理。天地间任何一事物,必有其所以然,而决不是妄然的。妄然即是没有其所必然之理。"[3] 万事万物都有一个所以然的理,理

1　钱穆. 中国思想通俗讲话 [M]. 北京:九州出版社,2011: 6-7.
2　钱穆. 中国思想通俗讲话 [M]. 北京:九州出版社,2011: 7.
3　钱穆. 中国思想通俗讲话 [M]. 北京:九州出版社,2011: 9.

具有必然性。这一"必然之理"就近似于规律。"郭象注庄子，也说：'物无不理，但当顺之。'"[1] 事物都有理，人只能顺从理。程颐认为"理"是事物的"所以然"，他说："天下物皆可以理照，有物必有则，一物须有一理。"天下物都有理。钱穆指出："朱子说：'帝是理为主。'这是说，纵使是上帝，也得依照理，故理便成为上帝的主宰了。"[2] 理是只能发现不能创造的。人可以发现理，认识理，依循于理，但不能创造理。所谓"一物须有一理"，德育也有它的理，德育学科被一些人定义为研究德育现象及其背后规律的学科，就是探讨理的学科。

因此，"道是待人来创辟来完成的，其主动在于人。而理则先事物而存在，不待于人之创，其主动不在人。"[3] 在中国传统文化中，没有"人能弘理"一说。韩愈在《师说》中指出："师者，所以传道授业解惑也。"他不说"师者，所以传理授业解惑也。"这寓意深刻。在当今的教育研究中，在论及教师素质时，曾有一些人质疑韩愈的"传道授业解惑"，误认韩愈所说的"道"为既定的、不变的封建之"理"，进而认为韩愈忽视了教师的创造性。这是对"道"的严重误读。韩愈所说的"师"是弘道的儒师，"道"是蕴含着"大学之道"的道统。

当然，在传统文化的教育中并不认为理不重要。"许叔重《说文解字》曰：理，治玉也。又谓：知分理之可相别异也。玉不琢不成器，玉之本身，自有分理，故需依其分理加以琢工。"在中国传统教育中著名的隐喻是"玉不琢，不成器"。它隐喻人的培养与加工玉器一样，需要遵循必然之理。但所作所为都是为了求道，所以隐喻的后面紧接着的是"人不学，不知道"。习近平曾以"玉不琢，不成器；人不学，不知道"鼓励学生学习。这一隐喻成为今天修身的座右铭。在中国传统文化教育中，理的地位在道之下。道可以创造，理不可创造。

在中国传统文化中，道与理是统一的。钱穆说："若我们向外面看

1　钱穆. 中国思想通俗讲话 [M]. 北京：九州出版社，2011：10.
2　钱穆. 中国思想通俗讲话 [M]. 北京：九州出版社，2011：10.
3　钱穆. 中国思想通俗讲话 [M]. 北京：九州出版社，2011：13-14.

世界，可有两种不同的看法，一是看成为一个'道的世界'，一是看成为一个'理的世界'。道的世界是正在创造的，理的世界是早有规定的。实际世界则只是一个，我们可称之为'道理合一相成'的世界。"[1] 人不可能生活在纯粹道的世界，天马行空。孔子说："朝闻道，夕死可矣。"[2] 他一心求道，弘道，七十岁达到了随心所欲（一心弘道）不逾矩（不违反一定的理）的境界。孔子就生活在道理合一相成的世界。

将道理合一相成的世界分开，只讲道或者只讲理，都是片面的。我们可以用马克思主义哲学来阐发"道理合一相成"的思想。卢卡奇指出："亚里士多德所举的造房子的例子，将这一点说明得十分清楚。房子和石头、木材等等一样，也是某种物质存在物。尽管如此，然而在造房子这一目的论设定中却产生了一种和石头、木材等等基本材料截然不同的对象性。无论怎样延展石头或木头的固有的属性以及在石头或木材当中起作用的那些规律和力量，也决不能从石头或木头的单纯的自在存在中'推导出来'一所房子。"[3] 这里，建造的房子就好比道的世界，石头或木头的固有的属性以及在石头或木材当中起作用的那些规律和力量等等好比理的世界。建造活动不考虑材料就无法实现理想的蓝图，只关注材料属性无法推导出一所房子。只有两者结合才能产生房子。人们可以根据自己的喜好建造房子，但是，造房子的活动必须依顺于理。管子说："顺理而不失之谓道。"[4] 依顺于理才能成道。

任何人类实践活动都是目的性设定和理想追求（道的世界）与必然性、因果性（理的世界）的有机统一。自然界没有房子，人通过目的性设定和理想追求的实践活动（道的世界）将自然界中的自在的必然性、因果性（理的世界）变成了合意图的规律，产生出自然界所没有的对象性形式——房子。弘道也是这样，既要从心所欲（有目的与理想）又要

1　钱穆. 中国思想通俗讲话 [M]. 北京：九州出版社，2011：49.

2　论语·里仁.

3　卢卡奇. 关于社会存在的本体论（上卷）[M]. 重庆：重庆出版社，1993：15.

4　管子·君臣上.

不逾矩（依循于理）。如此，才建筑出辉煌壮丽的性命教育大厦。在教育世界中原本没有社会主义德育，马克思主义的理想追求使中国走上了中国特色社会主义教育道路，产生了社会主义德育之道，这道必须依循于理（历史发展规律）。这样，德育就处于"道理合一相成"的世界。

恰恰在性命教育的花园中才看到道理，映照出传统教育学"有理无道"的毛病。传统教育学在绪论或第一章中声明教育学的研究对象是教育现象及其规律，它将自身定位于揭示教育规律的科学，乃至《中国教育大辞典》也如是观。这种教育学丢掉了弘道精神，它以研究教育规律为使命，更像教理学。此理与物理学、生理学、心理学之理一样，是必然之理。传统教育学是求理的学问。固然，物理学、生理学、心理学不能变成物道学、生道学、心道学，但教育学应该成为"教道学"，仅似于"教理学"就有问题。

只求理的教育学，人就如郭象所说的"但当顺之"。有学者指出："在规律面前，人们没有想象或创造的自由；人们唯一要做的就是按照规律行事就可以了。所以教育活动不过是'教育规律'的'例行公事'罢了。谈论教育的主体性、创造性、自由性可以被认为是对规律的破坏。"[1] 这样，人只以旁观者姿态观察既定的教育规律发展的"必然趋势"。人在教育中，就没有自由自觉的活动可言。如果说有自由，这种自由不过是理性地服从规律的命令和受规律支配，充其量是认识规律、利用规律的自由。现在的教育学院都被称为"教育科学学院"，突出了求理的科学特征。去科学化固然不可取，一味地科学化会使人成为科学之理的附庸。

1982 年华中师范学院教育系等五所学校主编的《教育学》指出："教育学是研究教育现象及其规律的一门科学，诸如教育本质、教育目的、教育制度、教育内容、教育方法、教育管理等等，都是教育学所要

1　刘剑玲. 关注教育事件——教育研究的复杂性思考 [J]. 上海教育科研. 2005，（01）.

探讨的问题。"[1] 教育学探讨的任何问题都指向发现客观规律。1985年黄济著的《教育哲学》中指出："教育哲学同其他教育学科的关系，应当是一般与特殊的关系，教育哲学所要回答的问题，应当是教育学科中的带有一般规律性的问题。"[2] 教育哲学与教育学的区分由其研究对象即规律的大小而定。以往的教育学、教育哲学包括德育学，在性质上与自然科学同质，都是对客观规律的种种认识。

李秀林主编的《辩证唯物主义和历史唯物主义》指出："认识是研究思想之外现实世界中某种事物、某种现象的发生发展过程及其规律。""认识论是研究思想认识的发生发展过程及其规律。"[3] 规律是客观的、不以人的意志为转移的，只具认识性质的教育理论就成了价值中立、文化无涉的教育理论。至今为止，仍然有人认为教育理论的唯一理论基础就是哲学认识论。

只求理的教育学只是"传理授业解惑"的教育学。它只传理，不传道；只有"说理教育法"，没有"弘道教育法"，抑制了学生的主体性。有学者指出：在我国的教学理论界有一种"教学认识论"，它认为"知识是'不以人的意志为转移的''客观真理'的化身或'客观规律'的反映，它是普遍的、共同的：不论在专家的工作室还是中小学的课堂里，不论对专家、普通大众还是中小学生及其老师，知识的性质全都一样，改变的只是知识存在或应用的场景，知识本身没有变；知识理所当然应盘踞于课程的核心，甚至是课程的'本质'；既然教学不能像专家的研究那样创造知识，那么教学的作用只能是忠实、高效而灵活地传递'现成知识'；老师的'教'本质上是对知识的传授，学生的'学'本质上是对知识的接受，老师与学生的关系是以知识为纽带的授受关系，这种观点在我国的教学理论界被泛泛地称为'教学认识论'。"[4] 这种教学

1　华中师范学院等编写. 教育学 [M]. 北京：人民教育出版社，1982：1.

2　黄济. 教育哲学 [M]. 北京：北京师范大学出版社，1985：16.

3　李秀林. 辩证唯物主义和历史唯物主义 [M]. 北京：中国人民大学出版社，1982：198.

4　张华. 试论教学认识的本质 [J]. 全球教育展望. 2005，34（06）.

认识论属于传统教育学，它将教育视为传递符合客观规律的知识工具，学生成为承载知识的容器。在教育中，只见学，不见人。"穷理"完全代替了"明道"，学生的头脑变成了"黑板"，被所要掌握的"知识点"写得密密麻麻、重重叠叠，涂抹再涂抹。它只见理的世界，看不见道的世界。在理的世界中，没有情感与意志发挥作用的地方。

教育理论仅止于探讨、发现客观规律和传递这种知识，造成了如下局面："课程与教学围绕知识而形成了一个层层控制的'金字塔'：发现或发明知识的专家高居'金字塔'的顶端，最有权威；广大中小学生因其经验、知识的贫乏，而不得不被压在'金字塔'的底部；教师处在'金字塔'的中间，他们在专家面前只能服从，在学生面前又是权威，其人格是双重的。"[1] 这就形成了知识中心、学科中心、专家与教师中心的教育。

受教育学的影响，传统德育学也将自身定位于揭示德育规律的科学，教育中"我说你听"、"我打你通"的说教与这种教条式的对规律的理解相联系，似乎教育工作者已经掌握了规律，真理在握，受教育者只要听从、按照教育者所说的话去做就行了。这种德育也是唯"理"教育。所以，在德育中只见"说理教育法"而没有"弘道教育法"。

钱穆说："唯理的世界，其实只是一唯物的世界。不仅没有上帝，而且也没有人。此宇宙则仅是一理在主宰而支配着，而此理又只有在物上去求，所以说'格物穷理'。所以此唯理的世界，其实仍是人类所不能忍受的世界。"[2] 教育变成唯理的世界，使性命在教育中失落。生命教育正是基于这种教育现状的反思，突出生命课堂的意义与价值。然而，它需要抓住中国教育的命脉，首倡"性命"。

所谓"率性之谓道"，按照自己的天性去行事即是道。然而，率性而为会出现君子之道与小人之道。孔子说："道不同，不相为谋。"[3] 显

1　张华. 试论教学认识的本质 [J]. 全球教育展望. 2005, 34 (06).
2　钱穆. 中国思想通俗讲话 [M]. 北京：九州出版社，2011：20.
3　论语・卫灵公.

然，道的问题是一个大是大非问题，道远甚于理。在中国传统文化中为教化人类，有尧舜之道、文武之道、孝悌之道、大学之道、中庸之道等等辉煌大道，融铸了具有中华民族特色的教育文明。若祖先只研究个中之理，就会沉沦为尧舜之理、文武之理、孝悌之理、大学之理、中庸之理等等，这种文化恐怕就成了"苟全生命"的文化了。性命教育首先问道、求道而不是问理、求理。

孔子说："人能弘道。"道是由人创造的。理是既定的、必然的，相当于今人谓之规律。性命教育世界是道理合成世界，它遵循一定的必然之理去弘道。只讲道或者只讲理，都是片面的。教育若舍弃了中华文明的道，则"大逆不道"；若完全违背客观规律，一意孤行，则"岂有此理"。教育要志于道，合于理。"道理"是值得德育探讨的大问题，它是两千多年的中国文化思想的结晶。

通常传统教育学认为在教育上中国传统文化中的道理不如西方文化中的道理。翻开这种教育学，在绪论中它往往会写一小段"历史"，即用一小段语言声明中国传统文化从远古到清末（西方教育学未传入中国之前）的教育思想都属于教育学的萌芽。有学者指出："中国教育学的发展历程可以分为'古老而又漫长'的萌芽时期和'年轻而又短暂'的学科建设时期两个时间段。"[1] 该书将中国本土教育学的萌芽阶段指认为从春秋至清朝末年。既是萌芽当然是幼稚，它甚至是比幼稚还低的东西。传统教育学从堆积如山的中国古典文献中硬生生地扒出了"萌芽"，它对传统文化描述与论述得越多，对中国古代教育思想能够理解得就越少。难道以孔子为代表的中国古代思想家与以赫尔巴特、夸美纽斯为代表的理性思想家心灵相通，配合默契？仿佛他们早已经在历史上进行了神秘的"学术分工"，前者提供感性的东西，后者提供理性的东西，在此基础上，形成了各种各样的教育"史"——萌芽期、建立期和繁荣期。仿佛古人早已经为现代教育学操碎了心：凡现代教育学有的，古人

1　丁锦宏. 教育学 [M]. 南京：南京大学出版社，2002：20.

一定以萌芽形式想到了。古人显得既聪明（凡现代有的，一定被古人预见到了并且种下了"种子"）又愚笨（凡种下的种子只能培育到发芽阶段）。教育"史"就是东方的潜在形式、萌芽＋西方的成熟形式、理性之树。

如此，在道理上，中国传统文化中的教育思想无法与传统教育学等量齐观、并驾齐驱。试想，一棵教育学的参天大树和一个刚刚出土的萌芽简直判若天渊。传统文化似乎是一片贫瘠的思想土地，几千年来只有萌芽，放眼望去，见不到一棵树。传统教育学就从来（打西边来）没有看上中国的道理。如果是萌芽，又何必去向古人学习、向历史学习呢？这种对中国传统文化的"斜目之视"，使道与理的关系问题被传统教育学"超越"了。然而，这一道理只能被"超过"（不断地被丰富、发展与提升），不能被"超越"、"跨越"，因为"超越"、"跨越"必然使教育走偏（这常常是偏向理的一边）。试想，传统教育学都不讲道理了，它还有什么道理呢？

教育学学者们普遍认为本土教育理论发展任重而道远。这一"任重道远"的想法应该接续曾子的思想，"道远"是指中华文明的"大道"有着久长的五千年，这一文明的血脉需要不断地传承下去。在教育话语中应该有这一文明的血脉的"血型"，所以教育中人"任重"。性命教育区分于生命教育，它突出了血脉、血型。

区别于其他民族的教育，中华民族的教育处于道理合成的世界，它有道统、有条理，并以道为先，而不是以理为先，更不是唯理是求。孔子说："朝闻道，夕死可矣。"他一心求道、弘道，他所奉行的教育就是弘道的教育。他的学生们都有曾子说的"任重而道远"般的弘道、传道的使命感。子贡说："文武之道，未坠于地，在人。贤者识其大者，不贤者识其小者，莫不有文武之道焉。"[1] 这个文武之道上承尧舜（尧舜之道）禹汤文武周公，下启孔子、孟子（孔孟之道）、董仲舒、朱熹、王

1　论语·子张.

阳明等，它是中华民族文化生命的血脉。历代中国人不断地弘道，前后相继，使"道"沛然流行而莫之能御。如今，沿此道开启民族复兴新天地。弘道使中华民族成为钱穆所说的历史上"最长的时间群"。大学之道的修身、齐家、治国、平天下使弘道的中国人具有国与天下情怀，今天的实现中国梦、构建人类命运共同体是新时代的治国、平天下。

钱穆说："只有在中国，不纯粹讲理智，不认为纯理智的思辨可以解答一切宇宙奥秘。中国人认定此宇宙，在理的规定之外，尚有道的运行。"[1] 中国人认定的宇宙是道理合成的世界，中国人的教育是让道运行的教育。在中国人看来人之性高于犬之性、牛之性，所以人要弘道，所以性命高于生命。生命教育假如没有性、道、教的文化内涵，就没有处于道与理的合成世界。这种教育把人的"生命"提得再高，都难以彰显人的尊严。因为它与民族文明血脉不通。若一个中国人不具中国性，便徒有生命。

"人能弘道，非道弘人"，教育要弘扬中国传统文化的"道"（尧舜之道、文武之道、孝悌之道、大学之道、中庸之道等辉煌大道），不能躺在悠久文化的温床上，靠"道"来扶持自身，装饰自身。道虽在，不去弘扬就会颓废。所谓"文武之道，未坠于地"，教育像接力赛一般，今天的教育要接住以往教育之道的接力棒，不让其坠于地。"大学之道"使身、家、国、天下都系于道，传承大学之道就是将中华文明系在文武之道上。

性命教育代替生命教育的文化逻辑在于前者所讲的道理与传统文化的"道"相通；它的时代逻辑在于教育培养担当民族复兴大任的时代新人，不是弘道的教育就不属于新时代的教育，它要打破的是传统教育学唯理是求的学科逻辑。

生命教育研究文献汗牛充栋，既然看不完这些文献何以断言生命教育没有民族文明的血脉？有，一定有！但只看到生命而看不到性命，不

1　钱穆. 中国思想通俗讲话 [M]. 北京：九州出版社，2011：23.

能将教育置于道理合成的世界，这种教育的血脉一定不太通畅。教育思想的变革不在于概念更新（而本文恰恰显得概念更"旧"，以性命教育代替生命教育），实质性的变革在于抓住民族文明的血脉。笔者绝非试图通过一个概念的简单替换来花样翻新。若把握了实质，随它生命教育、性命教育，皆可。笔者的代替不是概念上的而是教育精神上的代替。

《大学》止于至善就是达到尽善尽美的境界，它好比"人皆可以为尧舜"，但不同于人人皆为尧舜，达到至善需要艰辛路程，这就是八条目。因此，止于至善、为尧舜都需要八条目。如果忽略了这一点，就是告子说的"生之谓性"，将"生"与"性"等同，仿佛人一具有生命就具有了善性而不是善的萌芽，如此，仿佛满街都是圣人了。

二、 道与器

德育要处于"道理合一相成"的世界，还需要弄清道与器的关系。道与器的关系在中国哲学范畴系统中一般是指事物的规律与具体事物，本质与现象，本体与喻体的关系。《易经》说："形而上者谓之道，形而下者谓之器。"道是无形的、精神上的东西，器是有形的、具体的东西。道在形上，形在道下。这里道与器有上下之分，并没有先后之别。唐孔颖达《周易正义》言："道是无体之名，形是有质之称。凡有从无而生，形由道而立，是先道而后形。"这种对道与器关系的解释就有了先后之别。程颐指出："离了阴阳更无道，所以阴阳者道也。阴阳，气也。气是形而下者，道是形而上者。形而上者则是密也。"[1] 这样形而上与形而下之间有了先后之别。另外，在程颐上述话中反映出形而上和形而下具有质的不同，两者不能相互转变。理学思想影响了后世人们对形而上与形而下关系的认识。王夫之说："形而下者只是物，体物则是形而上。形而下者，可见可闻者也。形而上者，弗见弗闻者也。如一株柳，其为

1 程颐、程颢. 二程集《程氏遗书》卷一五 [M]. 北京: 中华书局, 1981.

枝为叶可见矣，其生而非死亦可见矣。所以体之而使枝为枝，叶为叶，如此而生，如彼而死者，夫岂可得而见闻者哉？物之体则是形。所以体夫物者，则分明是形以上那一层事，故曰'形而上'。然形而上者，亦有形之词，而非无形之谓。则形形皆有，即此弗见弗闻之不可遗矣。"[1]这里，王夫之从人的意识对客观事物的关系上去说明形而上与形而下的区别：形而下者是人们感觉的对象，而形而上者存在于可感觉的形而下者之中。人们可以通过形而下去把握形而上，从有形事物中去把握无形的道。

借用《易传·系辞上》"形而上者谓之道，形而下者谓之器"思想来分析《大学》，"大学之道"是使人成为"大人"的道理，它属于传统文化中道的层面，是形而上者谓之道的"道"，是修养的原理，是形而上者；《大学》中的身、家、国、天下属于物，它属于器的层面，是形而下者谓之器的"器"。

传统文化中的形而上学不同于马克思主义哲学中的形而上学。后者是指与辩证法相对立的思想方法，以孤立的、片面的、静止的观点看事物。传统文化中的形而上学是研讨形而上的东西。这种研讨从马克思主义哲学上看可能是辩证法的，也可能是形而上学的。德育既要坚持辩证法，反对与之对立的形而上学，又要积极吸取中国传统文化的形而上学思想，弄清教育中的道与器的关系。

在德育中的道与器关系有三种表现：一是形而上的道要通过形而下的器来表现。教育不虚玄论道，借用王夫之的话"无其器则无其道"[2]，"大学之道"就体现于修身、齐家、治国、平天下之中。德育要通过修身、齐家、治国、平天下器的层面的修养，达到马克思主义的"道"的层面，并且要善于通过器使道昭显。在 H 国的一所学校有包括爱因斯坦在内的四位世界级的科学家塑像，标明了他们的国籍和生死年月。另有两个塑像的底座上是空的，国籍是 H 国，生是一个问号，死也是一

1　王夫之. 读四书大全说（卷二）[M]. 长沙：岳麓书社，1996：506-507.
2　王夫之. 船山全书（第1册）[M]. 长沙：岳麓书社，2011：1028.

个问号。这里，有形的塑像传达了无形的成就动机教育。这种传达有"大象无形"之巧，底座上空无一物，此无即有（召唤着教育培养出杰出人物）；有"大音希声"之妙，树立着的塑像在无声中自有意义深远的"大音"，这种无言之教有时比喋喋不休更能言说。德育应该有这种以器显道的艺术感染力和感召力。

二是道器合一，器不离道。德育以环境育人，要使学校环境的塑造达到形（校园）神（育人之道）兼备的功效。著名教育家苏霍姆林斯基说："校园应是一本活的教科书，让校园的每面墙壁都会说话"。岳麓书院有由朱熹手书的"忠孝廉节"碑，此碑如活的教科书，千百年来向修身者做无声的道说。德育要让道在器中，让墙壁（作为器）能说话（弘道），使学生透过形而下之器见到形而上之道。有学者指出："一些学校楼房越盖越高，占地面积越来越大，在硬件上盲目攀比，追求豪华。校长室向老板室看齐、校园向公园看齐、操场向娱乐广场看齐，靠标志工程撑门面，指望假山、喷泉产生轰动效应。这种现象在有些地方十分普遍，甚至在城郊、乡间的学校也蔓延开来。学校倒是洋气了，但书卷气却起来越少。"然而"所谓大学者非谓有大楼之谓也"，在这种校园建设中有器而无道，校园不会有"活的教科书"的育人气息。

三是君子不器，其志于道。孔子说："君子不器"。意思是君子不应该像器具那样。《礼记·学记》说："大道不器。施于一物。"朱熹注曰："器者，各适其用而不能相通。成德之士，体无不具，故用无不周，非特为一才一艺而已。"[1] 这些解释意谓君子所追求的是"用无不周"的大"道"，而不是局于一曲的小"器"。孔子还说："君子谋道不谋食"[2]，"君子忧道不忧贫"。[3] 君子一心向道、求道。

习近平说："在古代，孔子被推崇为'大成至圣先师'，被誉为'万

---

1 朱熹. 四书章句集注 [M]. 北京：中华书局，1983：57.
2 论语·卫灵公.
3 论语·卫灵公.

世师表'。"[1] 孔子是中国历史上第一位私学教师，冯友兰《中国哲学简史》讲到孔子时以"孔子：第一教师"为标题。孔子对教育作出了突出的贡献。我国有独特的历史、独特的文化、独特的国情，在于它有着五千年的文化积淀，在五千年中，孔子居其中，他承前启后。由孔子所开创的儒家文化对我们的教育思想乃至世界文化产生着深刻的影响。

孔子是弘道的楷模，是教育者效法的榜样。《论语》开篇有三句话可以成为教育者终身奉行的人生格言，它们是"学而时习之，不亦说（悦）乎？有朋自远方来，不亦乐乎？人不知而不愠，不亦君子乎？"[2] 孔子十有五而志于学，开启了"学而时习之"的人生历程。十有五而志于学到三十而立，这是一个不断学习的过程。其学而不厌，从而"有悦"；他三十岁开始招收学生（"朋"指学生），师生亦师亦友，是一件十分快乐的事情。其诲人不倦，从而"有乐"；他五十而知天命，此时孔子的学识很高了，学生不理解，自己也不生气。其仁爱后生，从而"不愠"。有悦、有乐、不愠三者中最难的是"不愠"，理学大师程颢的学生刘立之，跟老师学习了三十年，对老师的评价是"无忿厉之容"。这是"不愠"的最高境界，程颢三十年没有在学生面前面露怒容，其修养何其深厚！

今天的教育者从小学、中学、大学甚至攻读硕士、博士学位，是一个不断学习的过程。同时，在今后的职业生涯中也应该不断学习，从而"有悦"。每逢九月份，新生报到入学，教育者结识了一大批朋友，建立师生友情，从而"有乐"。教育者以生为本，遇到理解不了自己思想甚至产生逆反行为的学生，依然耐心教育，持之以恒地保持"不愠"，培养君子风度。教育者要在"有悦"、"有乐"、"不愠"中弘道。

"有悦"、"有乐"、"不愠"是孔子为教师开启的为师之道。舍此，则沦为器。作为器的教师"无悦"、"无乐"、"有愠"，他们将教师职业

1　习近平. 做党和人民满意的好老师：同北京师范大学师生代表座谈时的讲话 [N]. 人民日报，2014-09-10 (2).

2　论语·学而.

视为"谋食"的饭碗，为了完成教学任务，做一天和尚撞一天钟。知识贫乏是不称职的教师，对教育事业不忠诚是失职的教师。教师应为学生指明生命的方向，让每个学生身上的才华都放射出灿烂的光彩，让每个学生身上蕴藏的智慧火花，都炽烈地燃烧起来，赋予学生生命以意义和价值，这是为师之道，更是为师之德。教育弘道，要让师生成为体现形而上之道的君子。

三、 道与技

道与技的关系历来为中国人所重视。《庄子·养生主》篇中"庖丁解牛"的寓言，典型地体现了"道"与"技"的本质联系。庖丁所说的"臣之所好者道也，进乎技矣"[1]。庖丁看中的不是技艺本身，而是超越于技艺之上的"道"，庖丁出神入化的技艺来自"道"的指引。当"技"达到一定的程度后，便追求天地万物的规律，即"道"。这里，"技"作为一种载体和"道"融合为一。这点与儒家相同，道指引、引导着技。

儒家的道与仁爱联系在一起，技与技艺联系在一起。例如，画家写生是技，写意是道。孔子就是这样一位艺术家，他说："岁寒，然后知松柏之后凋也。"[2] 他从松柏中看到了刚正不阿的人格，开创了以松比德的文化传统，并影响了画家的写意。有学者指出，松竹梅等许多国家都有，然而中国人看到松，便想到"岁寒后凋"；看到竹，便想到"直节中虚"；看到梅，便想到"傲雪迎春"；看到兰，便想到"幽谷传香"。这独独表明中国传统文化的魅力。[3] 这源于孔子开创的以物比德的传统。例如，郑板桥的一首题画诗《竹石》："咬定青山不放松，立根本在破岩中。千磨万击还坚劲，任尔东西南北风。"他画竹"写"出了宁折不弯的人格之"意"。如果绘画仅仅追求惟妙惟肖（技），就不能体现（道），

1　庄子·内篇·养生主.
2　论语·子罕.
3　张开诚. 君子人格与"比德"[J]. 学术月刊, 1995 (12).

这样的画就缺少意境。

在教育中，立德树人为道，提高教学方法为技。在专业化教育的背景下，今天的教育不应该遗忘了传统的"士大夫之学"即"穷则独善其身（士），达则兼善天下（大夫）"。传统教育是让人做圣人、贤人、君子、善人，不做小人。这一文武之道至今仍然需要传承。一位高中生在作文中写道："某科学院的一位杜甫研究专家在一次电视讲座上耗用一个多小时向观众仔仔细细、详详尽尽地讲述了杜甫是如何死于吃牛肉的。末了，那位'知名'的教授还一再强调他是有关杜甫死因方面的专家。呜呼！我们要这样的专家又有何用……若非亲见，我还真当是笑话，但这确实是发生在我们生活中的事，我们未曾想到文化界也已经败落到如此地步了！"今天的学士、硕士、博士和博士后教育是培养专家的教育，他们在专业研究领域有独特的方法与技巧。但是，他们如果仅仅注重方法的训练与提升，研究对象越来越精细、越来越专业化，就可能出现有技无道的精通某一知识领域的一流的匠人。正所谓"攻乎异端，斯害也已"[1]。作为杜甫的研究专家心中要有"道"，杜甫有"致君尧舜上，再使风俗淳"的儒家理想，其"安得广厦千万间，大庇天下寒士俱欢颜"的诗句就体现了文以载道的仁爱思想。借用美国的教育学家乔治·奈勒的话：有技无道的教育，可能是好的教育，也可能是坏的教育，但好则好的有限，坏则每况愈下。教育要追求技以载道，道技统一的境界。

通过道、器、理、技的关系弄清大学之道。大学之道是止于至善，它与器、理、技有一定的联系，它们有这样一种结构：实现形而上的大学之道需要一定的形而下的器（家、国、天下）。追求大学之道要遵循修身的理（规律），所谓"物有本末、事有终始，知所先后，则近道矣"。只有遵循修身的理才能接近道、实现道。只有依据理才能提高修身的技（方法）。

1　论语·为政.

四、 教育的使命在于弘道

习近平指出："要讲清楚每个国家和民族的历史传统、文化积淀，基本国情不同，其发展道路必然有着自己的特色；讲清楚中华文化积淀着中华民族最深沉的精神追求，是中华民族生生不息、发展壮大的丰厚滋养；讲清楚中华优秀传统文化是中华民族的突出优势，是我们最深厚的文化软实力；讲清楚中国特色社会主义植根于中华文化沃土、反映中国人民意愿、适应中国和时代发展进步要求，有着深厚历史渊源和广泛现实基础"[1]，"推动中华优秀传统文化创造性转化、创新性发展，不断提高人民思想觉悟、道德水平、文明素养，不断铸就中华文化新辉煌"。[2] 认真学习和领会这些重要论述，对传承大学之道有重要意义。

中华文化积淀着中华民族最深沉的精神追求之一是弘道精神。儒家吃紧为人，重视修、齐、治、平的大道。孔子说："人能弘道，非道弘人。"[3] "朝闻道，夕死可矣。"[4] 在孔子看来，弘道是君子的使命，人生的意义在于弘道，所以可以朝闻夕死。"玉不琢，不成器；人不学，不知道。"[5] 儒家的"学"围绕着道进行。子路问孔子什么是君子，孔子分三个层次即"修己以敬"、"修己以安人"、"修己以安百姓"来回答。孔子的回答并非仅仅为子路一人，而是为了所有弘道者。孔子说明了道的核心内容是修己安人，大学之道源于孔子的修己安人并延展了这一思想。格物、致知是"知——道"，诚意正心是信道，齐家、治国、平天下是身体力行的"体——道"。

儒家创始人的弘道精神（追求修己安人的目标）决定了中国历史上

1　习近平. 在纪念孔子诞辰 2565 周年国际学术研讨会暨国际儒学联合会第五届会员大会开幕会上的讲话［N］. 人民日报，2014-09-25.

2　习近平. 在纪念马克思诞辰 200 周年大会上的讲话［N］. 人民日报，2018-05-05.

3　论语·卫灵公.

4　论语·里仁篇.

5　礼记·学记.

教育的主流形态是培养社会人才。卢梭说："从我的门下出去，我承认，他既不是文官，也不是武人，也不是僧侣，他首先是一个人。"[1] 杜威提出教育无目的，教育即生长，生长就是为了更好地生长。这种不顾社会发展只追求自我完善的教育不符合中国弘道的教育传统。党的十九大报告提出培养德智体美全面发展的社会主义建设者和接班人，这一教育目标与孔子的君子人格在价值取向上相同。

今天的立德树人也在于弘道，弘大学之道，弘马克思主义的道。正所谓"修道之谓教"。修道、弘道才会有真正的"教师"诞生。马克思主义中国化就蕴含着传统文化中道的精髓。德育要与中国传统文化结合起来，使德育内容与中国传统文化优秀成分相互渗透、相互补益，让德育扎根于中国传统文化之中。海德格尔在《泰然任之》中引约翰·彼德·海贝尔的话："我们是植物，不管我们愿意承认与否，必须连根从大地中成长起来，为的是能够在天穹中开花结果。"[2] 德育这棵大树只有植根于传统文化深处才能伸展到天穹。今天，德育要讲好中国故事，传达中国声音，就要基于中国悠久的历史文化，进行弘道的教育，让中国传统文化的魅力不断扩散，走出国门，走向世界。

鲁迅先生说："我们自古以来，就有埋头苦干的人，有拼命硬干的人，有为民请命的人，有舍身求法的人。"[3] 他们在历史上"光辉若流星"，是中国的脊梁。孔子弟子子贡说："文武之道，未坠于地，在人。贤者识其大者，不贤者识其小者，莫不有文武之道焉。"[4] 正因为在中国历史上不断有人弘道，才使文武之道，未坠于地。

唐代韩愈为了拒斥佛老思想，首次明确地提出了一个儒家的"道统"："尧以是传之舜，舜以是传之禹，禹以是传之汤，汤以是传之文、武、周公，文、武、周公传之孔子，孔子传之孟轲。轲之死，不得其传

1　让-雅克·卢梭. 爱弥儿 [M]. 李平沤译。北京：商务印书馆，2012：15.

2　马丁·海德格尔. 海德格尔选集 [M]. 上海：上海三联书店，1996：1234.

3　鲁迅. 鲁迅全集（第6卷）[M]. 北京：人民文学出版社，2005：122.

4　论语·子张.

焉。"[1] "大学之道"承上启下，上承"文武之道"，下启后世贤良。

"苟不至德，至道不凝焉。"[2] 没有大德就没有大道。《史记》称尧帝"其仁如天，其知如神"。尧帝被誉为儒学之宗，开创了禅让先河。他将天子位置传给了舜，传贤不传子。儒家弘道最早彰显于尧帝"其仁如天"中。《论语》说："君子务本，本立而道生，孝弟也者其为人之本与。"[3] 孝弟为仁爱之本，它是民族繁衍的命脉。孝道由舜与周公弘扬。舜的孝诠释了"天下无不是的父母"。舜生活在"父顽、母嚚、象傲"的家庭环境里，其对父母不失孝道。舜的孝感动了尧，以至于尧将自己两个女儿和王位传给了舜。周公辅政被孔子称为"善继人之志"。周公继承了父亲周文王的志向，辅佐武王打天下，辅佐成王治理天下。成王年幼，周公摄政，流言蜚语传周公要篡位。白居易有首诗，诗中"周公恐惧流言日"，说的就是这时如果周公不幸去世，就可能被误解为奸臣了。周公忍辱负重，平定三监之乱，将天下治理好后，把政权还成王。尧、舜、周公都是有大德成大道，此道是大学之道的源头。

《中庸》说："天命之谓性，率性之谓道，修道之谓教。"率然天性之人，是先觉自悟者也；以之觉后起，是教化之功。儒家真精神是先觉觉后觉。舜与周公都是这种先觉自悟者也。当然，这种先觉自悟并非生而知之，而是从艰难的环境中体悟和磨练出来的。陆九渊说："尧舜之前有何书可读?"[4] 说明成就道德可以从生活中自悟。道德的教养文化从根本上说是识事（世事洞明皆学问）的文化而不是识字的文化。这种先觉自悟是创造性地体道、弘道。德育过程恰如先觉觉后觉，教育者在教学过程中切磋琢磨，创造性地弘道，以自己明白的道理教不明白的人也明白。正所谓"明明德"，发扬祖先的光明德行，己立立人，己达达人，让所有的学生立起身，迈开步，通达修、齐、治、平的大道，使德育利

1　韩愈. 韩愈全集［M］. 上海：上海古籍出版社，1997：120.

2　中庸·第二十七章.

3　论语·学而.

4　陆九渊. 陆九渊集（卷三六）［M］. 钟哲点校. 北京：中华书局，1980：491.

在当代，功在千秋。

舜与周公弘道历经磨难，舜不因父顽、母嚣而不孝，周公不因文王是圣父才孝。弘道的真性情在于爱戴父母，不依据"好有好报、恶有恶报"的想法（类似等价交换的市场原则）来行孝。今天让学生传承中国传统文化，首先要传承孝道，知道历史上弘扬孝道之人，并意识到我们与他们是同样的人（同宗同族，有同样弘道的能力）。

孟子说："舜何人也，余何人也，有为者亦若是。"[1] 学生只要有决心弘道，一样可以成长为舜那样的人。当然，不是与舜一模一样的人，而是像舜那样弘道的人。自魏晋南北朝以来，儒学屡受佛、道冲击，儒学经师地位每况愈下。韩愈推崇儒学，排斥佛老，努力重建儒家道统，对以后儒学的发展，中国思想文化的发展影响很大，对中华民族精神的确立与延续做出重要贡献。韩愈突出儒学之道的核心内容是"仁义"，抓住了儒学的实质，重新彰显了儒学的光辉。"道莫大乎仁义，教莫正乎礼、乐、刑、政"[2]，他著《师说》，感叹"师道之不传也久矣"。柳宗元说："由魏晋氏以下，人益不事师。今之世不闻有师，有辄哗笑之以为狂人。独韩愈奋不顾流俗，犯笑侮收召后学，作《师说》，因抗颜而为师。"[3]

韩愈著《师说》的弘道勇气令人敬佩。韩愈指出："师者，所以传道授业解惑也。"这里的所传之"道"就是《大学》的修、齐、治、平之道，授业就是传授经邦济国的知识，解惑是为学生解除求知过程的疑惑。韩愈说："道之所存，师之所存。""师"的职责就是弘道。今天德育弘道是传承"大学之道"，弘扬修、齐、治、平之道，引发学生的自我教育，从修身做起，从而齐家（有一美好家庭理想）、治国（实现中国梦）、平天下（实现共产主义理想）。教育者担负着传道授业解惑的重任。古今的道、业、惑固然有所不同，但文化的根相同，道的精神相

---

1 孟子·滕文公上.
2 韩愈. 送浮屠文畅师序. 韩昌黎集·第五册 [M]. 北京：商务印书馆，1930：18-19.
3 柳宗元. 答韦中立论师道书. 柳河东集 [M]. 上海：上海人民出版社，1974：540.

通。中国文化以儒家文化为代表，弘道精神体现于儒家的积极入世精神中，德育弘道要传承曾子所谓"任重而道远"的精神。习近平说："'士不可以不弘毅，任重而道远。'国家的前途，民族的命运，人民的幸福，是当代中国青年必须和必将承担的重任。"[1]

在中国共产党第十九次全国代表大会开幕式上，习近平代表十八届中央委员会向大会作报告时指出："坚定文化自信，推动社会主义文化繁荣兴盛。"[2]"文化自信是一个国家、一个民族发展中更基本、更深沉、更持久的力量。"[3] 文化自信与德育的价值认同具有内在联系，增强学生的文化自信，既是增强德育价值认同的基础，也是德育的重要任务。增强文化自信，要让学生知道华夏民族是人类历史上最长的"时间群"。人类历史上有四大文明古国，如今在幼发拉底河和底格里斯河流域的巴比伦王国已经不存在了，尼罗河流域的古埃及文明、恒河流域的古印度文明与现在埃及文明、印度文明是不同的类型，巴比伦、古埃及、古印度的文明已经"坠于地"了，了解那种古代文明需要考古挖掘工作。中国文明较之其他三大文明的特点在于"未坠于地"，创造华夏文明的是炎黄子孙，今天传承这个文明的仍然是炎黄子孙。所谓"文武之道，未坠于地，在人"。[4] 这个文明依然在我们现代人身上。

孔子的"学而不厌，诲人不倦"的精神延续到了教育者身上。它们得以延续，在于弘道者的接力守望，让我们感受到传统文化的壮美和强大的生命力。今天，对于"文武之道"（隐喻中华文明），贤者识其大者，他们掌握了其精髓；不贤者识其小者，他们抓住了其皮毛。德育就要让学生做贤者，把握中国传统文化的精髓。西方文明的摇篮是古希腊

1　习近平. 致全国青年十二届全委会和全国学联二十六大的贺信 [N]. 人民日报，2015-07-25 (001).

2　习近平. 决胜全面建成小康社会夺取新时代中国特色社会主义伟大胜利——在中国共产党十九次全国代表大会上的报告 [M]. 北京：人民出版社，2017：40.

3　习近平. 决胜全面建成小康社会夺取新时代中国特色社会主义伟大胜利——在中国共产党十九次全国代表大会上的报告 [M]. 北京：人民出版社，2017：23.

4　论语·子张.

文明、古罗马文明，钱穆说现在的希腊人、罗马人不会提出复兴他们的传统文明的口号。华夏民族有信念、有志愿、有能力去复兴中华文明，世世代代的龙的传人都有"人能弘道"精神。德育是文化传承活动，使"文武之道"香火不断，传中国文化之香火于天下，使文化之火伸展到天穹，必须要有弘道精神。

　　《道德经》说："上士闻道，勤而行之；中士闻道，若存若亡；下士闻道，大笑之，不笑不足以为道。"[1] 德育要让大学生都成为上士。舜"闻一善言，见一善行，若决江河，沛然莫之能御也。"[2] 舜闻道见道（善言善行中的道）后，其行动力如决堤江河，不可阻挡。舜勤而行之，成为"文武之道"的开路先锋。《论语·公冶长》："子路有闻，未之能行，唯恐有闻。"当子路有所闻而未能行时，怕又有所闻。子路并非真的怕又有所闻，而是怕闻而不行。子路勤而行之，成为孔子弟子中七十二贤人之一。德育要将学生培养成舜与子路那样"闻道，勤而行之"的上士，做"文武之道"的传人。德育在弘道中要善于解惑，不让学生对道半信半疑、若存若亡，成为闻道的中士。德育弘道要树新风、扬正气，防止出现对道鄙视、大声嘲笑的下士。所谓"不笑不足以为道"，它说明道未必人人都懂，只有修养达到一定程度的人才能知道、悟道。韩愈"作《师说》，因抗颜而为师"，就是弘道受到讥笑的例子。德育弘道可能会面临"大笑之"的场面，教育者要有破解"大笑之"的能力。教育不仅有学士、硕士、博士层次之分，而且有下士、中士、上士境界之分。前者基于学历教育视角，后者基于素养教育视角。尚不能说学历教育没有素养教育因素，但仅注重这种教育可能会出现下士的博士即没有传统文化素养的高学历者。德育弘道关注下士、中士、上士之分，这种教育具有层次性，要将下士提升为中士，中士提升为上士。

1　道德经·第四十一章.
2　孟子·尽心上.

第八章 《大学》在场域中情感互动的
文化特色与当代价值

    "场域"（field）是布迪厄社会学中的重要概念。布迪厄说："一个场域可以被定义为在各种位置之间存在的客观关系的一个网络（network），或者一个构型（configuration）。"[1] 在布迪厄看来，有不同的场域。他说："艺术场域正是通过拒绝或否定物质利益的法则而构成自身场域的；而在历史上，经济场域的形成，则是通过创造一个我们平常所说的'生意就是生意'的世界才得以实现的，在这一场域中，友谊与爱情这种令人心醉神迷的关系在原则上是被摒弃在外的。"[2] 德育场域有区别于艺术场域和经济场域的独特特征。

    德育"场域"不是由人与场所、教育者与受教育者诸要素机械相加构成的，它由教育实践关系构成。它是教育者依据一定的社会意识形态，通过教育媒介、方法、内容与受教育者之间互动所形成的以提高思想觉悟为基础的动态的关系网络。每个人都是场域的一部分，并且是构成场域的要素。人与人之间在彼此相互作用中形成场域。在理解德育中的人与物、人与人关系时，应该克服传统哲学内在与超越、主体与客体、表象与被表象者的对子。虽然《大学》没有场域概念，但它有场域互动的视角，它将人际互动视为一个类似场域的东西，不同的人处于不

---

1 布迪厄、华康德. 实践与反思：反思社会学导引 [M]. 北京：中央编译出版社，1998：133-134.
2 布迪厄、华康德. 实践与反思：反思社会学导引 [M]. 北京：中央编译出版社，1998：134.

同的社会结构中就产生了不同的互动场域。人与场域关系是浑然一体的关系，不是主客体关系。大学之道是在场域中的运行之道。借助场域这一视域，分析《大学》的情感互动，可以深入理解大学之道，揭示《大学》的情感互动对当代德育的启示。

　　本章的思路为准确界定德育场域，把握《大学》情感互动的特性。通过分析伦理特色、认同方式、等级秩序、意义整体、仁爱来源等揭示《大学》情感互动的文化特色。最后，在分析《大学》情感互动方式中揭示其当代价值。

一、德育场域

　　马克思指出："有一种唯物主义学说，认为人是环境和教育的产物，因而认为改变了的人是另一种环境和改变了的教育的产物——这种学说忘记了：环境正是由人来改变的，而教育者本人一定是受教育的。因此，这种学说必然把社会分成两部分，其中一部分凌驾于社会之上。环境的改变和人的活动的一致，只能被看作是并合理地理解为变革的实践。"[1] 旧唯物主义者无法解决环境与教育的关系问题。在社会实践中，环境的改变和人的活动或自我改变是一致的。这种社会实践中的环境就是场域。人活动于其中的场域不是与人无关的自在之物，而是人的实践产物。没有教育者与受教育者的相互作用，就没有一个完整的场域。在这种场域中，教育者本人一定是受教育的，教育者是教育场域中实践活动的产物。

　　儒家修身，一以贯之，它破除了内外支离。刘蕺山说："从来学问只有一个工夫，凡分内分外，分动分静，说有说无，劈成两下，总属支离。"[2] 人与环境不能劈成两下，德育只有"一个工夫"。《大学》的身处

1　马克思、恩格斯. 马克思恩格斯文集（第 1 卷）[M]. 北京：人民出版社，2009：504.
2　高海波. 慎独与诚意——刘蕺山哲学思想研究 [M]. 北京：生活·读书·新知三联书店，2016：391.

于家、国、天下之中,这一"之中"不是像"水在杯子之中,衣服在柜子之中"那样处于现成的外在关系之中,人与家、国、天下融为一体。同理,教育者与受教育者在家、国、天下之中也是这种存在关系。在德育场域中,人与环境"是一个相缘相构境,既非主体、亦非客体"。[1] 陆九渊说:"宇宙不曾限隔人,人自限隔宇宙"[2],人与宇宙原本是不隔的,是人将宇宙当作认知对象,才使人与宇宙隔开。正所谓"道不远人,人自远道"。[3] 不隔是人与世界息息相通,融为一体的状态,这就是场域状态。

为了弄清这一问题,必须区分场所、场景与场域。场域固然是具有一定的物理技术筹谋的空间意义——一个场所,然而,它不是一个纯然场所。它并非仅仅是地域性的、单一的、僵固的场所意义上的空间。场所是活动的物理空间,场景是人与物结合产生的情景。这是一种实体的、静态的教育空间。场域是由人与人相互作用产生的不断变化的实践领域,这是一种关系性的、动态的教育空间。场域不是一个实体范畴而是关系范畴。场域对"场"的思考由实体思维(物理空间场所)发展到"关系式思维"(关注人际互动中位置之间的关系)。

可以用足球比赛说明这一点。足球场是一运动场所,即物理空间。运动员进场奏国歌,这是一种赛场情景。从裁判员吹哨到比赛结束之间,运动员场上的运动构成场域。虽然场所(足球物理场)、场景(由运动场与看台、运动员与观众构成)不变,但运动场域处于不断变化之中。场域的境域性是人与人、人与物的互动。临门一脚是即将破门的场域,守门员抱住球是化险为夷的场域,守门员传球是组织进攻的场域。这里,"环境的改变和人的活动或自我改变是一致的"。[4] 在比赛中,运动员充满实践感,他必须明白其他球员的位置及自我应该处于什么样的

1 张祥龙. 海德格尔与中国天道——终极视域的开启与交融 [M]. 北京:生活·读书·新知三联书店, 1997:273.
2 (宋)陆九渊. 陆九渊集 [M]. 北京:中华书局, 2008:401.
3 刘法慈. 刘法慈心解中庸 [M]. 郑州:河南文艺出版社, 2013:191.
4 马克思、恩格斯. 马克思恩格斯选集(第1卷)[M]. 北京:人民出版社, 1995:55.

位置上。这种位置本身在不停地变化着。如果球员认为此时与一分钟前的场域完全一样，他就是一个无法抓住机遇的球员。观众处于赛场情景中，但进入不了场域。场域由运动员活动的位置决定。

德育场域是由人与人相互作用、相互影响构成的教育实践领域。不能把德育分成两部分：一部分是人（主体），另一部分是环境（客体）。进而再将人分为两部分：一部分是高高凌驾于社会之上的教育者（主体），一部分是受教育者（客体）。这样，人与事物都成为不变的实体。这里有着主尊客卑的浓厚等级色彩。当将人与环境、教育者与受教育者分别开来思考时，场域被一而再地一分为二，陷入自我分裂时，人与环境就成为脱离社会实践的抽象的东西。

有德育活动必然有德育场域。不同的身份角色决定着场域，《大学》的情感互动表现为"为人君，止于仁；为人臣，止于敬；为人子，止于孝；为人父，止于慈；与国人交，止于信"的"知止"之中，它产生了不同的场域。场域理论为研究《大学》提供了新的视角，它不简单地关注教育场所、场景，而是关注"活动域"，关注场所中人与人相互作用状态。《大学》的情感互动是场域中的互动，借鉴布迪厄的场域概念，以"关系式思维"对情感互动进行分析，深入到大学之道的情感层面，使我们从一个新的视角看大学之道。

二、 人际场域互动的伦理特色

《大学》的情感互动不能从关系中抽离，它是由仁者爱人的社会关系所构成的互动形式。《大学》以仁爱情感为核心，突出了人际场域互动的伦理特色。情感互动发生于特定的文化和具体情景之中，互动的场域既受文化传统制约，又受交流情景的影响。它具有历史感与情景性，使儒家情感互动具有了特殊的"场域习性"（布迪厄语）。

在场域中，行动者 A 发出某种活动，引发其他行动者 B 的相应行为，导致不同的情感互动行为。《大学》将场域中的情感互动——一系列的相互关联的行为方式综合起来，形成完整的情感互动过程，标画出不同的情感互动路线。情感互动路线是根据修身的道德预设（爱人者人恒爱之、敬人者人恒敬之），对发散性的行为进行加工整理，形成的想象性场域情感互动路线图。它是对场域中道德互动行为想象性重构，对修身者的未来行动提供参照系。它使情感互动不再是一种偶然行为，而是按照仁爱思想关联起来的行为系统。情感互动中的诸要素（德育目标、手段、方法、互动过程）通过场域关联在一起，情感互动形成一个整体形式，整体行动路线大于部分行动，并解释着部分行动，整体成为部分行动的根据。它为修身者的当下实践提供指导，使其知止。

在场域中，情感互动有横向与纵向两个维度，横向是主体与主体之间的互动，纵向是指互动发生在过去、现在和未来的时间系列之中。"通过叙述过去的实践，理解了当下行动的现实条件和依据；通过叙述未来的行动，当下行动取得了意义和方向；通过叙述当下的行动，行动者的实践活动得以展现。"[1] 由过去理解当下情感互动的状态，由未来确定情感互动的意义，由当下将修身活动的过去与未来联系起来。曾子说："吾日三省吾身——为人谋而不忠乎？与朋友交而不信乎？传不习乎？"[2] 涉及这三个方面。通过反省过去已经发生的事情、面向"任重而道远"的未来，对当下的（"为人谋"、"与朋友交"与学习老师传道的内容）道德修为进行调整和不断完善，从而在场域中实现人与人之间正向情感互动。

《大学》不仅有一条规范化的八条目的修身路线，而且有一条在场域中的情感互动路线。前一条线处于明处，是主线；后一条是暗线，是辅线。之所以是暗线，是因为没有像八条目那样明确的表述；之所以是辅线，是因为整个修身路线都贯穿着情感互动路线。辅线是针对《大

1　刘宇. 马克思主义实践哲学视域下的实践具体化和实践叙事问题 [J]. 哲学研究，2018 (6).

2　论语·学而.

学》文本的表述结构而言，而不是针对儒家文化而言。这条线在儒家文化中占有十分重要的地位，不是辅助性的。情感互动是不断变化的，场域总是处于动态之中。

三、普遍性认同和特殊性认同

在场域的情感互动中，《大学》的自我认同有两个层面：一是将自我追求的形象视为道德上的"大人"。"大学"就是让人做一个"止于至善"的大人，这是普遍性认同。个体在场域中处于不同的社会关系的结构性差异之中，普遍性认同只有通过在具体社会关系中的自我认同来实现。否则，它就会落空。二是在具体社会关系中的自我认同。在场域中，由社会关系构成的社会结构不同，人处于不同的社会结构之中，要求不同的行为方式。《大学》说："为人君，止于仁；为人臣，止于敬；为人子，止于孝；为人父，止于慈；与国人交，止于信。"知止包含着止于至善的追求，它达到了某种确定身份（子）的确知状态（孝），"知止"既不是某种客观的现成事物，又不是某种主观的虚构，它是在场域的人际互动中做到恰到好处。"知止"让人认同自我担当的不同社会角色，这是特殊性认同。在场域的情感互动中，认同"子"的存在方式，就是承担起"子"的角色与义务，作为子而行动。"知止"把人引向了一套系列化的"孝"的规范性的活动。例如，《孝经》有着系列规范，与之相应的行为是"孝"的规范性的活动。个体在承担角色与遵守规范中体现出对"孝"的理解，领会父与子的共同存在状态。

在传统社会，人们彼此之间有相互依赖的社会关系，每种关系都有特定的价值理想追求——"君君、臣臣、父父、子子"。例如，舜在孝上达到了极致，在孟子看来，彰显了人性的光辉。成为舜那样的人就是有着特定的价值理想追求。这决定了场域中人与人的互动处于不对称关系。场域是由君、臣、父、子、朋友等等五伦关系构成的互动空间。如何互动是由人在场域中所处的位置决定的。人首先作为角色与事物照面。人的活动受被儒家文化解释的社会角色所限定。人通过认同这些角色找到了生活的意义。一个角色只有与其他角色相关联时，才是其所是，绝缘的、孤立的角色是没有意义的。"伦"是一种关系性存在。在五伦中扮演的角色是关系性范畴，子与父、臣与君，没有前者就没有后者。众多角色形成了封建社会的社会关系总和。道德也是关系性范畴，孝在子与父中获得了它的意蕴。进入特定情感互动场域的人要掌握场域的运作法则，每个人都要"知止"，将各种规范引入诸种关系之中。社会交往在义务与责任中进行，做君（现实的君）的一定要像君（理想的君），表现出仁，现实之"是"为"应该"所引导。人首先要明确在特定的场域中"我应该是谁"、我的角色，所以要"格物"、"致知"、"知止"，寻找关系性"自我"，由对角色的认知产生相应的互动行为路线。知道在什么场合下，哪种行为是合适的，哪种行为是不合适的。

四、 等级秩序和意义整体

儒家的仁爱有等级秩序。舍勒相信，在精神世界"存在着一种心的秩序、心的逻辑、心之数学，它像演绎逻辑的定律和推论一样严格、客观、绝对和无懈可击。"[1] 心的秩序是形成道德明察力的前提。孟子说："亲亲而仁民，仁民而爱物"[2]，这是有序的爱，可以说是儒家心灵秩序。仁爱开启的心灵世界像"数学天文学的世界一样宏大、壮观、丰富、和谐"。[3] 在这个等级秩序中，存在着价值差异，"亲亲有术"，"爱有差等"，低位价值不能置于高位价值之上。"爱无差等"就扰乱了儒家心灵秩序，造成心的失序。舍勒说："恨只是我们的心灵和性情对破坏爱的秩序的反抗。"[4] 这话适用于孟子。孟子说："杨氏为我，是无君也。墨

1 马克斯·舍勒. 爱的秩序 [M]. 北京：北京师范大学出版社，2017：113.
2 孟子·尽心上.
3 马克斯·舍勒. 爱的秩序 [M]. 北京：北京师范大学出版社，2017：114.
4 马克斯·舍勒. 爱的秩序 [M]. 北京：北京师范大学出版社，2017：125.

氏兼爱，是无父也。无父无君，是禽兽也。"[1] 孟子对杨氏、墨氏驳斥，将他们视为"禽兽"，源于他们的学说扰乱了心灵秩序。

可以从舍勒的"心的秩序"视角理解大学之道。在儒家的心灵秩序中，通过情感迁移，由爱亲人发展到爱百姓、爱万物，由齐家发展到治国、平天下。《大学》修身的认识与行动奠基于有序的爱。

《大学》的仁爱有内容意义、关系意义、扩充意义与落实脉络。许慎在《说文解字》中说："仁，亲也，从人，从二。""亲，密至也。""人二，即二人。"第一，仁有内容意义，仁者爱人；第二，仁有关系意义，它生成于人与人之间，"从人，从二。"；第三，仁有扩充意义。仁爱是在场域中发生性的东西，不是现成性的定义化的东西。《大学》说："为人君，止于仁；为人臣，止于敬；为人子，止于孝；为人父，止于慈；与国人交，止于信"。它说出了仁爱的扩充意义，仁爱是在与君仁、臣敬、子孝、父慈、友信的关联中被规定的。《大学》将仁爱运用于具体场域，仁、敬、孝、慈、信是仁爱的扩充意义，它们指向君、臣、子、父、友特殊领域。扩充意义使仁爱思想得到充实；第四，仁爱有落实脉络，《大学》间架的三纲领、八条目就是一个仁爱落实脉络。内容意义、关系意义、扩充意义、落实脉络构成《大学》的仁爱意义整体。

五、仁爱来源

仁爱来源有三个方面：第一，自我意愿。它发生于内心。儒家认为君子求诸己，小人求诸人。道德修养是一种自我完善，道德的真理源于将心比心、推己及人的忠恕之道。因此，《大学》提倡絜矩之道，其方法如荀子的"以五寸之矩，尽天下之方"。道德行为的合理性与不合理性的判断来自内心。道德的形成源于同情心，源于以己度人的移情能力，仁爱道德奠基于此。与此联系的教化原则是内省，《大学》说："君

1　孟子·尽心上.

子有诸己，而后求诸人。无诸己，而后非诸人。所藏乎身不恕，而能喻诸人者，未之有也"[1] 就是内省方法。

第二，社会期待。它发生于人与人之间的互动。内省的以己度人，产生移情力，使人与人相互理解。我、你、他掌握絜矩之道，就使主体性发展到主体间性，小我成为大我。在传统社会中，自我是关系中的自我，人与人的关系是规范性关系，规范性关系的维持基于人们共同的价值观。社会期待着人的言谈举止与规范性关系相符合。仁、敬、孝、慈、信不是客观、中立的知识，而是基于共同体的共同价值观所形成的道德规范性知识。它们没有真伪之分，只有合法与不合法之别。五伦的社会关系为仁、敬、孝、慈、信提供了时空场域，这一场域弥漫于社会的各个角落。只有在特定的人与人之间的互动场域中，仁、敬、孝、慈、信才能发挥作用。行为者根据他们在时空场域中所处的位置调节自己的行为。这种情感互动既有自我对内隐性行为动机的自知，又有彼此对互动行为外显性结果的共知。行为者在特定的场域中形成的行为习惯具有稳定的延伸性，使仁、敬、孝、慈、信的行为具有常规性。这种常规性是由遵循众所周知的规范养成的，它是生活世界得以有序发展的必要条件。与此联系的教化原则是榜样示范。当然，普遍的规范奠定于自我约束之中，社会期待要在自我意愿中找到依据。

第三，圣人感召。它发生于圣人之言的教诲。孔子说"畏圣人之言"。[2]《大学》也畏圣人之言，"子曰，于止知其所止，可以人而不如鸟乎？"《大学》的知止来自于圣人的启示。与此联系的教化原则是灌输。仁爱行为是在自我意愿、社会期待和圣人感召三重作用下产生的行为。它们是道德行为正当性的依据。在互动中，个体行为把家（父慈子孝）与国（君仁臣敬）的伦理义务联系起来，个体性的自我意愿、主体间性的社会期待、超越主体间的圣人感召三者相互协调、相互补充。

1　杨荣春. 先秦教育论著选［M］. 北京：人民教育出版社，1997：681.
2　论语·季氏.

六、 情感互动方式

布迪厄说："根据场域进行思考就是从关系的角度进行思考。"[1] 儒家的仁爱是从现实的社会关系——五伦关系互动进行思考与界定的。它体现了场域互动的民族特色，互动的指向是传承"文武之道"。"止于至善"作为场域的核心价值观赋予场域以修身的意义，影响着各种关系。仁爱构筑各种关系结构，所谓："为人君，止于仁；为人臣，止于敬；为人子，止于孝；为人父，止于慈；与国人交，止于信。"它反映了情感互动涉及具体的社会阶层属性。父慈子孝是在具体的社会阶层互动的场域中发生的情感，这一场域的界限由父子关系决定，超出这一关系，就进入其他不同的情感关系，产生了不同的场域。例如，儒家的移孝作忠。《大学》的情感互动方式对当代德育有积极的启示。

第一，上位先行。

场域不是定型的领域，而是一个变化着的领域。权力的位置影响着情感关系，情感关系的性质取决于上位统治者并决定着场域的状态。在情感互动前，人有一种仁爱价值观指导，在互动中，使仁爱思想得到充实。孔子说："君使臣以礼，臣事君以忠。"[2] 这是君臣双方互动，敬不是臣一方单一行为，它需要君对臣以礼相待。君与臣的仁爱行为都是一种主动发出的行为，不是由纯粹以对方的行为奠定基础的回应性行为。仁爱不是一种回应之爱，主动性行为价值高于回应性行为价值。纯粹回应性行为像等价交换一样，根据酬报原则，按照比例回报。例如，在德育中曾经有过"感情投资"的说法，这种爱就沾染上功利色彩，就是纯粹回应性行为。

在场域中，个体在五伦的不同关系中通过对对方行为的意义诠释，

---

1   布迪厄、华康德. 实践与反思：反思社会学导引 [M]. 北京：中央编译出版社，1998：133.
2   论语·八佾.

调整自我，产生不同的互动行为。主动性行为中伴随着回应性行为（注意：不是纯粹回应性行为），若 A 方输出正向价值信息，B 方输出负向价值信息，在这种交往中，A 方的状态难以一直维持下去。在场域的情感互动中，A（君）行为（仁）引发 B（臣）行为（敬）；A 作出回应，又引起 B 的回应，不断循环巩固着既定的社会秩序。情感互动表现为 A（理解主体）、B（理解客体行为）与 B（理解主体）、A（理解客体行为）的双向互动。个体行为影响他人的期待、决定他人是否坚持相应的行为规范。

孟子说："君之视臣如手足，则臣视君为腹心；君之视臣如犬马，则臣视君如国人；君之视臣如土芥，则臣视君如寇雠。"[1]《颜氏家训》说："父不慈则子不孝，兄不友则弟不恭，夫不义则妇不顺矣。"[2] 它们都在说明在场域中处于上位的互动行为影响着下位的行动路线，上下互动的关系性质取决于上位的行为导向。君、父、兄、夫是臣、子、弟、妇的榜样，前者对后者有规范与引导作用。

《大学》说："所谓平天下在治其国者，上老老而民兴孝，上长长而民兴悌，上恤孤而民不倍，是以君子有絜矩之道。"絜矩之道要求处于上位的人首先起表率作用。今天的德育借鉴絜矩之道，要求教育者以身作则。《大学》说："君子有诸己而后求人，无诸己而后非诸人。"自己有优秀品德，才能要求别人有优秀品德；自己没有不良品行，才能批评别人的不良品行。倡导"大学之道"，吸取《大学》中"絜矩之道"的仁爱之心，有助于德育者在教育实践中己正正人，己立立人，己达达人。

第二，有正有反。

儒家是从文化情感而不是个体情绪思考情感互动，情感互动不是处于一个脱离了文化的中性情景中。仁爱文化场域不是永恒不变而是变动

1　孟子·离娄下.

2　颜之推. 颜氏家训 [M]. 北京：中国华侨出版社，2014：36.

不居的结构，存在着有正有反的动态结构。孟子说："爱人者，人恒爱
之；敬人者，人恒敬之"，[1] 这种良性情感互动，激发着仁爱情感。仁爱
情感基于交互主体间的承认。它是爱者出于爱、接受爱再呈送爱的过
程。孟子说："戒之，戒之！出乎尔者，反乎尔者也。"[2] 意为：你用一
种不义的行为对待别人，别人也会用一种不义的行为来对待你。在这样
的情感互动中双方产生的是否定性情感，它侵蚀着仁爱情感。在正向的
情感互动中，自己与他人的目标达成存在着正相关。在负向的情感互动
中，自己与他人的目标达成存在着负相关。

　　基于上行下效的历史观察，《大学》对上位的品格与下位的品行之
间有着因果关系的期许。它说："尧舜率天下以仁而民从之，桀纣率天
下以暴而民从之。其所令反其所好，而民不从。"尧、舜力行仁道，民
众跟随他一起兴仁兴让；桀、纣以暴治国，天下人也跟从他作恶，所以
天下大乱。这是因果解释，它解释了"从之"、"不从"是由于"什么"
而产生的。君王发出的命令，违背了人民的意愿，民就不会遵守。《大
学》举了尧、舜、桀、纣四个正反例子说明有正有反的情感互动。只有
正向的情感互动才能为仁爱提供可持续支持。这种情感互动方式扎根于
民族心理之中，影响着现代的人际交往。

　　情感氛围是实现教育目标不可或缺的条件。在德育中，仁爱意义来
自于师生互动之中，人们通过互敬互爱行为持续创建着仁爱场域。师生
关系并非处于一种正向的单一的互动状态，而是处于合作与冲突的复杂
变换的状态之中。在师生情感互动中，可能走向积极方面，也可能走向
消极方面。现在心理学中揭示了两种相反的情感期待效应：一种是盖拉
蒂效应，它与皮格马利翁效应相同。教师对学生抱有高期待，在与学生
交往中，给予赞美、信任和期待的暗示信息，让学生意识到教师的期
望，学生接受教师的期待作出积极反应，并被教育者观察、体验到，进

1　孟子·离娄下.
2　孟子·梁惠王下.

一步增强教师的期待，又给受教育者进一步鼓励，形成持续的良性循环。

另一种是戈莱姆效应：教师对学生发展抱否定态度，给予学生低期望，在与学生的交往中有冷漠、训斥、苛求的行为。学生了解了教师的想法后，自信心受到伤害，对教师产生逆反心理，教师观察后又增加了对受教育者的低期待，形成恶性循环。教师的情感期待（正负）可以促使学生向教师所期待的方向发展。在爱有差等、偏爱学习成绩好的学生、冷漠学习成绩差的学生的互动中，可能引发上述两种不同的互动。只有以仁爱交换仁爱，一视同仁对待学生，才能引发盖拉蒂效应。

这两种情感互动的正与反的情感方向与儒家情感互动相吻合，说明儒家所揭示的情感互动在一定程度上具有普遍意义。情感互动方式不仅存在于"爱人者，人恒爱之；敬人者，人恒敬之"的有意识层面，而且存在于盖拉蒂效应这种暗示教育的无意识层面。德育需要继承儒家情感互动思想，形成"当仁，不让于师"的平等、教学相长的良好氛围。教育过程是预设与生成的统一，预设中就包含着积极的情感指向以激发学生积极情感的生成。教育者应当保持良性的预设与生成的张力，在教育中以爱交换爱，以信任交换信任，调动学生的情感活动，实现德育正向的情感互动。

学生处于世界观和品德发展的关键期，具有很强的可塑性。在德育场域中，不同方向的情感互动会使学生的成就动机更高或更低，甚至影响与改变学生的发展方向。朱熹说："人之本心不明，一如睡人都昏了，不只有此身，须是唤醒方知。恰如瞌睡，强自唤醒，唤之不已终会醒。某看来，大要工夫只在唤醒。"[1] 教育就是唤醒，正向的情感互动具有激发起学生高成就动机的功能，使师生形成仁爱互动。教育者通过语言提示、肢体语言表露、表情暗示等产生教育的皮格马利翁效应，在有意识层面与无意识层面形成对学生高期待，使学生体验到自我实现的愉快，

1 朱熹. 朱子语类（八）[M]. 北京：中华书局，1986：2978.

在正向情感互动中培养担当民族复兴大任的时代新人。

列维那斯提出了"非对称伦理",他说:"非对称的伦理反而更现实,因为我不能对他人有所要求,不可能强求他人与自己发生一种相互性的关系,我只能要求为他人负责。"[1] 列维那斯的观点可以进一步丰富情感互动的视角,教育者的情感付出并非以"感情投资"一般计较着情感回报,这种付出是非功利的。"非对称伦理"适应于个体之间的交往。从整个社会发展上看,所有教育者的情感付出一定能够产生"对称伦理",促进全社会的良性情感互动,形成"爱人者,人恒爱之;敬人者,人恒敬之"的社会氛围,促进和谐社会的发展。

第三,爱人以德。

孔子说:"为政以德,譬如北辰,居其所而众星共之。"[2] 居上者要以德感人,以德聚人。教育家孔子本身就像北极星,其弟子如众多星辰环绕着他运转。即使在孔子最艰难的时候,其七十二贤无一人不尊敬他,无一人背叛他。孟子说:"以力服人者,非心服也,力不赡也;以德服人者,中心悦而诚服也,如七十子之服孔子也。"[3] 倚仗势力征服别人,别人并不是打心里服从他,而是出于力量不足的原因。凭借德行使别人归附自己的,别人是心悦诚服,像孔子门下七十二贤拜服孔子一样。恩格斯指出:"我们不知道有任何一种力量能够强制处在健康清醒状态的每一个人接受某种思想。"[4] 强制接受是违背心愿的接受,"非心服也,力不赡也"。

今天教育需要居上先施,其所施为德。数学教师可以用一课时让学生掌握圆周率,德育教师很难让学生在一课时掌握尊重。课堂讲授尊重只能让学生掌握尊重的观念,却学不会尊重行为。学生如何尊重他人可以在师生互动中学习。盖拉蒂效应的情感互动就具有这种教育效果,它

---

1 列维那斯. 塔木德四讲 [M]. 北京:商务印书馆,2002:121.

2 论语·为政.

3 孟子·公孙丑上.

4 马克思、恩格斯. 马克思恩格斯选集(第1卷)[M]. 北京:人民出版社,1995:60.

具有渗透性（渗入学生心灵）与弥漫性（弥漫于整个课堂）。教师的尊重信号通过教学行为（间接德育）间接体现出来，使学生在良性互动中学会尊重。

《大学》主张修身为本，并说："德者，本也；财者，末也。"德是根本，财是枝末。今天的德育为了防止出现负向的情感互动，实现立德树人的目标，教育者需要作出表率，以德服人。在教育中教师不诉诸地位权威而诉诸素质权威，前者由教师在教育组织中所处的地位构成，后者由教师个人魅力、学识、智慧等等因素构成。诉诸地位权威形成"以力服人"、"以大压小"的权势；诉诸素质权威形成"以德服人"、"心悦诚服"、"如沐春风"的教育氛围。

教师不是简单获得一个称谓，教育者并不具有天然的教育权利。从根本上说，权利是由德行赋予的。成为教育者的过程是教师德性自我提升过程。在德育中，教育者要克服教师主体、学生客体的主客体模式，不能将学生视为消极、被动的客体，而是将教育过程视为教师与学生平等的主体间交往过程，使教育过程由单纯知识传递过程变成双向交往过程，使教育关系由主体客体型向主体间互动关系型转变。

第四，导之以行。

《大学》的修身以齐家、治国、平天下的修身实践为媒介，从中领会道德的意义、角色（个体在家、国、天下中的角色）与义务（为人子，止于孝；为人臣，止于敬，等等）。结构主义学者霍克斯指出："在任何既定情境里，一种因素的本质就其本身而言是没有意义的，它的意义事实上由它和既定情境中的其他因素之间关系所决定。"[1] 这话同样适用于儒家仁爱。仁是关系性范畴，它作为单独因素没有意义。在场域中，人们处于相互依存的结构性关系之中，只有君在一定情境中与对应的臣发生相互作用，"仁"才显现意义，意义出现于互动之中。在共同体中，修身者是彼此合作的一员。修身要走向齐家、治国、平天下，个

1　焦秋生. 哲学与教育课程论题：关系、结构与过程［M］. 济南：山东大学出版社，2015：4.

体在家、国、天下的关系中才能求证自我、揭示自我、发展自我。道德
判断与选择的能力、体谅与情感迁移能力都在情境性互动中得以学习和
发展。杜威指出："实践活动所涉及的乃是一些个别的和独特的情境，
而这些情境永不确切重复。"[1] 情境（就是本书所指的场域）具有独特
性、不可重复性。情景固然具有空间性，但不是全然由空间性决定的，
它是由选择修身的"决心"决定的。孜孜为善者与孜孜为恶者因"决
心"不同而场域不同。人始终处于一个场域之中，并带着他的过去的经
验不断地进入一个新的场域之中。修身者只有通过一个个具体场域中的
互动，才能扩展与完善自我的修身样式。

这一导之以行的道理启示当代德育，教育中的师生关系不是主客二
分的主体与客体、控制与被控制、规训与被规训关系。道德学习受社会
关系互动的塑造，是对社会实践的参与与理解。互动是学习的重要资
源，只有通过知行合一，在社会实践中修身，如切如磋，如琢如磨，才
能创造极新极美的人格。互动是学习的基本形态，没有互动的纯粹认知
性学习只是掌握了一个"脱域"的抽象观念。

德育学习者处于共时性与历时性两种时间中，道德学习是共时性知
识结构与历时性知识体验的统一。道德理论具有去场域化的特征，道德
学习具有场域性。尊重他人作为一个知识点，具有普遍的共时性特点。
在场域中，个体理解它是一个内在体验的当下发生的过程，个体在自己
的经验和体悟中对它的意义进行体验和重构，具有特殊的历时性特点。
在时空场域中，对尊重他人这一道德原理的掌握是普遍的知识的共时性
与个体知识发生过程的历时性相融合的过程。共时性知识结构可重复，
历时性知识体验不可重复。道德学习是学习者将这两种时间加以调和的
过程。道德知识必须进入学习者的时间经验之中。如果两种时间性平行
无交叉，教育就成为一种单向度的灌输。学习是文本知识与生活事件不
断发生关联的过程。

1　杜威. 确定性的寻求 [M]. 上海：上海人民出版社，2005：3-4.

第九章　当代德育的"真止"

　　刘蕺山说："《大学》之教总归'知本','知本'归之'知止'"。[1]
他将"知止"定为"真止"。他说："乃见真止，定、静、安、虑，次第
俱到。"[2]　实现了真止，修身的其他几个环节随之都可以达到。真止，
"通乎心、身、家、国、天下"[3]。当代德育实现"真止"，一是在明明德
与亲民中实现举旗帜、聚民心、育新人、兴文化、展形象的德育历史使
命；二是在"知止"中实现从固化德育向"三因"德育转变；三是追求
止于至善的幸福观教育；四是让大学之学成为觉悟之学。

一、　在明明德与亲民中实现历史使命

　　中国特色社会主义进入新时代，习近平在全国宣传思想工作会议中
指出举旗帜、聚民心、育新人、兴文化、展形象，这不仅是新形势下宣
传思想工作的历史使命，而且是新时代德育的历史使命。它反映了习近
平"把方向、抓大事、谋全局"的战略思想，体现出"以'登东山而小
鲁'、'登泰山而小天下'的气度和胸襟，始终把全局作为观察和处理问
题的出发点和落脚点，以全局利益为最高价值追求，以世界眼光去认识

1　吴光. 刘宗周全集（第三册）[M]. 杭州：浙江古籍出版社，2007：496.
2　吴光. 刘宗周全集（第三册）[M]. 杭州：浙江古籍出版社，2007：408.
3　吴光. 刘宗周全集（第三册）[M]. 杭州：浙江古籍出版社，2007：374.

政治形势"。[1] 这一使命不是"枝叶工夫"而是"寻源工夫",它植根于
"中华民族的基因"、"民族文化血脉"和"中华民族的精神命脉"之中。

1. 举旗帜

"举旗帜,就是要高举马克思主义、中国特色社会主义的旗帜,坚
持不懈用新时代中国特色社会主义思想武装全党、教育人民。"[2] 旗帜问
题至关重要。历史经验充分说明,举什么旗、走什么路,决定我们前进
的方向,关系党和国家的前途命运。当代德育要以马克思主义、习近平
新时代中国特色社会主义思想和党的十九大精神为指导,增强"四个意
识"、坚定"四个自信",提升广大学生在理想信念、价值理念、道德观
念上的认识,使其理解、认同、接纳和践行社会主义核心价值观,从而
提高德育成效。对德育者来说,做到这一点,首先要掌握马克思主义方
法,在新时代,与时俱进地赋予德育新的本质内涵。举旗帜需要扎根于
深厚中华文化根基之上传播马克思主义。

习近平新时代中国特色社会主义思想是新时代马克思主义中国化的
具体形态,这一思想使儒家思想现代化与马克思主义中国化同向而行。
在新时代,习近平赋予德育育新人新的内涵——培养能够担当民族复兴
大任的时代新人。习近平指出:"坚持办学正确政治方向。《礼记·大
学》说:'大学之道,在明明德,在亲民,在止于至善。'古今中外,关
于教育和办学,思想流派繁多,理论观点各异,但在教育必须培养社会
发展所需要的人这一点上是有共识的。"[3] 坚持办学正确政治方向就是举
旗帜,它与"大学之道"有"共识"。

当代德育要继承大学之道,通过创造性地转化,使《大学》的培养
模式服务于今天的人才培养,让学生在明明德(弄通马克思主义)与亲
民(投身于中国特色社会主义的伟大实践)中举旗帜。

1　习近平. 之江新语 [M]. 杭州:浙江人民出版社,2007:20.
2　习近平在全国宣传思想工作会议上强调:举旗帜聚民心育新人兴文化展形象更好完成新形势
　　下宣传思想工作使命任务 [N]. 人民日报,2018-08-23.
3　习近平. 在北京大学师生座谈会上的讲话 [M]. 北京:人民出版社,2018:5.

2. 聚民心

"聚民心，就是要牢牢把握正确舆论导向，唱响主旋律，壮大正能量，做大做强主流思想舆论，把全党全国人民士气鼓舞起来、精神振奋起来，朝着党中央确定的宏伟目标团结一心向前进。"[1] 当代德育要将聚民心——聚学生之心作为工作的中心环节。所谓"落其实思其树，饮其流怀其源"，聚民心要培养学生对传统文化的认同感，在此基础上使学生产生中国特色社会主义文化的向心力。

在提升德育凝聚力方面，教育者具有主导性，他通过设定目标、选择手段、实践操作等等活动主导着德育活动，影响着德育状态。如果教育者不能引导学生朝着党中央确定的宏伟目标团结一心向前进，教育活动没有了主导方向，就归于失败。教育者如何发挥主导力量呢？

一是要传承《大学》的絜矩之道。孟子说："爱人者，人恒爱之；敬人者，人恒敬之"。[2]"戒之，戒之！出乎尔者，反乎尔者也。"[3] 情感互动，有正有反。正向的情感互动产生价值凝聚力量，负向的情感互动产生价值冲突。使当代德育产生价值凝聚力量，需要借鉴《大学》的絜矩之道，使教育者以身立教，达到"其身正，不令而行"的教育效果，从而让学生爱其师，信其道。

二是传承《大学》的修身为本，《大学》说："自天子以至于庶人，壹是皆以修身为本。"上至天子下到百姓全部都以修身为根本。习近平说："做人做事第一位的是崇德修身。"[4] 这与《大学》修身为本意义相同。整个教育活动最终是要让学生精神振奋起来，实现自我教育、自我提升，将学习与实践活动融入到中国特色社会主义的实践活动中去，凝心聚力，为民族复兴而奋斗。

三是借鉴《大学》八条目，强化学生的正向态度。学生对德育的态

---

1 习近平在全国宣传思想工作会议上强调：举旗帜聚民心育新人兴文化展形象更好完成新形势下宣传思想工作使命任务 [N]. 人民日报，2018-08-23.

2 孟子·离娄章句下.

3 孟子·梁惠王下.

4 习近平. 习近平谈治国理政 [M]. 北京：外文出版社，2014：173.

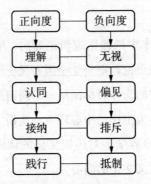

受教育者的正向度与负向度的态度

度有两个向度，正向度和负向度。正向度包括理解、认同、接纳、践行。正向度产生具有向心力的学生。负向度包括无视、偏见、排斥、抵制。负向度产生具有离心力的学生。

教育者要最大程度地争取正向度的学生，转变负向度的学生，壮大正能量，化解负能量。当代德育包括两个方向的态度转化工作，一个是正向强化，使学生对德育的态度由理解到认同、到接纳再到践行，使其向心力越来越强，正能量日益壮大。另一个是逆向转化，使学生由无视变理解，偏见变认同，排斥变接纳，抵制变践行，使学生由离心力转变为向心力，化解负能量。通过正向强化与逆向转化使教育由"有意影响"向"有益影响"发展。《大学》的八条目中格物、致知蕴含着理解，诚意、正心蕴含着内心真诚地认同与坚定地接纳，齐家、治国、平天下是践行。借鉴《大学》的八条目，通过新时代的格物、致知、诚意、正心、修身、齐家、治国、平天下，使学生朝着党中央确定的宏伟目标团结一心向前进。学生负向态度越弱小乃至消失，正向态度越强烈，凝聚力就越大。

3. 育新人

"育新人，就是要坚持立德树人、以文化人，建设社会主义精神文明、培育和践行社会主义核心价值观，提高人民思想觉悟、道德水准、文明素养，培养能够担当民族复兴大任的时代新人。"[1] 这涉及新时代中国特色社会主义思想在教育上的构建，德育过程就是"育新人"的过程。宋儒程颐、朱熹解"亲民"为"新民"，认为大学之道要让受教育者做新的人民。今天，培养能够担当民族复兴大任的时代新人，就是做新民。任何一种育人活动，都包含着价值、认识与实践三重关系，它们分别属于想与做两个层面。

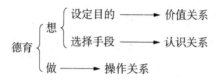

价值关系、认识关系、操作关系分别与教育的根本问题相一致。

一是价值关系，它涉及"培养什么人"的问题，涉及教育目标。没有目标，教育就是盲目的。德育目标就是"育新人"，培养能够担当民族复兴大任的时代新人。这种人必然是传承着"大学之道"的人。"大学之道"博大深微，《大学》提出"德者本也"的思想。2018 年 5 月 2 日，习近平总书记在北京大学师生座谈会上的讲话中说："'才者，德之资也；德者，才之帅也。'人才培养一定是育人和育才相统一的过程，而育人是本。人无德不立，育人的根本在立德。这是人才辩证法。"[2] 这一人才辩证法体现了对《大学》的"德者本也"的思想传承。在"培养什么人"上，德育需要继承大学之道。《大学》培养修己安人、内圣外王的君子。育新人是培养新时代的修己以安人的君子，让受教育者做"仰不愧于天，俯不怍于人"的新时代"新民"。

育新人是一个连续性的育人活动，它有两个独特的延展向度：过去与将来。它拥有过去，包含着回忆性形象——大丈夫人格；拥有将来，

1　习近平在全国宣传思想工作会议上强调：举旗帜聚民心育新人兴文化展形象更好完成新形势下宣传思想工作使命任务 [N]. 人民日报，2018-08-23.
2　习近平. 在北京大学师生座谈会上的讲话 [M]. 北京：人民出版社，2018：5.

包含着期望性形象——时代新人。作为回忆的内容和期待的内容直接作用于今天的育新人活动，这是过去（回忆）、现在（育人实践）与未来（期望）相互作用的三位一体活动。育新人具有修身活动的独特时间结构，它体现为过去、现在与未来都以在场方式相互勾联，它不同于客观时间——时钟的过去、现在与未来的线性三维结构，三维并非共同在场。育新人以未来为引导，培养担当民族复兴大任的时代新人，这一趋向未来的活动越来越有力地以复兴的形式传承着过去。

二是认识关系，它涉及"如何培养人"的问题。在确立价值目标之后，从认识上探讨实现目标的教育规律。罗钦顺指出："明道先生尝释知觉二字之义云：'知是知此事，觉是觉此理。'"[1] "如何培养人"要解决知觉问题：知道教育之事，觉悟到教育之理。教育者不能以互不联系的经验安排教育活动，教育要由无序之经验到有序之科学，需要探寻教育规律。对教育规律的认识建立在经验的基础上，它以归纳的方式产生于实践经验之中，揭示实践中形成的具有普遍性、规律性的东西，形成理性自觉，使对教育规律的探讨上升到学科领域的把握，用德育领域特有专业知识和思维方式去解释教育中的因果现象。实现"育新人"的价值目标要探讨习近平总书记在高校思想政治工作会议中提出的遵循三个规律：如何"遵循思想政治工作规律"、"遵循教书育人规律"、"遵循学生成长规律"。德育的"三个遵循"属于"育新人"的认识关系层次。

在"如何培养人"上，《大学》的三纲领、八条目展现了如何立人达人，成己成人。三纲领、八条目与现代管理学中的"目标树"（Objective tree）有契合之处。目标树是为了完成一项任务，依照树形结构将任务不断分解，由此形成的目标设置网络。总目标仿佛树根，在此基础上像树根生出树枝、树枝长出树叶一样一层一层地产生分目标与子目标，使子目标依托于分目标，分目标依托于总目标，彼此相互连接。

---

1   朱熹. 朱子全书（修订本）[M]. 朱杰人等主编. 合肥：安徽教育出版社，2010：1859.

子目标是实现分目标的步骤，分目标是实现总目标的步骤。同时，分目标是子目标的上一级目标，总目标是分目标的上一级目标。目标树规定了目标与目标之间的上下归属、逻辑关系，以便形成合力，去完成某一项任务。《大学》三纲领、八条目就是一个目标树，它把修身的每一个步骤都放到系统整体上进行筹划，而不是孤立地"单兵作战"。《大学》通过统一性（目标树整体结构）来把握多样性（修身的各个步骤）。它规定着活动的方向和理路，活动依据目标树的逻辑线路展开。三纲领、八条目不是简单的知识条目，而是为修身者指路的规范，规定着修身活动的何所往（止于至善）、何所为（明德、亲民）。《大学》间架在一定程度上反映了人才成长规律和德育规律。借鉴《大学》间架，有助于在"如何培养人"上传承传统文化，在"遵循思想政治工作规律"、"遵循教书育人规律"、"遵循学生成长规律"上吸取传统实践智慧。

三是实践关系。它涉及"为谁培养人"的问题。在确立了教育目标、探索了教育规律之后，将教育付诸实践。"为谁培养人"涉及发动教育规律的实践活动，使教育"为人民服务，为中国共产党治国理政服务，为巩固和发展中国特色社会主义制度服务，为改革开放和社会主义现代化建设服务"。[1] 在"为谁培养人"上，《大学》为封建社会的治国、平天下培养人才。其培养的人才在服务社会的价值取向上与我们一致。儒家的价值取向与中国特色社会主义的主导价值取向（注意：是服务社会的价值取向而不是价值内容）是一致的。《大学》的培养目标（修己安人）与德智体美全面发展的社会主义建设者与接班人的人才培养目标相会通。

对应着三重关系，育人活动分为想与做两个方面："想"分为设定目标和探寻目标实现的规律，这需要思考价值目标和认识教育规律。"做"是实现目标的操作关系，是目标的实际实施过程。《大学》育人活动的"想"是设定至善目标和规划达至目标的步骤，今天的立德树人活

1　习近平. 思政课是落实立德树人根本任务的关键课程 [M]. 北京：人民出版社，2019：10.

动的"想"是设定培养能够担当民族复兴大任的时代新人和实现此一目标的规律。《大学》育人活动的"做"是修身为本，今天的立德树人活动的"做"是从我做起。

今天的德育的"想"应当是世界性的，在世界历史的舞台上，培养能够担当民族复兴大任的时代新人。"做"应当是区域性的，教育者要像习近平向思想政治工作者所提出的要求那样"守好一段渠、种好责任田"。[1] 需要注意的是：在具体的教育活动中，这三重关系并非机械依次产生，只是为了叙述方便，才将三者从教育活动中抽离出来分别加以叙述。三重关系的表述顺序是思维抽象的产物。

人的存在方式依赖于传统文化对人的解释。人是历史性的，它由传统所塑造。"在任何给定的文化中，无论此在把自己看作什么并从而存在，'人'都是它的名字。如果在古希腊，此在根据英雄和恶棍来领会自身，那么男人和女人就会成为英雄和恶棍；但是如果在基督教时代，此在根据圣徒和罪人来领会自身，那么男人和女人就不会成为英雄和恶棍，而是会成为带有圣徒的潜能的罪人。在古希腊不可能有圣徒，即使是尚未被发现的圣徒也没有。"[2] 在儒家文化中有君子与小人之分，人或成为君子或成为小人，儒家文化已经事先规定了人的发展的至善与至恶的可能性。孟子说："舜何人也，余何人也，有为者亦若是"[3]。儒家文化主张人有选择的自由，只要积极有为，人就能达到舜的境界，舜代表着人的最高的可能性、人的至善的存在方式。修身者在向至善的可能性筹划之时，通过修身、齐家、治国、平天下，展开了他如何存在于世界之中的方式。在这一文化解释中不可能有圣徒。传统文化对人的可能性的各种解释，对个体的自我阐释提供了一种视界。人已经在生存中进入到流传下来的解释自身的方式中了，儒家文化已经规定了传统中国人道

---

1 习近平. 习近平谈治国理政（第 2 卷）[M]. 北京：外文出版社，2017：378.
2 休伯特·L. 德雷福斯. 在世：评海德格尔的《存在与时间》（第一篇）[M]. 杭州：浙江大学出版社，2018：30.
3 孟子·滕文公上.

德修养的可能方式，修身者从这个道德世界中获得诸种可能性——圣希天，贤希圣，士希贤。没有儒家文化就没有圣贤。

这种文化解释将修身的自由选择的可能性限制在了义与利的种种可能的关系之中。习近平引《大学》的话"国不以利为利，以义为利也"，反映了民族文化注重道义。修身、齐家、治国、平天下构成了儒家修身者的能在。在修身者的筹划中，他将自身绽露为一个不断自我超越的存在者。同理，担当民族复兴大任的时代新人，只有在传承大学之道、依据马克思主义人性及可能性的文化解释中才得以生成。为了成为人，人必须在特定的文化解释的领会中社会化。人不可能从文化中抽身而出、与传统文化绝缘，以一种全新的方式解释人的存在。当代德育出自于社会主义文化并针对担当民族复兴大任的时代新人的培养，这决定了育新人要在大学之道的文化解释中行进。

4. 兴文化

"兴文化，就是要坚持中国特色社会主义文化发展道路，推动中华优秀传统文化创造性转化、创新性发展，继承革命文化，发展社会主义先进文化，激发全民族文化创新创造活力，建设社会主义文化强国。"[1]

民族特征不是黑头发、黑眼睛、黄皮肤，民族不存在于肤色之中，而存在于文化之中。传统文化具有令人尊敬的久远性，担当民族复兴大任的时代新人必须了解自身的文化。文化是民族的血脉，是人民的精神家园。当代德育要通过"润物细无声"的方式达到教育目的，使学生了解革命文化、社会主义先进文化、中华优秀传统文化，坚持中国特色社会主义文化发展道路，使学生达到文化认同、民族认同和国家认同的统一。文以载道，文以传情，文以植德，教育者只有提升自身的文化素养，才能使德育过程成为载道、传情、植德的过程，从而充分发挥兴文化、育新人的功能。

1　习近平在全国宣传思想工作会议上强调：举旗帜聚民心育新人兴文化展形象更好完成新形势下宣传思想工作使命任务［N］. 人民日报，2018-08-23.

　　将《大学》与当代德育结合，就是兴文化、育新人之举。《大学》与当代德育，一为传统，一为现代，相差两千多年，看似有着巨大的时间差。然而，当代德育恰恰基于中国传统文化这一民族性才得以发展。《大学》与当代德育的理论基础——马克思主义理论，一为中国，一为西方，相距几万里。具有不同的文化背景，然而，马克思主义中国化根植于中国文化传统，它只有从传统文化的语境中才能获得深刻理解。因此，《大学》与当代德育具有同构性和可通约性，修齐治平为立德树人提供教育智慧。大学之道与马克思主义理论结合，共同塑造着当代德育的学术风貌，这已经为当代德育实践所证明。当代德育要能掌握群众，变成物质力量，需要扎根于传统文化之中。

　　将《大学》与当代德育结合与"不忘初心"与"不忘本来"一气贯通。人原本就是历史性的存在，因此，"不忘初心"与"不忘本来"相互联系、义自相贯。中国特色社会主义文化的"本来"包含着五千年中华优秀传统文化。习近平指出："优秀传统文化是一个国家、一个民族传承和发展的根本，如果丢掉了，就割断了精神命脉。"[1]《大学》与当代德育最深层的结合是"不忘初心"与"不忘本来"相结合。

　　《诗经·大雅·文王》："周虽旧邦，其命维新"。周国虽是一个古老的诸侯国，但其使命在于革新。习近平在中国科学院第十七次院士大会、中国工程院第十二次院士大会上的讲话中，引用了《诗经》中的诗句"周虽旧邦，其命维新"，强调了创新精神的重要性。我们只有继承与创新，才能守住民族文化的慧命。德育在继承传统文化中才能更好地领悟使命、领悟自身，而兴文化构成这一领悟的基础。

　　兴文化要培养文化自信心。增强学生的文化自信，既是增强当代德育价值认同的基础，又是当代德育的重要任务。增强文化自信，要让学生知道华夏民族是人类历史上最长的"时间群"。有学者指出："传统一

1　习近平. 在纪念孔子诞辰 2565 周年国际学术研讨会暨国际儒学联合会第五届会员大会开幕会上的讲话 [N]. 人民日报，2014-09-25（02）.

词虽然热，但很少有人追问它的用法，因而人们使用这个词难免会带有一些非反思的信念或假定。比如，传统总是在时间中的，所以人们谈到传统往往像谈论古董，以为 3000 年的必定优于 500 年的，越古老的源头经典越具有其真理价值。"[1] 这话固然有一定道理，但时间确实可以证明一个民族的生命力。至少，越经过长时间实践检验的真理，越是珍贵。"某个传统一旦获得了神圣性，时间长短对于它就会显示强大的修辞学意义——时间越悠久，传统就显得越神圣。"[2] 然而，对于中华民族来说，时间绝对不是"修辞学意义"，而是生命力的确证。

习近平说："中国是有着悠久文明的国家。在世界几大古代文明中，中华文明是没有中断、延续发展至今的文明，已经有 5000 多年历史了。"[3] 对于这一没有中断的文明，钱穆曾有一个比喻：中华文明五千年如田径场上跑步比赛，它是一个人（隐喻炎黄子孙）从头跑到尾。西方文明从古希腊到古罗马到日耳曼，再经英国，再到美国，形成一个个文明的高峰，像众多人的接力赛。文化传承方式不同，特色亦不同。在文明古国中，只有中华文明五千年，炎黄子孙一脉相承。创造华夏文明的是炎黄子孙，今天传承这个文明的仍然是炎黄子孙，这个文明依然在我们现代人身上。二千五百年前孔子说的"苟正其身矣，于从政乎何有？不能正其身，如正人何？"[4] "其身正，不令而行；其身不正，虽令不从"[5] 这些话语延续到了廉政干部身上。孔子的"学而不厌，诲人不倦"的精神延续到了教育者身上。它们得以延续，在于历史上的弘道者的接力守望，使其"未坠于地"，让我们感受到传统文化的壮美和强大的生命力。

习近平指出："中国有坚定的道路自信、理论自信、制度自信，其

1　李河. 传统：重复那不可重复之物——试析"传统"的几个教条 [J]. 求是学刊，2017，44 (05).

2　李河. 传统：重复那不可重复之物——试析"传统"的几个教条 [J]. 求是学刊，2017，44 (05).

3　习近平. 在布鲁日欧洲学院的演讲 [N]. 人民日报，2014-04-02 (2).

4　论语·子路.

5　论语·子路.

本质是建立在五千多年文明传承基础上的文化自信"。[1] 中国人创造了历史上最辉煌的中国文化,中国文化也塑造着中国人。唯有在历史上创造出最辉煌的文化的民族,方能体会到民族复兴的价值和意义。习近平在育新人中提出"培养能够担当民族复兴大任的时代新人",其意义深远。华夏民族有信念、有志愿、有能力去复兴中华文明,世世代代的龙的传人都有"人能弘道"的精神。

中华优秀传统文化是民族凝聚力的精神纽带和维系民族生存与发展的精神支柱。民族自信心扎根于历史传统,没有这一土壤,将丧失了国家文化软实力,无力招架西方的"意识形态"攻击,就会动摇道路自信、理论自信、制度自信和文化自信。海德格尔指出:"返回到历史中不同于对过去的报道"。[2] 继承传统文化不是简单地复述传统。孔子说:"人能弘道"。正因为在中国历史上不断有人弘道,才使文武之道,未坠于地。德育是文化传承活动,使"文武之道"香火不断,传中国文化之香火于天下,是教育者的"兴文化"的历史使命。今天,对于"文武之道"(隐喻中华文明),贤者识其大者,他们掌握了其精髓;不贤者识其小者,他们抓住了其皮毛。德育就要让学生做贤者,把握中国传统文化的精髓。孔子说:"人能弘道,非道弘人"[3]。学生要弘扬中国传统文化的道,不能躺在悠久文化的温床上,靠道来扶持自身,装饰自身。道虽在,不去弘扬就会颓废。"文武之道,未坠于地",像接力赛一般,学生要接住"道"的接力棒,不让其坠于地。德育要让学生了解历史,以社会主义先进文化引领学生,继往开来,不断创新,使学生树立起"更基础、更广泛、更深厚的"文化自信。在"兴文化"中增强德育的凝聚力,激发学生民族文化创新创造活力。

5. 展形象

习近平指出:"展形象,就是要推进国际传播能力建设,讲好中国

---

1   习近平会见第二届"读懂中国"国际会议期间外方代表 [N]. 人民日报,2015-11-04.

2   海德格尔. 论真理的本质 [M]. 北京:华夏出版社,2008:9.

3   论语·卫灵公.

故事、传播好中国声音，向世界展现真实、立体、全面的中国，提高国家文化软实力和中华文化影响力。"[1] 对于当代德育工作者来说，展形象就是在马克思所说的"历史转变为世界历史"的世界舞台上培育担当民族复兴大任的时代新人。在历史向世界历史转变的今天，德育所培养的人具有马克思所说的"世界历史性个人"的性质。然而，这种人不是资本主义社会的"世界历史性个人"而是社会主义社会的"世界历史性个人"。教育的强国梦不是建设一个追逐资本的、西方式的、霸权的强国，其所培育的新人不是像资本主义"世界历史性个人"那样为在各大领域追逐世界霸权的目标效力，满足于资产阶级对于资本增值的需要。社会主义社会的"世界历史性个人"理解了马克思所揭示的资本增值的剩余价值秘密，在处于社会主义初级阶段，坚持创新、协调、绿色、开放、共享的"五大发展理念"，利用资本、运用资本为"中国道路"服务，为解决人民日益增长的美好生活需要和不平衡不充分的发展之间的矛盾服务。他们坚信资本主义必然灭亡，其最终目标是抑制资本从而扬弃资本。

《大学》主张修身为本，并说："德者，本也；财者，末也。"德是根本，财是枝末。今天的教育要促进社会主义市场经济发展，要以德为本，以财为末。不能仅仅考虑学校的经济收益，不能仅仅培养学生挣钱的本领。《大学》说："故君子先慎乎德，有德此有人，有人此有土，有土此有财，有财此有用。德者本也，财者末也。"个中"有德此有人"就会产生"得道者多助"的效果。当代德育所培养的时代新人在马克思主义、新时代中国特色社会主义思想指导下，先慎乎德，明辨人、土、财、用的关系，在确保国家利益特别是其核心利益不受侵犯的基础上，加强与世界各国的合作，创造互利互惠的"共赢"关系，为维护人类整体利益和长远利益作出贡献，向世界展示社会主义社会的新人形象。

---

1 习近平在全国宣传思想工作会议上强调：举旗帜聚民心育新人兴文化展形象更好完成新形势下宣传思想工作使命任务 [N]. 人民日报，2018-08-23.

己立立人，展形象首先要塑造德育组织管理形象。古人说："人之无名，行之不远"。对于德育来说，如果没有好的形象，也行之不远，不可能"传播好中国声音"。新时代，塑造德育组织管理形象有一个目标树：总目标是塑造德育组织管理形象，它包含着知名度（一个组织被人们了解的程度）和美誉度（一个组织被人们认可和赞誉的程度），组织的知名度和美誉度越高，其组织形象就越好。为了提升组织形象，其分目标是内求团结（德育队伍内部团结一心）、外求发展（相关部门支持与合作、受教育者的主动参与、社会与家庭的配合）。孟子说："天时不如地利，地利不如人和。"[1] 德育是人和的艺术。德育只有达到"政通人和"才能建立起良好形象。为了达到分目标，就必须要实现子目标，即担当起当下的德育的历史使命——举旗帜、聚民心、育新人、兴文化、展形象。只有在举旗帜、聚民心、育新人、兴文化、展形象的教育实践中实现内求团结外求发展，才能树立起高知名度、高美誉度的组织形象。

高校德育组织管理形象目标树

对于德育来说，举旗帜、聚民心、育新人、兴文化、展形象彼此融为一体，不可分离。通过举旗帜而聚民心，使学生朝着党中央确定的宏伟目标团结一心向前进，为实现中华民族伟大复兴的中国梦不懈奋斗。在聚民心中育新人，为学生实现人生出彩搭建舞台。让学生立志肩负起

1   孟子·公孙丑下.

民族复兴的时代重任。民族复兴就是文化复兴，在育新人中兴文化。教育者要以高远的历史站位、宽广的国际视野、深邃的战略眼光筹划工作，使德育为实现高等教育内涵式发展、提升文化软实力、提升我国教育的国际影响力服务，从而向世界展示伟大的中华文明形象。

二、"知止"：从固化德育转向"三因"德育

《大学》"知止"的内涵十分丰富，要深刻理解"止于至善"，需要分析由固化德育转向"三因"德育。在这种转变中，"知止"表现在下面分析的方方面面。

在德育中有两种教育方式：固化德育与"三因"德育，它们存在着本质性差异。习近平说："要做起而行之的行动者、不做坐而论道的清谈客"[1]。"起而行之"与"坐而论道"分别是"三因"德育与固化德育的不同特征。固化德育使人进入事物的现成状态，人与事物的关系是主体与客体的关系，事物是主体静观的对象。主体仅仅以凝固化的概念的方式去把握事物的特征与规律，主体判断事物的性质与价值采取陈述的方式，借助命题来完成表达，事物的性质与价值通过陈述的命题得以揭示。固化德育专注于特定的陈述形式，以掌握理论性命题为学习目的。达不到"真止"，它仅仅"止于"命题。

"三因"德育领会了习近平总书记的因事而化、因时而进、因势而新的思想，使人进入事物的生成状态，师生在实践中与事物交往，它不把事物当作静观的对象来理解。习近平引用韩非子的《喻老》"随时以举事，因资而立功，用万物之能而获利其"，意思是根据时机来办事，依靠条件来立功，利用万物的特性而在此基础上获利。"三因"德育具有这种"随时"、"因资"、"利用万物"的智慧。

---

1 习近平. 发扬斗争精神增强斗争本领为实现"两个一百年"奋斗目标而顽强奋斗 [N]. 人民日报，2019-09-04（001）.

《孙子兵法·势篇》："善战者，求之于势，不责于人；故能择人而任势。任势者，其战人也，如转木石；木石之性：安则静，危则动，方则止，圆则行。故善战人之势，如转圆石于千仞之山者，势也。"势从力从执，执意为"在高原上滚球丸"，具有转圆石于千仞之山者之意。德育与作战一样，"因势而谋、应势而动、顺势而为"。像孙子兵法所说：需要用势、顺势、使势。如转动木石，木石的特性，在平坦处静止，在陡峭处滚动，方的容易静止，圆的滚动灵活。"三因"德育以民族复兴为势，其教育功效"如转圆石于千仞之山者"，势不可挡。因事而化、因时而进、因势而新是当代德育的一种全新的领会境界与生存境界，这是"真止"。传承大学之道，理解"止于至善"需要从德育的各个方面进行对比分析。

1. 真理的存在方式：命题性真理与存在性真理

固化德育"止于"命题，它仅仅让学生掌握命题性真理，将命题与判断作为真理的处所。命题性真理是知与物的符合，它付诸言词，通过命题的语言形式获得表达。它是一种凝固的、现成的形态，这种真理处于无"人境"（学习者外在于它）状态。固化德育可能议论宏高，却是抽象的观念之物，它们与学生生活不沾边。教师通过陈述将其传播，学生通过倾听陈述将其掌握。学生与真理的关系是学习主体与客体（现成状态的命题）的外在关系。这种关系无法通向"止于至善"。对固化德育而言，只有判断或陈述才是真的。命题性真理"止于"教师、教材所给出的理论性命题之中。例如，学生对"见义勇为"这一真理的理解，表现为对这一真理命题的内涵进行审视与把握。颜元说："譬之学琴然，书犹琴谱也。烂熟琴谱，讲解分明，可谓学琴乎？故曰以讲读为求道之功，相隔千里也。更有一妄人指琴谱曰，是即琴也。辨音律，协声韵，理性情，通神明，此物此事也。谱果琴乎？故曰以书为道，相隔万里也。"[1] 颜元指出书上的命题性真理仅仅相当于乐谱。不否认，它有认识

---

1   颜元. 颜元集 [M]. 北京：中华书局，1987：78-79.

的价值。但是，固化德育仅仅"止于"乐谱，认为"烂熟琴谱，讲解分明"就是真正的学琴。造成了"读书人便愚，多读更愚"[1] 的局面。在历史上，当《大学》成为获得功名的敲门砖，"千余年来，率天下人故纸堆中，耗尽身心气力，作弱人病人无用人者，皆晦庵为之。"[2] 颜元批评朱熹让人钻进故纸堆中，产生了大批弱人病人无用人。这样，培养大人的《大学》就走向了反面。如果学习仅仅满足于掌握命题性真理，恐怕违背了朱熹的意愿，反倒产生颜元批评的状况："天下无不弱之书生，无不病之书生，生民之祸，未有甚于此者。"[3]

习近平指出："知行合一，做实干家。'纸上得来终觉浅，绝知此事要躬行。'学到的东西，不能停留在书本上，不能只装在脑袋里，而应该落实到行动上，做到知行合一、以知促行、以行求知，正所谓'知者行之始，行者知之成'。"[4] "三因"德育相信"纸上得来终觉浅，绝知此事要躬行"的道理，不"止于"书本上、脑袋里。它让学生掌握存在性真理。存在性真理处于动态的发生性的构成之境而非现成的既定的判断。这一真理不存在于命题之中，人与真理的关系不是主体（学生）与客体（命题）的关系。"三因"德育任势乘时，它不是面对现成物——命题性真理。海德格尔指出："最切近的交往方式并非一味地进行觉知的认识，而是操作着的、使用着的烦忙，烦忙有它自己的'认识'。"[5] 可以说固化德育传播命题性真理就是一味地进行觉知的认识，"三因"德育有自己的"认识"，人不是审视、打量着真理，而是亲历于真理之中、"止于"真理之中。学生对存在性真理的判断本质上是一种实践行为，学生融身于实践活动之中掌握真理。所谓"世事洞明皆学问，人情练达即文章"，存在性真理体现在实践行为中的"洞明"与"练达"之上。这种真理不是书斋里做出的学问和发表的专著与论文。例如，

1　颜元. 颜元集 [M]. 北京：中华书局，1987：168.
2　颜元. 颜元集 [M]. 北京：中华书局，1987：251.
3　颜元. 颜元集 [M]. 北京：中华书局，1987：399.
4　习近平. 在北京大学师生座谈会上的讲话 [M]. 北京：人民出版社，2018：13.
5　海德格尔. 存在与时间 [M]. 北京：生活·读书·新知三联书店，1987：83.

疫情期间，大学生"见疫勇为"，参与社区防控宣传，为隔离人员供应生活用品。大学生在防控活动中展开了"见义勇为"的道德活动，存在性真理"止于"人的生存状态，它由生存态势造成（疫情防控活动关乎生存）。见义勇为作为存在的真理并非封闭于一个道德命题中，这种真理不是主观陈述的命题与客观事实的符合。学生在防控活动中的行处坐卧"故无常操"、"临机而发"，无定理可言，学生不"止于"某一现成的理。存在性真理是境域性的，在防控活动中"见义勇为"转变为"见疫勇为"。学生只有在具体场景中随机应变地判断、选择、行动，才能达到了"洞明"与"练达"，从而"知止"，使见义勇为"成真"，实现对存在性真理的把握。学生只有在实践活动中才能把握和发展存在性真理。

　　2. 教学的形式：传诉与阐释

　　固化德育的教学方式"止于""A 是 A，所以要认识这个先在的 A"。它陈述命题性真理，仅仅给学生带来消息。在这种教学中，教师是知识的垄断者、陈述者，学生是知识的聆听者、接受者。知识只以语词的形式付诸声音（教师讲课）、文字（教科书），知识体现为命题与陈述系统。在固化德育的教学中，教师忠于教材，他向学生逐字逐句地传诉文本的意义。例如，在传统文化教学中，把《大学》的文言文表达的方式翻译为宜于学生理解的白话文方式，让学生知悉其意义。师生像掌握等边三角形那样去掌握一个既定知识单元。在固化德育的教学中，将德育问题"止于"与学生无关的科学问题呈现于学生面前。问题的探讨与解答外在于师生生活。固化德育的教学好像岸上学习游泳，教师让学生了解游泳的"运动学知识"，但没有"止于"生活之水中，而处于干涸的状态中。固化德育的教学是通过陈述来传递命题性真理的过程，教学仅仅停留于此，学习就是获得越来越多的框架化、概念化的知识与规范，学生越学就越是丧失了对事、时、势的敏感性。学习过程成为关于真理的"说法"与"说法"的不断叠加过程。教师陈述着关于命题性知识的"说法"，学生接受教师陈述的命题性真理，当轮到他们说话时，就陈述着关于命题性真理的"说法的说法"。说法叠加演变成漂浮无根的陈词,产生人云亦云、鹦鹉学舌的现象。

固化德育所产生的领会是静观式领会。例如:"子曰:'侍于君子有三愆:言未及之而言谓之躁,言及之而不言谓之隐,未见颜色而言谓之瞽'。"[1] 学生对"三愆"的领会是在教室里、书本上,经过教师的陈述性解释发生的,学生全盘理解并能够清楚明白说出。这种领会是以语言符号形式进行的。

"三因"德育的教学方式"止于""A 是 A,不仅要认识这个 A,而且要从 A 中引出 X"。它具有开启性,不束缚于文本。"三因"德育让学生在实践中学习,它像在水中学习游泳,将"运动学知识"融入生活实践之中,使学生获得深切丰满的体验。它将文本融入学生的生活,将教学问题变成教师与学生经历到的问题,问题能够调动生活经验,问题的解答能够丰富生活经验。

新时代德育发展的立德树人之大势使固化德育捉襟见肘。"三因"德育所产生的领会是动态的领会。孔子所说的"三愆"不再处于陈述状态,在固化德育中它"外显"地被思维,在"三因"德育学它"隐含"地被思维(外显即触目地专题化、对象化,隐含是不注目地,非专题化、非对象化)。学生将"三愆"运用到交谈中,使它无意识地发挥作用,所谓"运用之妙,存乎一心"。这种"妙"是将有形的、现成性命题知识化入实践境域而变为无形的切身领会,学生在实践中体味、涵泳"三愆"的思想意境,达到"无入而不自得"的境界。在交谈中,不让"三愆"触目地呈现在脑海中,而是潜移默化渗透进交谈中。这在理解上,有着新变化,它不是简单地将理论性命题运用于实践,让实践来检验、证实它。如果这样,理论性命题依然是触目的。与之相反,学生仿佛忘记了"三愆",但又不会陷入"三愆"。这里,领会的重点是与之交往的他人,在交往中掌握存在性真理。在交往中,"三愆"仿佛抽身

1　论语·季氏.

而去，它不被专题性、对象化地意识到。如果"三畏"在交谈中十分触目，学生与他人每说一句话，都想到"三畏"，交谈就进行不下去了。这种领会不发生于"陈述"的真理性命题的掌握之中，而发生在与他人交谈的活动中。在活动中表现出的东西——不陷入"三畏"，是对"三畏"本真的领会。《大学》的八条目的真理掌握也是这样一种领会。所谓"诚者不勉而中，不思而得，从容中道"。对"三畏"与八条目的透彻领会达到了这种至诚境界，方有妙悟。

拉斯韦尔指出：从传播学的理论上看，一个完整的传播行为包含以下几个要素："谁（who）？说了什么（say what）？通过什么渠道（through which channel）？给谁（to whom）？产生了什么效果（with what effect）？"与此相关的沟通技巧包括以下几个方面："目的（purpose）——为什么说（why，for what）？内容（content）——说什么（what）？方式（style）——怎么说（how）？时间（time）——什么时候说（when）？空间（space）——在什么场合说（where）？人物（person）——与谁说（to whom）？说几遍（how many）？说多快（how fast）？"如果一位教育者在课堂上与学生沟通时始终想着这些方法，方法"纠缠"着他，在他的头脑中十分"触目"，就会形成交流障碍。即使这种师生交流能进行下去，教育过程也是十分机械、生硬的。教育者在实际沟通中既知道方法，又在沟通中忘却了方法，而所作所为却合乎方法的要求。这时，教学才能顺利进行下去。

刘蕺山说："欲为善，则为之而已矣，不必举念以为之也。欲去恶，则去之而已矣，不必举念而去之也。"[1] 这里突出了动态领会的本质环节：在为善去恶时不需要生出一个为善去恶的念头再去为善去恶，不让这念头始终存在于行为之中。当人们看到"孺子入井"去施救，不是在施救时立一念头——这是见义勇为行为；当人们阻止他人的恶行，不是在阻止时立一念头——这是嫉恶如仇的义举，并且在行为中始终念着它

1　刘宗周. 刘宗周全集（第二册）[M]. 吴光主编. 杭州：浙江古籍出版社，2007：316.

们。为善去恶者领会了善恶,但不将善与恶的命题对象化、专题化,而是不假思索地融身于义举之中。"举念"会使道德观念在实践中变成"理障",人触目地面对道德观念,反而不能自然而然地为善去恶。刘蕺山说的现象正是"三因"德育所追求的领会。

篮球队员的投篮行为是在职业生涯背景下的行为,在投篮时并非心中生出"目标正确,投篮得分"的观念再投篮。同样的道理,一个为善去恶具体行为是发生在修身者向修身的近期目标和长期目标努力修为的背景下的。在具体的为善去恶活动中,其"行为"指向善——涉及修身的近期目标和长期目标,其"思想"并非指向近期目标和长期目标,更不用说指向人生长远规划。"孺子入井"的施救行为就是这样。在行动中目标并非萦绕于心头,修身活动不是对着八条目瞠目凝视。

只有当行为受到了阻碍,修身者才不得不停下来,思考如何达及目标。孟子曰:"爱人不亲,反其仁;治人不治,反其智;礼人不答,反其敬——行有不得者皆反求诸己,其身正而天下归之。"[1] 这时,仁、智、敬通过反思作为对象化的观念清晰地出现于心灵之中。在"反其仁"中,个体修身目标清晰地绽露出来。

3. 学习过程:注入与互动

固化德育"止于"陈述命题性真理,它对德育教学的理解十分狭隘,教学仅仅发生于教师的教与学生的学之间,它使学生的学习过程成为接受灌输教育的学习过程,学习过程"止于"教师外在灌输和学生内在接受的线性运动过程,这是一种单向度的机械过程。学生根据书本和教师所谈论的东西获得知识,所学范围是"言之所涉"——命题性真理。学习过程的实质是被注入。由于命题性真理是普遍有效的陈述性真理,学习过程是学生掌握普遍性的命题性知识的过程。它忽视学生个体知识发生过程的历时性。在学习中,共时性道德知识与历时性个体生活经验不能交融。

---

1 孟子·离娄上.

"三因"德育是互动式学习，这一学习过程是学生在教师引导下、在社会实践过程中对所学知识的积极自我建构过程。它在德育共同体、民族共同体（治国）乃至构建人类命运共同体（平天下）的境域中开展德育，将师生互动、生生互动乃至共同体中的人与人之间互动视为道德的发生境域。它大大拓宽了学习渠道。学习（例如，培养尊重、诚实、同情、互惠、合作等等道德品质）是在共同体中个体通过与成员间的互动、协作、交流中进行的。这是一个本原发生的构成境域。说其"本原发生"是因为道德观念与品质的形成原本产生于人与人的互动之中。说其"构成境域"是因为道德领会是在具体的境域中随机构成的。学生在互动、协作、交流的实践中，在"得机中时"的势态中获得师生、生生之间乃至人与人之间的尊重、诚实、同情、互惠等等道德意义。学生学习道德是一个内在体验的当下发生的过程，个体在自己的经验中对道德意义进行体验和重构，学习过程具有个体的特殊的历时性特点。学习道德知识是普遍知识的共时性与个体知识发生过程的历时性相融合的过程。共时性知识结构可重复，学生可以逐字逐句地抄写与记诵德育书本上的命题性知识。历时性知识体验不可重复，学生无法重演道德体验。学习是学习者共时性与历时性相互作用的过程，是文本知识与生活事件不断发生关联的过程。

4. 榜样教育的方式：概念充实与典型教育

习近平说："道德模范是社会道德建设的重要旗帜，要深入开展学习宣传道德模范活动，弘扬真善美，传播正能量，激励人民群众崇德向善、见贤思齐，鼓励全社会积善成德、明德惟馨。"[1] 贯彻这一思想，必须将道德模范的榜样教育的两种不同形式区分开来。

固化德育陈述命题性真理，它的榜样教育"止于"概念充实。它在榜样教育中关注道德概念而不是英雄人物本身，它对英雄人物的理解是一种概念性陈述。它从（道德概念的）一般与（英雄人物的）个别的结

1　习近平. 习近平谈治国理政［M］. 北京：外文出版社，2018：158.

合上理解英雄人物，使道德概念与英雄人物的关系成为"一"（概念）与"多"（例子）的关系。它首先通过道德概念引出英雄人物，再让英雄人物充实道德概念，最终目的是达到道德概念的理解。例如，它判断某人物是英雄，它使某英雄进入"见义勇为"的道德概念之中。英雄人物成为"见义勇为"道德概念的一个例子。它关注英雄人物"见义勇为"这一个方面，却忽视其人格的特殊性以及其在事件中的具体处境。它揭示了熟悉的事物（见义勇为式的英雄），却掩盖了应该揭示的事物（某某英雄成为英雄的独特事件）。它试图通过英雄事件而发现、发掘"见义勇为"道德的本质与规律。它让学生通过学习英雄人物来熟悉什么是道德，让英雄人物成为充实道德概念的例子。英雄人物的作用就像三角形例子充实着三角形概念一样，它使英雄人物成为道德概念学习的手段、工具。

"三因"德育在榜样教育中关注人物本身而不是道德概念。它不是让学生通过英雄人物来了解道德，不让英雄人物的事迹成为手段。它不将先进人物还原为熟知的人物——"见义勇为"的英雄，不是通过英雄人物来理解"见义勇为"本身，而是将注意力放在英雄人物自己的存在方式——事件本身上，使学生通过叙事教育的方式去熟悉英雄人物。习近平说："心有榜样，就是要学习英雄人物、先进人物、美好事物，在学习中养成好的思想品德追求。我国历史上有很多少年英雄的故事，在中国共产党领导人民进行的革命、建设、改革事业中也涌现了大批少年英雄，他们中不少人的名字大家可能都听说过。过去电影《红孩子》、《小兵张嘎》、《鸡毛信》、《英雄小八路》、《草原英雄小姐妹》等说的就是一些少年英雄的故事。今天，好儿童、好少年就更多了。各行各业都有很多值得我们学习的榜样，包括航天英雄、奥运冠军、大科学家、劳动模范、青年志愿者，还有那些助人为乐、见义勇为、诚实守信、敬业奉献、孝老爱亲的好人，等等。榜样的力量是无穷的。大家要把他们立为心中的标杆，向他们看齐，像他们那样追求美好的思想品德。这就是孔子讲的：'见贤思齐焉，见不贤而内省也。'"[1] 这里，有历史上的榜样、电影中的榜样、各行各业的榜样、身边的榜样。学习榜样是学习像他们那样追求美好的思想品德。"三因"德育认为每一个英雄事件的发生都是"唯一一次发生"，它不可现成规范。英雄因事、因时、因势而成就，有着独特的风貌气象。英雄人物不再是"一"（概念）之下的"多"（例子）。它使道德这个概念从属于学生对英雄人物的体验之中，在教育中让学生发现英雄人物的独一无二性和丰富性。它使学生从中受到的教育是人格感召——榜样力量的鼓舞，而不是头脑中的道德概念的充实。只有这种学习才能达到榜样教育的"真止"，让学生意识到每个英雄的成长都是独一无二的生成过程，使学生学习英雄，成长为有个性的人。

5. 人生经验的方式：过程与阅历

固化德育"止于"命题性真理，拥有量的追求使学生的学习经历成为过程。过程特指某一事件被学生接触到但没有对个体生活产生实质性影响，学生只是经历到一种学习过程。学生以旁观者的角度凝视这种学习过程，所经验到的东西仅仅是一个与学生的生活无涉的实事、客体，一个纯粹的眼前的东西。学生与它的关系是观察者与被观察者的关系。2008 年我国举办了北京夏季奥运会，学生在课堂上、教材中乃至各种宣传中接触到这一事件。固化德育使事件归"止于"德育命题，对事件有设定性认识，它使学生将这一事件的内涵、意义当作预备考试的命题性真理来理解，对事件的理解是增添考试分数的砝码。固化德育向学生指明了应该对事件期待些什么——考试重点。离开了考试，它什么都不是。学生经历这一事件的过程，然而在生活中却无任何"感觉"，这一事件成为客体的东西没有触动学生，它是一个外在过程。学生只是看着这一过程在自己面前"走过"，学生以命题的方式陈述和谈论这一过程，

1 中共中央文献研究室. 习近平关于青少年和共青团工作论述摘编［M］. 北京：中央文献出版社，2017：30.

它仅仅是被判断的事态。

"三因"德育让学习过程成为阅历。习近平在论及青少年教育中，特别提到阅历，他说："由于大家还在学习阶段，社会阅历不多，对社会主义核心价值观的涵义不一定能理解得很深，但只要牢记在心，随着自己年龄、知识、阅历不断增长，会明白得更多、更深、更透。"[1] 道德与年龄相关，年长者能容纳更多的生活经历以提炼道德智慧，古语中"经一事，长一智"、"前事不忘，后事之师"等格言讲的都是这个道理。阅世愈久、涉世愈深，对人生哲理的理解就越深刻。黑格尔说过：一句古老的格言，从小孩与老人嘴里说出是不一样的。小孩对格言的理解是空洞的、抽象的、贫乏的，老人对格言的理解蕴含着丰富的生活经验，达到了具体真理的认识。这里的"老人"是有阅历的老人。"三因"德育使社会主义核心价值观的涵义随着阅历的增加而明白得更多、更深、更透。阅历是对经历的"阅"，即回味、反刍、体味。孔子说："观过，斯知仁矣"[2]。看到他人犯错误，自我反省，不犯这个错误，这就是"阅历"。阅历将个体亲身接触到的事件据为己有。只有构成我生活阅历的东西，才真正在我经历之中。"三因"德育使"有历无阅"的教育转变为"增长阅历"的教育。

"三因"德育"止于"让学生掌握存在性真理，它相信"纸上得来终觉浅，绝知此事要躬行"的道理，使学生将亲身接触到的事件"据为己有"，成为阅历增长的一部分。"三因"德育识时（针对青少年阶段是人生的"拔节孕穗期"）、借势（借助各种社会生活中重大事件）成就学生。在我国举办奥运会、疫情防控的各种事件中，为学生提供多种多样的参与社会实践机会，志愿服务活动、知识宣传活动、社会调查等等，使学生在实践的境域中临机、依缘地理解事件，学生被事件所激发，在活动中得势得机而生气勃勃，在参与活动中提升学生素质和能

1 中共中央文献研究室. 习近平关于青少年和共青团工作论述摘编［M］. 北京：中央文献出版社，2017：30.
2 论语·里仁.

力。"三因"德育"止于"让事件成为属于学生自我的事件，事件的过程成为学生的阅历。《道德经》说："天下难事必作于易，天下大事必作于细。""三因"德育使学生审时度势，增长阅历，培养学生从"易"与"细"的事中观察出蕴含着"难"与"大"的势态的能力，使学生能在貌似细小容易的事中乘势而为，难事作于易，大事作于细，在实现"两个一百年"奋斗目标的历史进程中得大机大势，使中国梦在青年的接力奋斗中变为现实。

6. 自我认识的方式：静观与领会

与固化德育相匹配的自我认识是静观。静观"止于"将自我闭锁在意识领域、体验领域。专题化地针对自我本身进行审视，以分析的方式凝视自己的私密的心理状态。静观的过程是内在心理的呈报过程，所呈报出来的东西是判断、愿望、欲望的心理之物。它以陈述性命题——某某道德律来抵制自己的念头、想法、欲望，使自我进入一种孤立的、封闭的、内在的、感知的心理内部世界。静观方式古已有之。例如，朱熹说："小说中载赵公以黑白豆记善恶念之起，此是古人做功夫处。如此检点，则自见矣。"明代思想家黄绾青年时依朱熹所说的方法修养，竟误入歧途。他"悔恨发愤、闭户书室，以至终夜不寐、终日不食、罚跪自击，无所不至。又以删刻'天理'、'人欲'四字，分两行。发一念由天理，以红笔点之；发一念由人欲，以黑笔点之。至十日一数之，以视红黑多寡为工程。又以绳系手臂；又以木牌，书当戒之言，藏袖中，常检之以自擎……今不觉白首，历数十年犹未足以纯德明道。"[1] 这种静观过程关注心理念头，使内在心理中的天理与人欲表露出来。静观体现为在内心经历着一系列确定的心理事件，例如，"发一念由天理"、"发一念由人欲"，它们是内在的、处于意识中的心理事件。与黄绾一样，在静观中寻找善与恶的观念，现代人曾经有过"狠斗私字一闪念"、"灵魂深处闹革命"。静观在"内视"中把握自我，它闭户书室，蛰居于自身

1　黎靖德编. 朱子语类 [M]. 长沙：岳麓书社，1997：2616.

之内,"止于"自己内心秉有体验,而不"止于"在社会实践中打交道的事物来认识自我,这种自我认识是对自我进行专门的监视与窥探。

与"三因"德育相匹配的自我认识是领会,领会"止于"实践领域、"作为"领域。借助凝视自身无法达到自我认识,必须倒转过来,由与交往的诸物来领会自身。领会不再向内感知,转向意识进行考察,不再寻找内在之物、意识之物,使自我与外部世界隔绝。它通过与实在之物、感性之物的交往发现自身。海德格尔指出:"此在恰好是出自他向来所做的事情而看到自身的,此在出自这些事情而解释着自身、谈论着自身、命名着自身;一个人无非就是他所从事的事情。"[1] 内省是人根据它打交道的事物来领会自身。内省不是通过一种对于外在的排除过程而产生的,不是离群索居地面壁思过。曾子说:"吾日三省吾身——为人谋而不忠乎?与朋友交而不信乎?传不习乎?"[2] 曾子每天都进行自我反省:替人谋事有没有不尽心尽力的地方?与朋友交往是不是有不诚信之处?老师的传授有没有复习?说明反求诸己是根据打交道的事物来领会自身,通过观察外在事物——替人谋事、与朋友交往、学习老师传授的知识而认识自我。内省是"走出"自身,反省与人交往中的道德行为。领会是人根据它打交道的事物来认识自我,而不是古怪病态地费神去剖析灵魂生活。

海德格尔指出:"每个人都是他自己操劳与关切的东西。人们对自己及其生存的日常领会都是出于他们所操劳及其关切之物。人们由此出发领会自己自身,因为此在首先是在诸物之中发现自己的。毋需为了拥有吾身对自我专门的监视与窥探;毋宁说,在此在直接地、热切地把自己交给这个世界之时,此在之本己吾身就由诸物反映出来了。"[3] 这种自我认识不是反观自身的凝视,而是在与事物打交道之中,在热切地把自己交给这个世界之时,产生一种非反思性的自我认识。《大学》让人在

1　海德格尔. 时间概念史导论 [M]. 北京:商务印书馆,2014:487.

2　论语·学而.

3　海德格尔. 现象学之基本问题 [M]. 上海:上海译文出版社,2008:212-213.

亲民中明明德，在齐家、治国、平天下中认识自我，让人在关切之物（家、国、天下）中领悟自身、认识自我、提升自我。修身者在齐家、治国、平天下的行为中伴随着一种君子人格的体验——自我认识，这种体验是非反思的。这与海氏所说的状态相同。

人还根据情感来领会自身。情感向自我的呈现是一种非反思的自我认识。面对"衔远山，吞长江，浩浩汤汤，横无际涯；朝晖夕阴，气象万千"的洞庭湖水，产生"先天下之忧而忧，后天下之乐而乐"的道德情感。在感受自然的广阔中自感心之广阔，在自感心之广阔中蕴含着一种自我彰显——人格的充盈。这种道德情感显然不是理论反思的结果。"只有当此在不在对情绪进行反思的时候，情绪才能以一种源始的方式绽露此在。"[1] 这种情感的升华恰恰形成了不必明言的自我认识——达到一种平天下的境界。这种自我认识是含而不露的，即不需要用一种清楚的陈述来表达。它不具有主体我认识客体我的心理状态的主客体对立模式，后者发生在反思水平上。"三因"德育由与交往的诸物来领会自身、根据情感来领会自身，从而达到自我认识上的"真止"。

7. 教育目标：静态的教育目标与动态的教育目标

固化德育"止于"静态的目标，它将全面发展视为类似于柏拉图式的"圆"的理念，它有一种拥有"全"的"形而上学癖"。它追求一种先在的图式——一个样样都行的"圆"。这个"圆"在教育中成为对所有人整齐划一的理想要求，学生依据这种类型被生产出来。培养目标与培养对象的关系是完美的单一的"圆"与不完美的众多的副本的对置关系，是"原初之物"（理想的圆）与种种"衍生之物"（对它的追求与模仿）的关系。学生成为"模仿者"，力争成为理想的"圆的"摹本；成为继承者，相信随着历史的发展、生产力的提高，经过几代人、十几代人、几十代人不断的模仿，最后人人都能够进入一个"大全"——理想

1　休伯特·L. 德雷福斯. 在世：评海德格尔的《存在与时间》（第一篇）[M]. 杭州：浙江大学出版社，2018：210.

的"圆"。这个理想的圆在现实的操作中，变成了统计学上的圆，它把全面与片面理解为量上的，全面就是可计算的 A + B + C + D + E，片面就是指只突出一项；全面即体现了学生在所有课程中都争得了好成绩，片面则是学生只在一门或某些门课程中争得了好成绩。教育目标的追求具有数学上的确定性，它使学生的人生意义等于算术和。它让学生追求大量的、确定性的、命题性知识，将命题性知识作为"拥有物"加以保藏，学生以命题性知识交换分数、以分数交换学历，以 A + B + C + D + E 式的"拥有量"交换各种好学生的荣誉，最后以学位、课题、科研成果交换与之大致符合的社会地位与声望。这种人的个性发展是"拥有感"的扩张，拥有得越多越善。个性打上了"拥有"的深深烙印，"谁如果只为自我，谁就更具有自我。"这种教育将拥有量的扩张变成走向美好生活的途径。拥有得越多，越是自我，似乎就越有个性。"拥有"排斥"分享"，这种学生在拥有量的竞争中，嫉妒拥有量多于自己的人。

　　"三因"德育"止于"动态的教育目标，它不追求柏拉图主义的"圆"，它遵循马克思的全面发展思想。马克思指出："私有制使我们变得如此愚蠢而片面，以致一个对象，只有当它为我们所拥有的时候，就是说，当它对我们来说作为资本而存在，或者它被我们直接占有，被我们吃、喝、穿、住等等的时候，简言之，在它被我们使用的时候，才是我们的。"[1] 马克思在这里所讲的"片面"是"拥有感"替代一切的"质"的片面。马克思指出："对私有财产的扬弃，是人的一切感觉和特性的彻底解放；但这种扬弃之所以是这种解放，正是因为这些感觉和特性无论在主体上还是在客体上都成为人的。眼睛变成了人的眼睛。"[2] 这里，全面发展的人是一切感觉和特性彻底地、全面地从拥有感中解放出来的人。人"全面"地从拥有感中解放出来，这是质的全面。动态的教育目标打破了拥有感的枷锁，它认为质的片面问题比量的片面问题对人

1　马克思、恩格斯. 马克思恩格斯文集（第 1 卷）[M]. 北京：人民出版社，2009：189.
2　马克思、恩格斯. 马克思恩格斯文集（第 1 卷）[M]. 北京：人民出版社，2009：190.

的发展伤害更大，全面发展教育首先在质上摆脱了拥有感的片面，其次才能提倡 A + B + C + D + E 的量上的发展。借用王阳明的话："后儒只在分两上较量，所以流入功利。若去除了比较分两的心，各人尽着自己力量精神，只在此纯天理上用功，即人人自有，个个圆成。"[1] 现在学子只是在量上较量，陷入学习的功利。如果从拥有感中解放出来，尽着自己力量精神去学习去创造，则"人人自有，个个圆成"。刘蕺山说："意诚而后心完其心，而后人完其人。"若学子意念真诚，就能达到完人。马克思扬弃拥有感的全面与王阳明的个个圆成、刘蕺山的人完其人"自有不言而契之妙"。

从拥有感中解放出来可以借鉴孟子的"养心莫善于寡欲"，王阳明十一岁时与一位私塾老师有一段对话："尝问塾师曰：'何为第一等事？'塾师曰：'惟读书登第耳。'先生疑曰：'登第恐未为第一等事，或读书学圣贤耳。'"[2] 读书不在于功利性获取功名而在于无功利地学圣贤。这种精神永远值得学子学习。学习本身就是目的不是手段。

动态的教育目标认为"个性推动作用"比"个性发展状态"更加重要。人的可抉择的空间越大，人的个性就越能得到发展，个性发展状态越接近全面。孔子时代的人比现代人的选择范围小，马克思时代的人比共产主义社会的人的选择范围小。到了共产主义社会，每个人都得以自由全面地发展（此为个性发展状态），但不是每个人的个性都超过了孔子、马克思，因为在个性推动作用上说，不是每个人都能起到孔子、马克思对人类发展的推进作用。动态的教育目标的最高价值在个性推动作用上而不在个性发展状态上。孔子的仁爱思想开启了中国人修身、齐家、治国、平天下的道德践履方式，马克思主义学说开启了共产主义运动，他们开辟了人类实践的新领域。一个人只有"止于"将自我发展与人类发展统一起来，不是以拥有而是以分享为快乐（具有乐以天下的情

---

1   王阳明. 传习录 [M]. 长沙：岳麓书社，2016：38.

2   王阳明. 王阳明全集 [M]. 武汉：华中科技大学出版社，2015：5.

怀），才能在个性推动作用上有所作为。由于人不再成为理想的"圆"的摹本，动态的教育目标重视人的独特性质，让学生追求不确定的、深刻的知识，使学生在个性推动作用上有所作为。

　　8. 面向未来的方式：等待未来与期待未来

　　固化德育"止于"等待未来的教育，它被"拥有的感觉"所支配，它将过去、现在与未来理解为一条直线，时间是从未来向当前再向过去不断流逝的过程。过去是一去不复返，将来还没有到来。时间是可量化的物理单位，它成为计时工具，是实现预定的拥有量的手段。教育与时间关系的首要问题是计算，它将教育时间变成了陈述性数学公式——一种数学上的函数化。等待未来的教育精确地计算着时间，将时间纳入数据管理之中。它将数字管理当成最紧迫的事情，教育的过去、现在与未来都可以计算，教育的发展表现"拥有量"的扩充，它是一种同质性运动。一些学校或学院按照数学的方式，来解决自身发展的问题，其十四五规划是在十三五规划基础上增加数字的规划。教育规划就像工程师的设计，"操作过程的各组成部分，事先就在工程师的头脑里完成了，作为其工作基础的全部'数字'，已经清楚地纳入了他事先的计算，并被绘制成蓝图，以此支配整个方案的实施。"[1] 这些管理者唯一关心的是管理目标"数据"，管理过程是整合教育资源以期达到单一目标——数据增长的过程。"工程"的结项是一大堆的"生产"数据，似乎教育的所有价值在这些数据中才能充分表现出来。这是当今教育被数学地加以筹划的方式。在筹划中起决定作用的不是数学本身而是"拥有感"——获得越来越多的拥有物以便兑换越来越多的物质利益。技术工程思维习惯在教育中的扩张导致学校以效益最大化的标准（最有成效的生产数据）实施管理。正是在这样的范围内，教育中人声称"整天忙碌，没有时间"。由于整天为数字忙碌，"没有时间"向未来的教育进行本真的筹划。教育重复着过去，驻足于当前，失去了向未来筹划的动力。教育的

1　哈耶克. 科学的反革命［M］. 南京：译林出版社，2003：99.

发展不是促进学生的发展而是促进拥有量的扩张。

"三因"德育是期待未来的教育，它开启了一种独特的过去、现在和将来的时间性，它以对时间的开放性为前提，当下的教育以先前的教育为基础，以未来的教育为导向。时间并不是过去、现在、未来的彼此相随，而是包含三重相互关联的面向过去、当前和未来的维度。教育与时间的关系的首要问题不是一种量度。期待未来的教育不将时间当计算工具，而是将时间作为人的存在方式。新时代培养担当民族复兴大任的时代新人就是"止于"期待未来的教育。2016年，习近平在全国高校思想政治工作会议上的讲话提出："我国有独特的历史、独特的文化、独特的国情，决定了我国必须走自己的高等教育发展道路，扎实办好中国特色社会主义高校"，这决定了教育面向过去的开放性；"正确认识中国特色和国际比较，全面客观认识当代中国、看待外部世界"，这展示了教育面向现代的开放性；"用中国梦激扬青春梦，为学生点亮理想的灯、照亮前行的路，激励学生自觉把个人的理想追求融入国家和民族的事业中，勇做走在时代前列的奋进者、开拓者"，这决定了教育面向未来的开放性。习近平的讲话虽然没有形式化的时态规定，但却具有教育语言的"时态特征"，使过去、现在与未来都展现在教育面前。期待未来的教育是过去、现在与未来的三重统一。其中，教育面向未来的开放性具有优先性。在这种教育中，将来已经"到来"，将来的前景已经参与到了现代教育中来，它摆脱了"拥有的感觉"，对未来前景的预期塑造着现在的教育。教育的时间性不仅延伸到未来，而且还具有"曾在"的性质。教育只能在已经所是之际向未来筹划。期待未来的教育把当下时刻的教育选择（新时代的立德树人）作为核心要素，将过去的传统文化置于新时代的历史背景之中，继承传统文化，因事而化、因时而进、因势而新地向未来自我筹划。它抵制任何一种数学上的函数化。所谓"英雄造时势"，"三因"德育因事（培养什么样的人、如何培养人以及为谁培养人这个根本问题）、从时（新时代）、借势（世界和中国发展大势），所成就的是民族复兴教育的时势，而不是现成的业绩，更不是数学上的拥有量。这一时势又造就英雄——担当民族复兴大任的时代新人。

9. 价值理解的方式：静态价值观与动态价值观

固化德育的价值观"止于"静态价值观，它将价值看作主体需要与客体属性相结合的产物，把价值看成事物固有的内在属性。它对事物价值的解释与实践活动背景相分离。理解事物的价值方式是静观，价值成为"呈现于眼前的现成的东西"。

"三因"德育的价值观"止于"动态价值观，它撇开知觉中的现成"焦点"，认为价值不是事物的客观、现成的属性，事物不是作为前定的、现成的价值客体出现在师生面前。海德格尔指出：静观一把锤子，确定它的种种物理属性并不能使人把握锤子的价值，只有在工人的操作中才能把握它的价值。当工人在操作中感觉它太重，将其扔掉，再换一把，这是对锤子的价值的真正把握。锤子的价值既不在于自身中，又不存在于操作者中，而是在操作中（合用与不合用）呈现。这个例子对德育的启示是：客观性的静观，排除了实践活动，用主体认识客体的方法，分析——分离不出事物的价值。价值不是一个陈述性命题所能把握的对象。动态价值观从实践的活动中理解事物价值，实践活动成为事物的价值栖身之所。任何一个事物的价值都是由实践活动来规定的，它因时因境因势而存在。"三因"德育将价值还原到实践的势态之中，让学生在随机而发的势态中把握价值。

孤立地看"宅在家中"的行为，是无所谓有价值与无价值的。足不出户，一般很难称之为社会实践。然而，在 2020 年新型冠状病毒感染的肺炎疫情防控中，"宅在家中"成为一种"社会实践"，这一行为就是对抗击疫情做贡献。正是在社会实践活动中，一个事物的价值才以相应的方式显示出来。事物不是作为纯粹摆在那里的现成事物得到揭示，只有在实践中事物的价值才能得到揭示。因事而化、因时而进、因势而新是生存的根本境域，"三因"式德育焕发出人生原本的价值形态，离开了"三因"去谈论人生价值，就像鱼处于脱水之境，使道理变得干涸而了无生气。

10. 方法的运用方式：将方法当工具与将方法当目的

固化德育"止于"工具理性的角度思考问题，将学习方法当成获取陈述命题性知识的工具，在达到学习目标之后，方法就离主体而去。在这种学习活动中，出现了"人——工具——被塑造者"三者彼此分离的、相互独立的现象。人的塑造有如木匠制作桌子，主体（木匠——教育者）——介体（工具——教育方法）——客体（桌子——教育对象）彼此各自独立，被塑造者独立于工具，工具独立于塑造者，三者之间没有必然的联系。方法仿佛是过河的桥梁与船只，目标是过河。过河之后，桥梁与船只就没有作用了，方法不能内化为学生自身的素质。例如，固化式德育仅仅将体验方法作为理解某个道德观念的手段，体验就成为与某个道德观念相联系的"附属感觉"、成为简单被附加在某个道德观念上的一个心理特征。体验方法永远外在于学生。在教育中，"应当做什么"（涉及价值、目的）和"应当如何做"（涉及实现目的的手段）是相互分离的，前者关注价值目标，关注是否合乎人之需要；后者关注工具、手段，关注有效性。

"三因"式德育将方法当目的，让方法与目标一体化。在这种教育中，工具不是达到目标之后就可以丢弃的东西，而是内化为受教育者的素质。工具就是目的，目的就是工具，工具与目的具有内在的、必然的、不可分割的联系，人——工具——被塑造者三者是统一的，教育方法本身具有陶冶的意义。在"三因"德育中，体验方法成为培养学生广博的同情心的方法，使学生具有"民胞物与"的道德境界。体验方法既是方法又是目的，它既是一种培养博爱的方法又是一种教育追求的境界。当体验方法上升到境界层次作为教育目的之时，体验方法将"先天下之忧而忧，后天下之乐而乐"的广阔深远的情感体验视为教育追求的目的。在这种教育中，合作学习方法、研究性方法、启发式教育方法等等都不再是单纯的教育手段，它们既是教育方法又是教育目的。

三、　止于至善的幸福观教育

《论语》开篇："学而时习之，不亦说（悦）乎？有朋自远方来，不亦乐乎？"这是自我修养的"成己成物"活动。它所说的悦与乐的幸福感是大学之道思想的源头。"止于至善"就是一种幸福追求，它蕴含着幸福观教育。《大学》说的"富润屋，德润身，心广体胖"是一种修身的追求状态。这里，结合幸福观教育进一步探讨"止于至善"。

在今天，幸福观教育是德育的重要内容。幸福观作为一种价值观（特别是在知识层面）可以通过考试等手段见到教育效果。幸福感作为主观体验难以通过外在教育直接见出教育效果，它在教育上有两大困难：一是学生可以准确复述幸福观的教育内容，但内心却体验不到幸福感。这样，幸福观教育没有产生幸福感；二是幸福感本身作为一种心理体验无法测量。表面上有幸福感的学生，可能内心没有。提高幸福感的教育似乎无从下手。

然而，幸福观教育的落脚点是幸福感，若不能增进学生幸福感则有教无益。那么，如何提高幸福感呢？通常人们会从教育目标、原则、内容、手段、方法、途径与评价等入手加以思考。本书认为要从维度上入手。宗白华、钱穆、马克思分别从对外经验与对内经验、物世界与心世界、拥有与扬弃拥有的角度分析了人的幸福感问题。幸福观教育结合《大学》思想，可以从这三个维度入手。

1. 对外经验与对内经验

1920 年 23 岁的宗白华写了《怎样使我们生活丰富》一文，目的是让青少年摆脱烦闷，文中提出了"'生活'等于'人生经验的全体'"，并将经验分为对外经验与对内经验。他指出："生活即经验，生活丰富即经验丰富……不要误会经验是一种消极被动的容纳，要知道，经验是一种积极的创造行为。"[1] 幸福观教育只有扩大学生的经验，让学生积极创造经验，才能丰富学生的生活，使生活有幸福感。依据宗白华的观点，扩大学生经验需要从两个方面入手："一方面增加我们对外经验的能力，使我们的观察研究的对象增加，一方面扩充我们在内经验，使我们思想情绪的范畴丰富。"[2]

扩大学生经验有对外对内两个方面。首先，增加对外经验的能力。这需要引导学生通过活动课程、社会实践接触社会，传承大学之道，将经验拓展到齐家、治国、平天下。如果幸福观教育仅仅局限于课堂就好比让学生处于舍勒所说的"一间狭小的空房间"。既有课堂教学又能走出教室、接触社会，"止于"齐家、治国、平天下，就会有舍勒所说的"广阔风景远远地展现在学生眼前"。两种不同的教育方式所用的课时数、它们对学生的视觉、听觉造成的生理感觉相同，但心理知觉效果有着巨大差异。

其次，扩充对内经验能力。这需要引导学生艺术地观察生活。宗白华举了一个例子："我有一次黄昏的时候，走到街头一家铁匠门首站着。看见那黑漆漆的茅店中，一堆火光耀耀，映着一个工作的铁匠，红光射在他半边的臂上、身上、面上，映衬着那后面一片的黑暗，非常鲜明。那铁匠举着他极健全丰富的腕臂，取了一个极适当协和的姿势，击着那透红的铁块，火光四射，我看着心里就想到：这不是一幅极好的荷兰画家的画稿？我心里充满了艺术的思想，站着看着，不忍走了。心中又渐渐地转到人生问题，心想人生最健全最真实的快乐，就是一个有定的工作。我们得了它有一定的工作，然后才得身心泰然，从劳动中寻健全的乐趣，从工作中得人生的价值。社会中实真的支柱，也就是这班各尽所能的劳动家。将来社会的进化，还是靠这班真正工作的社会分子，绝不是由于那些高等阶级的高等游民。我想到此地，则是从人生问题，又

1　宗白华. 美学与意境 [M]. 北京：人民出版社，2009：23.
2　宗白华. 美学与意境 [M]. 北京：人民出版社，2009：23.

转到社会问题了。后来我又联想到生物学中的生存竞争说，又想到叔本华的生存意志的人生观与宇宙观，黄昏片刻之间，对于社会人生的片段，作了许多有趣的观察，胸中充满了乐意，慢慢地走回家，细细地玩味我这丰富生活的一段。"[1] 宗白华告诉年轻人对生活有丰富的感受就能体会到人生的乐趣。他偶遇铁匠打铁，这是一种外在经验。他能将这一外在经验转化为内心丰富的体验，是艺术地看待生活的表现。这需要想象的艺术：从铁匠打铁联想到画家的画稿、从画稿联想到人生、从人生联想到社会、从社会联想到生物学、从生物学联想到哲学的人生观与宇宙观。他能将一个普通的生活情景变成了表现多方面生活意义（艺术、人生、社会、科学、哲学）的境相。铁匠打铁，在宗白华的眼中就像一首言有尽而意无穷的"诗作"。如此，生活就"不致因闲暇而无聊，因无聊而堕落，因堕落而痛苦了。"[2] 能否艺术地看待生活，反映了一个人智慧和精神境界的高低。宗白华正是善于依据对外经验创造出丰富的内心体验，才使他日后成为美学大师。

　　唐朝诗人杜牧的诗句"碧松梢外挂青天"引发了宗白华的丰富联想："青天悠远而挂之于松梢，这已经不止于世界的平面化，而是移远就近了。这不是西洋精神的追求无穷，而是饮吸无穷于自我之中！孟子曰：'万物皆备于我矣，反身而诚，乐莫大焉。'宋代哲学家邵雍于所居作便坐，曰安乐窝，两旁开窗曰日月牖。正如杜甫诗云：山河扶绣户，日月近雕梁。深广无穷的宇宙来亲近我，扶持我，无庸我去争取那远穷的空间，像浮士德那样野心勃勃，彷徨不安。"[3] 宗白华由"碧松梢外挂青天"联想到孟子的自反、邵雍的日月牖、杜甫的诗句、歌德的浮士德、中西方空间观念的差异，等等。他从 A 引出了 X，这 X 就是变数。经过他的联想，我们能感觉到"诗中妙境，每字能如弦上之音，空外余

1　宗白华. 美学与意境 [M]. 北京：人民出版社，2009：42.
2　宗白华. 美与人生 [M]. 北京：北京理工大学出版社，2012：29.
3　宗白华. 中国美学史论集 [M]. 合肥：安徽教育出版社，2006：68.

波，袅袅不绝"。[1] 宗白华的丰富联想与他深厚的传统文化修养是分不开的。

如何提高学生积极地创造经验的能力呢？一是通过"大学之道"传承"文武之道"，培养"深人"的教育。朱光潜说："深人所见物者亦深，浅人所见物者亦浅"。应试教育的题海战术让学生成为解题工具，将人生意义变成了"求平方根"，它排斥与应试无关的人文知识与艺术联想，使学生变成"浅"。应试教育对贮存特别关注，它使人的体验能力和想象力萎缩，产生机械的再现式联想而不是宗白华那样的生动活泼的联想。当今学生由生活的无意义感导致抑郁等心理疾病就是"浅人"的疾病，这种人陷入感觉贫乏的沙漠。扭转这一状况，教育要传授丰富的人文知识。大学之道承上启下，尧、舜、禹、汤、文、武、周公、孔子、孟子……通过大学之道传承"文武之道"，增强弘道能力。同时提升学生的"举一反三"的联想能力。孔子说："不愤不启，不悱不发，举一隅不以三隅反，则不复也。"[2] 这是孔子的启发式教育，也是《大学》的教育精神。"举一隅不以三隅反"就是"浅人"。学生具有了举一反三的能力，就善于用艺术的联想对生活作多方面的"玩味观察"，将一个单调、平常的环境，化成一个复杂的、丰富的情景，使心像"一个多方面的折光的镜子，照着那简单的物件，变成多方面的形态色彩。"[3] 这色彩就是生活的意义。生活世界是一个由意义构成的世界，这个意蕴性的世界是靠艺术的想象去揭示的。当然，"深"是相对的，幸福观教育不可能让人人都成为宗白华这样的美学大师。然而，幸福观教育的目标指向马克思的"创造着具有深刻的感受力的丰富的、全面的人"[4]。在幸福观教育中使学生的人文知识和艺术联想多一分，"深人"的智慧就增长一分，幸福就多一分。

1　宗白华. 中国美学史论集 [M]. 合肥：安徽教育出版社，2006：66.
2　论语·述而.
3　宗白华. 宗白华选集. 天津：天津人民出版社，1996：26.
4　马克思. 1844 年经济学哲学手稿 [M]. 北京：人民出版社，2000：88.

二是“如切如磋，如琢如磨”的《大学》修身方式，使“有历无阅”的教育转变为“增长阅历”的教育。在儒家文化发展过程中，有四个人物对儒家文化的发展作出了巨大贡献：孔子是儒家文化的创始人，孟子为亚圣，董仲舒提出的“罢黜百家，独尊儒术”奠定了儒家文化的官方统治地位，朱熹是理学的集大成者。这四个人的年龄都到了“古稀”之年（孔子 72、孟子 83、董仲舒 76、朱熹 70）。民间有个俗语：“七十三八十四，阎王不请自己去”。这种说法就来自孔子、孟子的年龄。意为圣人都活不过这个“坎”，凡人就更难过这“坎”了。这反映了一个现象，道德文化是要以一定的年龄为基础的。中国古代尊重老年人，看重老年人的智慧，与重伦理、重道德的文化有关。

道德虽然与年龄有关，但不能由此推出年龄越高，德性就越高。德育重的是“阅历”，若学生“观过而不知仁或不思仁”就不善于体验生活，有“历”而无“阅”。学生以这种态度对待生活，即使到了八十岁，仍然是一个“老小孩”，对人生的感悟是苍白的。这样，年龄再大，也没有长进。只有既“历”又“阅”，持之以恒，才能懂得许多人生道理。

遽伯玉是孔子时代的人，卫国有名的贤大夫。他回顾一生的修养时，说他在二十岁的时候，已经能觉察到前日所做的不是，而把它都改掉了。到了二十一岁，才知道自己以前所改的还没有完全改尽。乃至二十二岁，回顾二十一岁，还像在梦中糊涂过日，错误不少。这样，他年复一年，年年改过，到了五十岁的时候，还认为四十九年来所做的不对。所以有“吾年五十方知四十九之非”的古时道德修养的著名话语。他的人生经验不是在其面前走过的、已经过去了的事实。他将人生经历变成了阅历。这就是《大学》提出的“如切如磋，如琢如磨”的修身方式。有阅历的人就如宗白华说的“可以使人生最小一段，化成三、四倍的内容，”产生创造性经验，丰富生活。

2. 物世界与心世界

23 岁的宗白华关于对外经验与对内经验的想法，与 83 岁的钱穆所见相似。钱穆在《晚学盲言》一书中有“物世界与心世界”的探讨。他说："物世界在人生之外面，共同公有，比较简单相同。心世界在人生之内里，各自私有，比较复杂多异。"[1] 物世界中有人人相同的对外经验，心世界中有彼此不同的对内经验。钱穆举例说："某一旅行团乘机出发，此一飞机，即是此一旅行团之共同物世界，无大区别……城市名胜亦为此旅行团体之共同世界，亦无大相异。但在此团体中，各人所引生之情绪、所激发之兴会、所增添之知识、所触起之感想，其对各人彼此人生种种影响，则人各不同。此一旅行，乃是在各人的共同物世界中，获得了人各不同之心生活，来扩大与修改其各自的心世界。"[2] 在这种旅行团中，"浅人"与"深人"的心世界大为不同。钱穆的观点与宗白华的观点既有对应，又有区分。其对应处是在物世界中，产生对外经验。在心世界中，产生对内经验。其区别处是物世界不是对外经验，而是外在的、客观的存在；心世界不只是对内经验，它包括整个人的精神状态。宗白华集中于个体的内与外的经验维度，钱穆涉及人类的内与外的世界维度。

钱穆有一个"室与梦"的设想：甲某花大价钱住进豪华宾馆，做了一场噩梦；乙某花了很少钱住在一简陋旅店，做了一个美妙的梦。试问甲某与乙某在这一晚，谁住得最舒服？这是天天可能发生的两种不同的现象。钱穆这一设想说明了物世界的繁华不一定带来心世界的快乐，产生幸福感。物世界与心世界并非简单地相互匹配，例如，有豪宅、陋室与美梦、噩梦种种不同搭配。有富润屋，德润身；富润屋，德不润身；陋室，德润身；陋室，德不润身状况。

在物世界与心世界的论述中钱穆"剑走偏锋"，由"室与梦"的设想联想到孔颜之乐这一极端的例子，孔颜就像住陋室做美梦的人。在中国历史上，他们"创造"出了令人高山仰止的幸福感的高峰体验。孔子的乐是："饭蔬食饮水，曲肱而枕之，乐亦在其中矣，不义而富且贵，

1   钱穆. 晚学盲言（上）[M]. 九州出版社，2011：129.
2   钱穆. 晚学盲言（上）[M]. 九州出版社，2011：129.

于我如浮云。"[1] 颜渊的乐是:"一箪食,一瓢饮,在陋巷,人不堪其忧,回也不改其乐。"[2] 这是一种毫无贪欲、毫无拥有感之乐。无此"乐",中国文化史中的幸福观将大为逊色。在孔颜之乐中,物的世界简陋与心的世界充盈形成了强烈的反差,产生了一种辉煌的人生美感,引发了后人对幸福的思考与追求。最著名的例子是周敦颐让 16 岁、15 岁的程颢、程颐寻孔颜乐处。孔颜之乐值得寻味,他们不是乐贫穷。其乐与"安贫乐道"、"乐以天下"、"众乐乐"等有深度的联接,其"乐"的内涵十分丰富。周敦颐对二程的幸福观教育定位于"寻"乐,在"寻"乐的路上二程成长为理学大师。所谓"听君一席话,胜读十年书"。周敦颐的一席话,从此改变了二程的人生,引发他们的心理体验为"吟风弄月",其乐无穷。今天,大自然的"风"与"月"仍然存在着,幸福观教育应该引发学生"吟风弄月"一般的幸福感。然而,孔颜之乐、周敦颐与二程的心境却不易寻得。

幸福观教育如何寻孔颜乐处?

首先,要明确孔颜之乐在心世界,不在物世界。南北朝陶弘景的《诏问山中何所有赋诗以答》:"山中何所有,岭上多白云。只可自怡悦,不堪持赠君。"这首诗生动形象地说明心世界中的快乐就像怡悦于白云一样,它是不能赠与他人的。教育无法将孔颜之乐赠与学生的,只能引导学生寻孔颜乐处。孔颜之乐对身处经济繁荣、易引发物欲横流、贪腐大案频频曝光的现代社会中的学生有重要启示意义。那些贪官在学校教育中一直未能"寻"这种乐,从未摆脱过财富导致幸福的幻想,以至于他们用牢狱生活为所奢求的畸形幸福买单。在一定程度上,幸福观教育决定着未来时代新人素质,决定着民族的素质。

大学之道蕴含着孔颜之乐。孔颜之乐依赖于文化解释,没有儒家文化的解释就没有对这种乐的领会。它与"先天下之忧而忧,后天下之乐

1　论语·述而.

2　论语·雍也.

而乐"的道德情感相通，它是从儒家文化地平线中产生的，它规定着修身者的所作所为，也规定着事物如何向修身者呈现。它的质不仅要以儒家文化（"乐以天下、忧以天下"）来解释，而且其情感的量即达及的范围也由平天下来决定。幸福观教育的可能性是由其文化背景所决定的，只有传承儒家文化，才能更好地进行幸福观教育。

寻孔颜之乐要有淡泊之心。在学生入学教育中，教育者常常会介绍优秀校友、院友、系友，他们多为高级领导干部和成功的企业家。学校将他们树立为学生的励志榜样固然无可厚非。然而，那些在工作岗位默默奉献几十年、不计名利的校友一样是励志的榜样。一味地宣传前者，入学教育会异化成"升官发财"的教育，无形中可能会扭曲学生的幸福观。

物世界中的财富并不是恶的，孔子说："富而可求也；虽执鞭之士，吾亦为之。如不可求，从吾所好。"[1] 孔子认为人在物世界应该有所求。当然，达到《大学》所谓的"富润屋，德润身"固然好，实现了物世界与心世界的平衡。但人在物世界不能强求。钱穆说："物的占有，有时成为心的亏欠。而贪欲无厌，层层缠缚，看得物世界愈大，转觉心世界愈狭。"[2] 这与马克思的扬弃拥有欲思想如出一辙。幸福观教育要让学生从"拥有财富就能导致幸福"的幻想中解脱出来。

其次，寻孔颜乐处要关注人物本身而不是幸福观概念。幸福观教育（包括德育）老套的做法是通过概念（什么是幸福观）引出人物事迹（孔颜乐处），再让人物事迹充实概念，最终目的是达到幸福观概念的理解。这样，人物事迹的作用就像三角形例子充实着三角形概念一样，成为概念学习的手段、工具。这种教育永远达不到周敦颐的"寻"的教育水平。幸福观教育应将注意力放在事迹本身，使学生从中受到人格感召。

---

1 论语·述而.
2 钱穆: 晚学盲言（上）[M]. 九州出版社, 2011: 133.

3. 拥有与存在

马克思在《1844 年经济学哲学手稿》中对拥有感的剖析，体现了他对幸福问题的理解。区别于钱穆，马克思将拥有问题置于历史唯物主义的视域中，把它放入历史长河中，指出它处于"以物的依赖为基础的人的独立性"阶段。马克思指出："片面"的人的思想、情感与趣味都"浸泡"在拥有感之中，对物质财富的拥有成为他的生存的唯一目标，幸福就是最大限度地拥有。这种人"不仅五官感觉，而且所谓精神感觉、实践感觉（意志、爱等等），一句话，人的感觉"都受拥有感所支配，人通过拥有物（商品、货币和资本）来确证自身，人的感性活动等于感性拥有，等于"直接的、片面的享受"。马克思称这种人为"绝对的贫困"。这种贫困不是外在的物质上的贫困，而是内在的精神上的贫困，是心世界的贫困。马克思所描述的私有制造成人的片面性几乎人所共知，但其片面是指质的片面却容易被人忽略。

马克思全面发展的"全面"是从拥有感中"彻底解放"，这种解放使人成为"创造着具有人的本质的这种全部丰富性的人，创造着具有丰富的、全面而深刻的感觉的人"。[1] 无产阶级与资产阶级的斗争体现为拥有与扬弃拥有的斗争，无产阶级革命最终目标是消灭拥有感产生的根源——私有制，彻底扬弃拥有感，实现人的自由全面发展。

拥有型人像易卜生笔下的"洋葱头"，剥去了一层层外壳（拥有物），就发现其内在素质一无所有。与拥有型人相反的类型是存在型人，他的一切感觉和特性从拥有感中彻底解放出来，不再虚假地用拥有物来装饰自己，而是以自身的素质与能力展示自我的真实存在，追求人的全面发展。

拥有和存在是两种不同的生存方式，它造成了完全迥异的心世界。拥有型人将拥有视为走向幸福生活的通途，似乎拥有物越多越幸福，他试图成为幸福的拥有者。然而幸福不是一个物件、一种财产这样的身外

1　马克思. 1844 年经济学哲学手稿 [M]. 北京：人民出版社，2000：88.

之物。存在型人的幸福观指向心理体验。孔颜之乐、周敦颐与二程寻孔颜之乐的心境、宗白华的积极的创造性经验、钱穆的丰富的心世界都是一种心理体验。这种幸福体验不是既定的，它必须"寻"。只有如钱穆所说的"不为物缚，不受物占"的人，即马克思的扬弃了拥有感的人才能产生幸福体验。人不拥有物质财富不能生存，但只追求拥有物质财富则人不再为人。拥有型人是围绕着物世界打转的人，拥有物质财富是生活的主题。他在物世界中拥有得愈多，在心世界就变得越狭隘。

转入到教育中，这种拥有型人以"拥有"赋予教育以意义，产生拥有型教育。它以拥有与交换为教育的主导原则，将人与教育的关系变成拥有者与拥有物的关系。他以知识交换分数、以分数交换学业成绩、以学业成绩交换学位、以学位与科研成果交换物质财富。主体拥有客体，最终，客体也拥有主体、支配主体。他试图将整个教育过程都兑换成被主体所拥有的东西，恨不得将自己在教育中所经历的一切都变成财富关系。由于创造性过程只能被经历，不能被拥有，拥有式教育指向拥有物，无力经验创造过程，不能亲身感受创造的喜悦。有学者指出："为了提高效益/产出，孩子学习的压力越来越大、节奏越来越急促。我们知道，很多'学霸'的脱颖而出，靠的就是二年级就已经在做五年级的题、初一已经提前'课外补习'高一课程。""在应试教育的赛道上硬拼成'学霸'乃至'高考状元'的人恰恰最容易成为'智能时代'的无用之人。那是因为：靠死记硬背、大量做题脱颖而出者，却是最容易被人工智能替代的人。"[1] 应试教育就属于拥有式教育，这种死记硬背的人全无创造性，在学习过程中被多多益善的拥有欲所煎熬，体验不到幸福，最终会被时代的发展所淘汰。

在经典著作学习上，弗罗姆向我们展示了拥有型教育的学习方式："学校总是力图给每个学生提供一定数量的'文化财产'，学习结束时，

1　吴冠军. 后人类状况与中国教育时间：教育终结抑或终身教育？——人工智能时代的教育哲学思考 [J]. 华东师范大学学报，2019 (01).

他将被证明，至少占有了其中最基本部分。所以他顺带学会了读一本书要能够复述出作者的思想主脉。他以这种方式'弄懂'了柏拉图、亚里士多德、笛卡尔、斯宾诺莎、莱布尼茨和康德，直至海德格尔和萨特……最出色的学生是能够最大限度地准确复述任何一位哲学家所说过的话的学生。他就像一位学富五车的博物馆导游。而他没有学到的则是那超出知识财产以外的东西。"[1] 在这种教育中，学生只能看到经典大师在沙滩上留下的足迹，永远看不到大师眼中的风景。以这种方式学习传统文化，只能记住孔颜之乐的文本出处和话语内容，绝不会去"寻"孔颜乐处。拥有型人的幸福观与宗白华的创造性经验、孔颜之乐绝对无缘。

拥有型教育是一种抽象的说法，任何一所学校都不可能彻头彻尾、百分之百地从事这种教育，但是，到处都可以看到这种教育倾向。它无一处在又无处不在。当然，教育中的拥有物（知识、分数、论文、职称、帽子）本身并不是恶的，是拥有感使它们变成恶的，拥有感妨碍了人的全面发展。

如何从拥有走向存在呢？

首先，人以"正心"的方式修养自身，从唯功利境界上升到超越小己的道德境界。《大学》说："心不在焉，视而不见，听而不闻，食而不知其味。"人的感受不是被动地接受过程，心是一身之主，心不端正就像心不在自己身上一样。心不在焉，视听等感觉器官都失去了应当有的功能。马克思指出："贩卖矿物的商人只看到了矿物的商业价值，而看不到矿物的美和特性。"[2] 在商人的唯功利性眼光中，玉仅仅是矿石。这种人受物的束缚已经体验不到玉的美。马克思说："只有音乐才能激起人的音乐感；对于没有音乐感的耳朵说来，最美的音乐也毫无意义，不是对象。"[3] 这种人为拥有感所支配，心不在焉。这仿佛是对朱光潜的

1　弗洛姆. 占有或存在［M］. 北京：国际文化出版公司，1989：32.
2　马克思、恩格斯. 马克思恩格斯全集（第42卷）［M］. 北京：人民出版社，1979：126.
3　马克思、恩格斯. 马克思恩格斯全集（第42卷）［M］. 北京：人民出版社，1979：96-97.

"浅人"的一个形象化注解。宗白华指出：发现美"我们的感情是要经过一番洗涤，克服了小己的私欲和利害计较。矿石商人仅只看到矿石的货币价值，而看不见矿石的美和特性。我们要把整个情绪和思想改造一下，移动了方向，才能面对美的形象"。[1] 幸福观教育要使学生"情绪和思想移动方向"：从唯功利境界上升为超越小己的道德境界，从而发现生活中的美。这就是《大学》所说的"正心"。习近平指出："身之主宰便是心"；"不能胜寸心，安能胜苍穹"。[2] "本"在人心，内心净化、志向高远便力量无穷。内心净化就是新时代的"正心"。

其次，把握全面发展的实质，做"大人"而不是被拥有感支配的"小人"。前面说到流俗的全面发展的全面是量上的，马克思所讲的"片面"不是指量上的片面，而是指"质"上的片面即被拥有感所支配的片面。马克思主义理解的幸福就是人的全面发展，扬弃拥有感的全面发展教育实质上就是幸福观教育。

最后，使学生投身于改造世界的社会实践活动中去，为实现"平天下"的理想而奋斗。彻底摆脱拥有感，需要从"以物的依赖为基础的独立性"阶段走向"自由个性"阶段。新时代，追求美好生活、实现民族复兴是向自由个性阶段的奋进。马克思的自由个性阶段之共产主义理想与"平天下"有会通处。孟子的"乐以天下，忧以天下"、范仲淹的"先天下之忧而忧，后天下之乐而乐"、张载的"为天地立心，为生民立命，为往圣继绝学，为万世开太平"都达到了治国、平天下境界。这既是大学之道的追求又是今天我们需要有的境界。今天，为天地立心是共产党人的初心，为生民立命是民族复兴的中国梦，为往圣继绝学是继承优秀传统文化，为万世开太平是实现人类大同理想。幸福观教育目标是培养担当民族复兴大任的时代新人。这种人既能"寻"孔颜乐处，传承着中华文化，又具有民族复兴的实践能力，为平天下的幸福生活创造物质基

1　宗白华. 宗白华选集 [M]. 天津：天津人民出版社，1996：240.
2　中共中央党史和文献研究院. 习近平关于"不忘初心、牢记使命"论述摘编 [M]. 中央文献出版社，2019：80.

础。拥有型教育受到扼制，全面发展教育才能苗壮成长，学生对外经验和对内经验才能沿着存在型人的方向不断扩展，心世界才能不断丰富。当今世界人类生存的大问题——核威胁、生态危机、强权欺凌等都与拥有贪欲相关。只有存在型力量才能扼制占有型力量；只有民族复兴、向全面发展的社会迈进，才能有效应对国际上西方国家多多拥有、多多霸占的强权政治。

幸福观教育历史悠久，它始于孔子以榜样力量激发颜渊的幸福情感，在榜样教育作用下产生交相辉映的孔颜之乐，在中华教育上谱写出幸福观教育的第一乐章。他们的心世界影响了两千多年的中国人的心世界，形塑着华夏子孙对幸福的理解和体验方式。寻孔颜乐处的"教案"是中国历史上幸福观教育最经典、最成功的案例，它将幸福的追求变成了"寻"乐。幸福不是类似拥有物一样的实体，幸福是"寻"的过程，它在"路"上。在寻乐路上，宗白华、钱穆、马克思为幸福观教育提供了"寻"的路标。幸福观教育是寻乐的教育，人的全面发展路程就是寻乐的路程，这种发展必须寻找到最适合自己的发展之路。幸福观教育让学生在寻乐中产生幸福，在寻乐中沿着前人的路标前行，在寻乐中出周敦颐和二程这样的教师和学生，从而为幸福观教育提供出更多的路标。

四、 让大学之学成为觉悟之学

《左传·襄公·襄公二十四年》记载："二十四年春，穆叔如晋。范宣子逆之，问焉，曰：'古人有言曰，"死而不朽"，何谓也?'穆叔未对。宣子曰：'昔匄之祖，自虞以上，为陶唐氏，在夏为御龙氏，在商为豕韦氏，在周为唐杜氏，晋主夏盟为范氏，其是之谓乎?'穆叔曰：'以豹所闻，此之谓世禄，非不朽也。鲁有先大夫曰臧文仲，既没，其言立。其是之谓乎! 豹闻之，大上有立德，其次有立功，其次有立言，虽久不废，此之谓不朽。若夫保姓受氏，以守宗祊，世不绝祀，无国无之，禄之大者，不可谓不朽。'"范宣子认为由血脉绵延传承就可以达到不朽，这与孟子的"不孝有三，无后为大"有相通之处。叔孙豹认为立德、立功、立言才是真正的不朽。中国古人不追求来世、永生，不追求灵魂的不朽。中国人讲的是德、功、言的不朽。孔子说："朝闻道，夕死可矣。"只有闻道才能达到这种不朽。在中国文化看来，最有价值的知识与"道"有关。

海德格尔认为有两种思想：计算性思维和沉思之思。计算性思维，"它的特性在于：当我们进行规划、研究和建设一家工厂时，我们始终是在计算已给定的情况。为了特定的目标，出于精打细算，我们来考虑这些情况。我们预先就估算到一定的成果。这种计算是所有计划和研究思维的特征。这种思维即使不用数来运行，不启用计数器和大型计算设备，也仍然是一种计算。计算性思维权衡利弊。它权衡进一步新的可能性，权衡前途更为远大而同时更为廉价的多种可能性。计算性思维唆使人不停地投机。计算性思维从不停息。"[1] 它导致思想惊人的贫乏。然而，海德格尔认为，沉思之思是一种真正的思想，它思索存在问题。思与"道"有关，海德格尔借鉴了《道德经》的思想，将思的言说称为"道说"。

在中国，"道"包括有儒家、道家等等不同的"道"，它们都是一种智慧之学。本书仅仅讲儒家之"道"。"道"不同于某种技能。曾经有人在亚历山大大帝面前表演，将黄豆扔进一个铜钱的钱眼里，亚历山大看了很高兴，奖励了他几筐黄豆。人不会天生掷豆，练就这一技术需要年复一年，持之以恒的努力。亚历山大"识人善任"，认为此人堪当投掷黄豆的大任。这是一个意味深长、流传千古的笑话。所谓三百六十行，行行出状元。掷豆先生，姑且算是状元，就像是奥运会冠军。

最早奥运会是为了健身。今天，如果将一个小孩从小就大强度、反复训练，甚至变相地折磨肉体与灵魂，牺牲了常人一样的正常生活，发

---

1   海德格尔. 海德格尔选集 [M]. 上海：上海三联书店，1996：1233-1234.

展某种技能，全然舍弃或忽略其他方面的能力发展。以此换取冠军，违背了奥运精神。这种冠军与掷豆先生没有本质区别。经过类似掷豆一般的艰苦训练，没有获得冠军的一些运气不好的运动员仅剩类似掷豆先生的技能，难以适应社会。他们有的拖着病残身体，找不到工作，形成悲剧人生。

马克思揭示了资本主义工场，童工用浆糊涂抹信封的工序，从小到大一直只做这一件事，没有其他技能，没有读书受教育。离开这一岗位，他将是一个无用的人。这种人不仅技能片面，而且智力荒废了，丧失了开发智力的关键期，造成不可逆转的个体的"教育损失"。针对这一问题，马克思提出了教育与生产劳动相结合，提出了人的全面发展学说。这是今天社会主义教育的行动指南。

今天，什么样的知识最有价值？在人工智能时代，这一问题显得十分突出。有学者指出："当'阿尔法狗'（AlphaGo）一路战胜人类最出色的围棋手并且取胜越来越轻松后，围棋这项挑战脑力的活动，本身将越来越难再吸引人去投入苦功。柯洁曾表示：'我看过 AlphaGo 自己跟自己对战的棋谱，像天书一样——因为它算得太远了，我根本看不懂为什么要这么下。'"[1]围棋高手曾经被视为棋圣，曾几何时，棋圣代表最高荣誉和人生的辉煌。今天，我们还会敬仰棋圣吗？

棋士柯洁发帖："我叫做柯洁，97 年出生。现在暂时是世界围棋第一人，正式比赛我是单盘 8 : 2 碾压李世石，世界冠军获得过三次。"（此年龄如此成绩前无古人）以他的技艺，曾经认为机器若是能够打败人，至少要让人工智再发展二十年。他还曾经嘲笑有人棋下得不好，像电脑一样。在柯洁决定与机器决赛时，他发帖："来吧，管你是阿法狗还是阿法猫！我柯洁在棋上什么大风大浪没见过？让风暴再来得猛烈点吧！"他没有想到自己竟然输给机器人。输后他哭了，承认永远下不过机器

1　吴冠军. 后人类状况与中国教育实践：教育终结抑或终身教育？——人工智能时代的教育哲学思考 [J]. 华东师范大学学报（教育科学版），2019（01）.

人。人成为冠军会高兴，机器却无所谓喜怒哀乐，它不会因为成为"冠军"而狂欢，它只是麻木地执行指令。若机器人可以大批量、无穷尽地复制，变成廉价的类似计算器之类的东西，这种机器会使棋圣"去魅"。计算理智战胜了有着千年的"围魏救赵"、"暗度陈仓"等等棋谱的围棋文化，棋谱不敌程序代码。试想，今天让一个六七岁小孩远离家乡封闭训练，以至于春节放假都不休息，关在房间里下棋，有这种必要吗？这样下一万多盘，即使当了人类冠军，却不敌机器人。相对于机器人，人作为顶尖棋手不过是"业余棋手"。

高斯发明了速算，令人称奇。为学这项技术，上个世纪曾经有速算培训班。现在有手机，只需动手点出计算器，就可以代替这一技能，一般人是不会花钱、花精力学习速算技能的。当然，如果与一帮朋友一起吃饭，服务员拿出菜单，你点了十几个菜，没等服务员的计算器算出，你说出准确钱数，定能让朋友们大吃一惊，成为晚饭的"谈资"。这就如电视上最强大脑节目，记忆超群、速算神速，让观众连连称奇。对此类技能，不知道亚历山大会颁什么奖。但人们仅仅是称奇罢了。这些技能肯定有用，但是，它们是否值得人为此努力训练付出，取得的结果最终远达不到机器水平，值得反思。

有学者说："在应试教育的赛道上硬拼成'学霸'乃至'高考状元'的人恰恰最容易成为'智能时代'的无用之人。那是因为：靠死记硬背、大量做题脱颖而出者，却是最容易被人工智能替代的人。"[1] "越是那些靠大量做题规训出来的'学霸'（缺乏创造性），越是容易被人工智能淘汰成为'无用阶级'（同理，流水线上的产业工人首当其冲，成为'无用阶级'）。"[2] 人工智能的超级"学霸"会使"高考状元"无用化。当小学二年级学生做完了五年级的课业，初三学生学完了高三学生的课

1　吴冠军. 后人类状况与中国教育实践：教育终结抑或终身教育？——人工智能时代的教育哲学思考［J］. 华东师范大学学报（教育科学版），2019（01）.
2　吴冠军. 后人类状况与中国教育实践：教育终结抑或终身教育？——人工智能时代的教育哲学思考［J］. 华东师范大学学报（教育科学版），2019（01）.

程，通过题海战术成为学霸和高考状元的人，会不会成为掷豆先生，在人工智能时代成了百无一用的书生？应试教育的教师会不会被淘汰？现在有儿童启蒙教育图画，例如，点击苹果图片，图画就会发出中英文苹果语音。可能有一天，知识教育会被机器人取代，只知道传理的教师在智能时代最终会被淘汰。

今天，计算性思维阻碍着文化传承。计算性思维权衡利弊，它使德智体美劳全面发展变成可计算的 A＋B＋C＋D＋E 全面拥有，传统文化变成应试教育中的命题性知识，学生以命题性知识交换分数、以 A＋B＋C＋D＋E 式的分数"拥有量"交换各种好学生的荣誉，以各门课程的分数交换学历。学习的目的不在于文化传承，增长智慧，而在于"兑换"分数、学历、学位，最后是"兑换"物质财富与社会声望。为计算理智支配的人，拼命地学习、读书，是最无思想的人，因为这种人没有沉思的能力。

人工智能唯一不会的是沉思之思，使人高于物的标志是沉思之思，《大学》就是一种沉思之思，它让人"知止"，为人提供"止于至善"的修身"间架"。今天，在智能时代，求道、闻道的知识最有价值。孔子论其科学知识不及今天的中学生，但其人生智慧永远使他成为万世师表。"道"行之而成，它有主体的理想和行动轨迹，这是机器人永远做不到的。并不是说能够被机器人代替的知识都不要学习了，更不是说围棋冠军、奥运冠军都不要了。它们都需要，前提是这种学习要能够"尽人之性"。

《中庸》说："唯天下至诚，为能尽其性。能尽其性，则能尽人之性；能尽人之性，则能尽物之性；能尽物之性，则可以赞天地之化育；可以赞天地之化育，则可以与天地参矣。"教育本于真诚。至诚的人能够尽其性。至诚者了解自己的天性（天赋、潜能、素质）让其充分自然发展。教育促进人的自由全面发展就是让人"尽其性"，教师要以己之性来尽人之性。反复训练、机械重复、舍弃其他人所必需的能力、潜力的发展，不是尽人之性而是违背了人性。教师以自己的全面发展的追求在学生面前树立起榜样，唤起学生的追求，所谓"一棵树摇动另一棵树，一朵云推动另一朵云，一个灵魂唤醒另一个灵魂"，这就是以己之性尽人之性。能尽人之性，则能尽物之性。教育让学生掌握的知识不是征服自然、摆置自然、订造自然、促逼自然的工具，而是促进人与自然和谐共处的智慧。教育让学生知道自己的聪明才智就是大自然进化的一部分，让学生尽物之性，从而赞天地之化育，助力自然的演化。这样，人就能与天地并列，成为大写的人。

赫拉利指出："由于我们无法预知 2030 年或 2040 年的就业形势，现在也就不知道如何教育下一代。等到孩子长到 40 岁，他们在学校学的一切知识可能都已经过时。传统上，人生主要分为两大时期：学习期，再加上之后的工作期。但这种传统模式很快就会彻底过时，想要不被淘汰只有一条路：一辈子不断学习，不断打造全新的自己。"[1] 这里有两点启示：一是在人工智能时代，要继承"大学之道"。"苟日新，日日新，又日新"，不断学习，不断进步。像子路一样："子路有闻，未之能行，唯恐有闻"。[2] 有一种紧迫感："学如不及，犹恐失之"。[3] "大学之道"是一种终身教育之道。二是学习智慧甚于学习知识。固然，"在学校学的一切知识可能都已经过时"，但是，智慧不会过时。大学之道不在知识与技能上，而在人生智慧上。两千年的"大学之道"在今天仍然是中国大学精神。在学习中，领悟《大学》精神并防止将《大学》思想变成命题性知识，使能够激发我们沉思的"大学之道"避免沦为计算性思维中的应试教育的"得分点"。"学之为言觉也，以觉悟所不知也"。大学之学是觉悟之学，是沉思之思的智慧之学。

教育不能单纯传播知识，南宋学者叶适著文说："读书不知接统绪，虽多无益也；为文不能关教事，虽工无益也；笃行而不合乎大义，虽高

1　赫拉利. 未来简史［M］. 北京：中信出版集团，2017：294.

2　论语·先进.

3　论语·泰伯.

无益也"。[1] 借用叶适的观点,在儒家看来,没有大学之道,读书就不能接统绪,为文就不能关教事,笃行就难以合乎大义。在当代德育中,只有传承大学之道,建立一个间架,才能更好地促使学生修身,使教育从计算理智转向智慧之学,实现"真止"。

1　叶适. 叶适集·水心文集(卷二九·赠薛子长)[M]. 北京:中华书局, 1961:607-608.

第十章 《大学》传承的他类解读评析

在《大学》传承的他类解读中存在着以下两个方面问题：一是唯理性解读，它使越是在前的传统文化思想，其学术位置就越是低下；二是寻找西方哲学家思想参照系，在王阳明思想解读中寻找西方哲学"盟友"，以西方哲学遮蔽王阳明的格物致知。

一、 时间叙事上的低位化

时间上的低位化表现为一种历史叙事方法：越是在前的思想，其学术位置就越是低下。低位化使《大学》间架的意义处于幽暗之中。在教育史研究中，当传统文化被编入西方的话语体系，纳入"学"的某个领域，低位化就发生了。

唯理性充斥于教育史中，学者以理性逻辑编写教育史，将中国历史上从远古到近百年前的教育思想统称为教育学萌芽。这种大写的唯理性逻辑历史，将中国传统诗性文化统统收编到唯理性罗网之中。唯理性思维在教育史中、在教育学和教学论的历史回顾中、在一些学者关于教育史的论文中普遍存在着，成为压倒一切的声音。理解传统文化与大学之道要避开唯理性的诠释。

1. 术——理——道的唯理性编排顺序

毫无疑问，教育实践的发展在一定程度上依赖于教育知识系统的积累与完善，使教育知识由零星到系统。但是，教育思想的发展并非仅仅是理性教育知识系统的积累与完善。在人类教育史上，存在着许多珍贵的诗性教育思想，它们不断地被传承和积累，持续地影响与作用着教育。汤之《盘铭》曰："苟日新，日日新，又日新"，这一修身箴言的历史发展使"照镜子、正衣冠、洗洗澡、治治病"的隐喻"每字能如弦上之音，空外余波，袅袅不绝"。唯理性思维抽刀断水，截断了教育史上诗性的隐喻流，无法感知中国传统文化气场。

唯理性思维以理性的"真诚"编写历史，使教育史的演进成为摒弃诗性思维的理性绝唱。有学者认为，教育史的发展有三种形态：教育之术、教育之理、教育之道，它有一个术——理——道的逻辑顺序。"我们最多可以说《学记》对教学之法的证明所采取的理路属于既不很科学也不太哲学的类比、类推，基本处于经验思维的水平，却不能否定它为'术'寻找理据的自觉……对于《学记》，教育史研究者的定位通常是对中国先秦时期教学经验的概括和总结，若从此论，《学记》以及与它相似的其他早期教育文献，实际上也应被视为以'教育之术'为内涵的教育学形态。"[1] 唯理性思维从一开始就将古代教育思想置于理性框架之中。依此而论，由于汤之《盘铭》比《学记》更早，从教育史上看，它是"不很科学也不太哲学的类比、类推"，它可能至多算得上教育之术中的一个"附录"。唯理性思维不能发现中国古代思想中类比、类推相对于理性的一种微妙又非常重要的他异性。

中国古代丰富多彩的教育思想是如何变成"术"的呢？阿尔都塞指出："认识从来不像经验主义所渴望的那样，面临着与现实对象（对现实对象的认识恰恰要由认识来产生）同一的纯粹对象。认识加工它的'对象'，但不是加工现实的对象，而是加工它自己的原料。"[2] 唯理性思维加工它的对象——中国古代教育思想，这个对象成为它的"原料"，

1 刘庆昌. 寻找教育学的历史逻辑——兼及"教育学史"的研究 [J]. 西北师大学报（社会科学版）. 2018，55（01）：69.
2 阿尔都塞. 读资本论 [M]. 北京：中央编译局出版社，2001：39.

即"术——理——道"的发展顺序中的"原料"。变为原料的东西已经失去了它的本来面目，它使历史虚幻不真。例如，在漫长的历史上，汤之《盘铭》的隐喻核与隐喻域消失不见。"用维柯的公式来说就是，verum et factum convertuntur——真等于被造。"[1] 这种被造的理性之"真"使诗性思维被彻底遮蔽了。唯理性思维意识不到教育史发展的复杂性：理性思维是由低到高的螺旋式发展，诗性思维是弥漫的、滚雪球式扩展。该学者说："中国思想中认识论哲学的薄弱，使得整个古代社会中的教育思考并未在由教育之术向教育之理的发展上有所作为，更谈不上在知识分类的意义上提出教育学。"中国古代思想为什么一定是认识论哲学呢？说其认识论哲学的薄弱就意味着它有缺陷，处于"弱势"的历史地位；意味着这种思想一定要向理性逻辑上发展才能克服这种"弱"。只有在教育史中建立一条柏拉图式的逻各斯线索，教育史的编写活动向柏拉图主义靠拢，才会得出如此观点。如此，继承了汤之《盘铭》的"大学之道"就处于"术"的层次，大学之道不配称为教育之"道"，它只能是教育之"术"。

该学者说："传统教育学具有典型的'为用'品格，因而其最初的形态是教育之术。即便为教育之术提供了理据，也只是让教育之术更加理性；即便为教育之理寻找到了教育之道，也是让关于术的说理更为理直气壮。"[2] 教育史的进展与演化似乎就是将经验性问题（术）上升为学理性问题（理），进而上升为理性教育哲学问题（道）。这种教育史编写整体上呈现出的唯理性倾向，形成了对中国古代教育思想的诗性血脉传承的一种威胁。

1966 年联合国教科文组织与国际劳工组织在《关于教师地位的建议》中提出把教师作为专门职业来看待，之后兴起了职业化、专业化浪

---

1   波尔特. 存在的急迫：论海德格尔的《对哲学的献文》 [M]. 上海：上海书店出版社，2009：44.
2   刘庆昌. 寻找教育学的历史逻辑——兼及"教育学史"的研究 [J]. 西北师大学报（社会科学版）. 2018, 55（01）：76.

潮。教育职业化固然十分重要，然而，发展中出现了突出"知识本位"和"技术理性"的倾向，教育学作为一种学科群包括教育哲学——教育科学——教育工学——教育技艺，也呈现出一个理性的系列，与道——理——术相对应。

"术"是一种概念，它把握了"《学记》以及与它相似的其他早期教育文献"中"共相"的东西，"术"作为本质的东西是不变化的。只有这种不变才能为术——理——道的编排顺序提供一个稳定的"支点"，编排顺序将时间理解为过去、现在和未来一条直线，将过去之物看作是有待加工、提升之物，时间越是靠前，其思想就越不成熟。这是旁观者思维不是参与者思维。然而，汤之《盘铭》的隐喻虽然有三千七百年的历史，它不是处于过去的、跟在我们身后的东西，更不是消失远去的事物。传统文化不是积淀下来的凝固性的财富，继承传统文化不像物质财富一样一代一代往下传送。如果人们没有重新经历古人洞见真理时的体验，就不能与充满活力的文化源头创建联系，不能将古人的经验扩展到将来。

汤之《盘铭》通过由隐喻核到隐喻域的扩展，在"照镜子、正衣冠、洗洗澡、治治病"的诗性文化传承中已经是走在我们前面的东西，我们重新经历古人洞见真理时的体验，"苟日新，日日新，又日新"成为新时代教育面向未来的自我筹划。不仅如此，汤之《盘铭》在中华民族历史上一直是走在前面的东西，它是"动起来"的思维，民族精神在这种思维中被驱动起来，它是自强不息精神的生动体现。它在中华文明史的时间中持续地发展，却在中国教育史的时间中排序地延伸。在教育史中它由动态的"持续"变成静态的"排序"。概念化思维把握不到正在发生的事情——一种沸腾的生活过程。汤之《盘铭》是生成性、境域之思而不是现成性、对象化的观念。它（包括大学之道、中庸之道等等）远不是一个"类比、类推"，一个"术"能够给予定位的。术——理——道的编排顺序看不到传统文化的超越性力量，无法想象今天的教育在面向未来中会与传统照面，而且传统已经"行进到"未来。

2. 感性认识向理性认识发展的唯理性历史规划

有学者指出："中国教育学的发展历程可以分为'古老而又漫长'的萌芽时期和'年轻而又短暂'的学科建设时期两个时间段。"[1] 该书将中国本土教育学的萌芽阶段指认为从春秋至清朝末年。教学论有着相同观点，有学者将教学论产生发展分萌芽期、建立期和繁荣期，"从教学产生到公元 16 世纪的数千年中，教学理论经历了漫长的萌芽时期……'孔子以六艺教人'，六艺即'礼、乐、射、御、书、数'。"这种宏大的唯理性演绎史使中国教育史形成了严重而夸张的生长"倒挂"，它有几千年的萌芽期，成熟期竟然只有百年。仿佛中国古代教育思想是一个发育极为缓慢的巨婴，横亘在漫长的中国教育史上。"萌芽"意味着中国古代教育思想像橡树果一样已经潜在地包含了现代理性教育学，意味着即使没有外来文化的影响，它作为理性精神的种子（低于理性的感性的、零散的类比、类推）注定在将来随着民族认识的发展而自在自为地成长为一棵理性教育学的参天大树。然而，在中国教育思想史上看不到清晰可辨的理性展开史。所谓的萌芽说受研究者的问题域——寻找理性教育学、教学论的线索所限定，中国古代教育思想如此轻易地落入感性之物与理性观念的传统思想对立中去，无法进入诗性教育这一维度。它被贴上了一个现成的标签，仿佛成为一个植物标本。

翻开以往教育学与教育史著作，很容易发现这种论调：古人处于播种种子和守护萌芽阶段，今天的人处于让植物开花结果和收获的阶段。让人感觉纳闷的是，何以我们现代人这么聪明，通过一百年时间让两千年的所谓种子一般的教育思考在我们身上得以成熟？何以近百年来教育学人的智慧远超孔子、孟子、朱熹、王阳明这些古代圣贤？似乎中国整个教育思想史在某种程度上就是对于教育学、教学论神秘的渴望。萌芽说先预设了思想史只有从感性认识到理性认识的一条路线，进而再将孔子、孟子、朱熹、王阳明的教育思想变成感性意义上的萌芽，将它们从

---

1   全国十二所重点师范大学联合编写. 教育学基础 [M]. 北京：教育科学出版社，2002：15.

诗性之思中剥离出来，使传统文化具有一种低级感觉的标记。在理性发展的道路上，当代教育学、教学论自认为达到了理性发展道路上的自身的真理。

有学者这样划分教学论的发展："一是从古代到 17 世纪夸美纽斯《大教学论》诞生之前，这是教学论出现以前的时期；二是自夸美纽斯实现教学论的自觉到 20 世纪 40 年代，这是教学论创建与发展时期；三是自二战以后到今天，我们可以称之为'现代教学论时期。'"这与上面提到的萌芽期、建立期和繁荣期的划分相一致，这种划分似乎成为教学论研究的"公理"，即约定俗成、不言自明、无需深究的真理。这种划分揭示了教学论的历史是越来越理性的历史。恰如德里达讽刺的"理性秩序无法逾越的，独一无二的，至高无上的伟大"。理性是唯一合理的、有普遍价值的思维形式，是教学论的本质，非理性的东西——诗性教育被教学论挤出历史，作为一种教育形式不在教育史中存在。诗性教育能够留下的只是经过改装的、被理性"招安"、"兼并"了的"低等"感性认识，它臣服于理性女王的脚下。

作者接着指出："在教学论出现以前的时期，由于生产力落后，科学文化发展水平不高，社会对教学理论化的要求低，教学实践活动更多地是沿循前人的经验行事，没有形成相对独立的教学论体系……用以表达教学思想的概念和范畴缺乏明确的规定性，也没有得到充分的展开。在对教学经验的总结上，虽然已达到一定的理论化程度，但抽象概括的层次还比较低，往往停留在对现象的描述、形象的比喻和简单形式逻辑的推理上。"[1] 从这段话中可以推导出两重意思：其一，"教学论出现以前的时期"泛指整个人类教学思想史，包含着中国传统文化中的教学思想，例如，《论语》、《大学》、《学记》中的教育著述。其所处的历史时期在"古代到 17 世纪夸美纽斯《大教学论》诞生之前"。其二，处于这一时期，教学思想的理论水平比较低。而高与低的标准以抽象概括的理

1　徐继存. 教学论导论 [M]. 兰州：甘肃教育出版社，2001：35.

性思维水平的高低来衡量。这种教学论宣告了在人类教学思想发展史上,只有理性思维才有真正意义。当代学者认为古代思想由于没有体系化、理性化,它们的思想就处于感性阶段,有待于发展到理性的高级阶段。笔者不否认人类理性的发展有一个由低到高的发展过程,但这不是人类思维发展的全部历程。从来没有人去研究中国传统文化中的诗性教育史,人们认为相对于自夸美纽斯《大教学论》诞生后的教学理论,它充其量不过是有待于理性改造与提升的碎片式的"思想火花"。

黑格尔在《哲学史讲演录》中这样评价孔子:"我们看到孔子和他弟子们的谈话,里面所讲的是一种常识道德,这种常识道德我们在哪里都找得到,在哪一个民族里都找得到,可能还好些,这是毫无出色之点的东西。孔子只是一个实际的世间智者,在他那里思辨的哲学是一点也没有的——只有一些善良的、老练的、道德的教训,从里面我们不能获得什么东西……为了保持孔子的名声,假使他的书从来不曾有过翻译,那倒是更好的事。"[1] 在黑格尔看来,《论语》这样无思辨的学说算不上哲学著作,孔子乃至中国古代思想甚至没有资格进入世界哲学史的正史。教学论历史的划分与黑格尔的观点有不谋而合之处。《论语》相对于《大教学论》不是教学论的前史吗? 由于中国传统文化中的教学思想没有形成系统之"论",它当然不配进入教学论的正史。

中国诗性教育成为教育史的外史。这样,就有"历史的教育"(历史上真实存在的教育)与"教育的历史"(教育史中的历史)之分。大量丰富的诗性教育活动外在于教育史,教育史局限于单一的理性空间,不能充分反映我国教育及人类教育过去。对传统文化研究的困境在于诗性语言无法通过理性来言说,理性的编写只能将其编入感性阶段。福柯说:"整个历史传统(宗教的或理性的),目的在融单一的事件于理想的连贯之中。"[2] 整个教育史的编写就是融单一理性事件于理想化的历史连

---

1   黑格尔. 哲学史讲演录 [M]. 北京:商务印书馆,1996:120.
2   杜维运. 史学方法论 [M]. 北京:北京大学出版社,2006:335.

贯之中。

"理想的连贯"表现为教育史是在教育历史发展中把握教育事件背后的"理性认识过程"的演化，其工作是挖掘出被教育历史事件掩盖的理性逻辑的深层秩序，在教育学人物之间发现他们前后的理性血脉的传承。它对教育历史发展有着理性一元的统整。似乎文化发展之路已经被编写者们猜中了，人类思想发展只有一条由感性认识到理性认识之路。

进入正史的条件是什么呢？作者接着指出："自夸美纽斯《大教学论》诞生到 20 世纪 40 年代，教学论得到了长足的发展，其特点可以概括为几个方面：第一，教学论从哲学、伦理学、政治学等分离出来，形成了独立体系，并确立了它在整个教育学科中的地位。教学论逐渐形成了一系列概念和范畴……第二，教学论的理论性和科学化水平有了一定程度的提高，它逐步地从对现象的描述走向理论的论证，从比喻、类比走向科学的说明。"[1] 教学论的长足发展取决于独立的概念化的理论体系和理论化与科学化水平的提高。只有进入这个层次，才配进入教学论的正史。用理性作为教学论的理想本性来衡量人类的教学思想，中国传统文化中的教学思想就被强行"拉进"理性的发展途中，且被"置入"初级阶段。从古代到今天，教学思想发展的每一个进步，似乎都是趋向于理性目标，都是理性的进步。

我们要警惕的恰恰是将历史科学化。这种科学化是以对象化为前提的。在教学论研究中，中国传统文化中的教育思想不是以自身的文化标准来评价，而是以外在的观念尺度来评价。教学论作者是从后（夸美纽斯的《大教学论》形成独立的逻辑体系之后）往前看历史，从理性化的高度（逻辑体系）到过去的历史中去寻找教学思想的理想萌芽。这样，中国传统文化中的教育思想编入教学论史就是按照"未完成式"（相对于理性化的教学论是不完善的、有待发展的）而写出的。

红黄蓝白黑，山中的花颜色不同，才展现出自然界丰富多彩；人类

1 徐继存. 教学论导论 [M]. 兰州：甘肃教育出版社，2001：36.

的思维方式多样化，才显出精神生活的丰富。教学论怎么能只认一种思维方式为真呢？中国古代思想家思想不拘一格：《论语》是对话式的，《老子》是格言诗式的，《庄子》是寓言式的。如果这些原创者们只有一种思维方式，就很难想象有春秋战国时代百花齐放、百家争鸣的学术繁荣景象。然而，这些思维（个中的教学思想）怎么能统统纳入到理性思维框架之中（教学论的理性思维），接受理性的评判，进而变成一种低层次的东西呢？学者们没有想到它们还有其他发展的可能？没有想到教育史书写形式的单一和遗漏？难道说"史"一定是一种理性逻辑？

从哲学认识论上说，人类有一种认识要经历两个阶段：一是感性认识阶段，它处于对事物外在的表面性的认识；二是理性认识阶段，它处于对事物的内在本质与规律的把握。把握事物的本质和规律，从而上升到理性真理的认识，需要从感性阶段上升到理性阶段。

理性话语是概念性思维，它通过抽象和舍象的方法，把普遍的东西从"具体的东西"中剥离出来。它剥离事物的个性方面，抹去了"事物的感性的因素"，使"感性力量被榨干"（尼采语），把事物共同的东西抽取出来，将"杂多"上升为普遍（抽象单一的共同性、共相），赋予众多个别事物以统一的本质，将对事物的理解凝固为定义。教育史出问题的恰恰在这里："具体的东西"、"事物的感性的因素"是不是就属于理性的前阶段？诗性思维中的隐喻恰恰也是"具体的东西"、"事物的感性的因素"。理性与诗性没有"共根"，理性思维的细胞是概念，诗性思维的细胞是隐喻，它们都表现为"具体的东西"、"事物的感性的因素"。这里，有一条分叉路，分而判之：向 A 是理性之路，向 B 是诗性之路。它们判若霄壤，教育史却在此迷路了。B 无法用理性的概念去把握，没有一个普遍的本质性的东西（类似柏拉图的相）贯穿在 B 之中，在这里"共相"失去了统一性和整合性的力量。

为什么西方有的教育学、教育论在中国历史上就一定潜在地存在着？有多少可能的西方理性的教育学学科群，就有多少可能的中国古代教育思想的萌芽与之对应。依此类推，政治学、经济学等等都可以从中国古代思想中找到潜在形式与萌芽。在各种"学"的编写中确实有这种论调。这是不是一种历史神秘主义？教育没有未来，没有新东西，现在教育已经为过去所决定了，是过去的延展。这样，中国古代思想就不是"自为"地发展而是"替为"（种别人的田）地发展。难道孔子（为代表的中国古代思想家）与赫尔巴特、夸美纽斯（为代表的理性思想家）心灵相通，配合默契。仿佛他们早已经在历史上进行了"学术分工"，前者提供感性的东西，后者提供理性的东西，在此基础上，形成了各种各样的教育"史"——萌芽期、建立期和繁荣期。古人早已经为现代教育操碎了心：凡现代教育有的，古人一定以萌芽形式想到了。古人显得既聪明（凡现代有的，一定被古人预见到了并且种下了"种子"）又愚笨（凡种下的种子只能培育到发芽阶段）。同样，现代人显得既聪明（让几千年的"萌芽"得以瞬间成熟）又愚笨（现代人不过是浇灌、培植而已，没有创造性）。"史"就是东方的潜在形式、萌芽＋西方的成熟形式、理性之树。"史"就是外国有的东西中国都有，"史"就是东方的不成熟。

笛卡尔说："严格说来，我只是一个在思维的东西，也就是说，一个精神，一个理智，或者一个理性。"[1] 笛卡尔的"我"是理性。黑格尔说："在我们现在生活着的这一个时代里，精神的普遍性已经大大地加强，个别性已理所当然地变得无关紧要，而且普遍性还在坚持着并要求占有它的整个范围和既成财富。"[2] 黑格尔以普遍性为真。从柏拉图的"理念"到笛卡尔的"我"，再到黑格尔的"绝对精神"，西方理性哲学占据主导地位。这一泛理性化和泛逻辑化思想影响了我们的当代教育。

新中国成立后与苏联全面接轨政策，使教育思想在凯洛夫教育学框架中进行，凯洛夫教育学强调："通过教学要使学生领受既知的、为人类所获得的真理（知识），学生的任务主要是自觉地、牢固地掌握和利用已为前人所发现和整理的知识。"知识成为学习的逻辑起点与终点。

1　笛卡尔. 第一哲学沉思集 [M]. 北京：商务印书馆，1986：25-26.
2　黑格尔. 精神现象学（上）[M]. 北京：商务印书馆，1989：56.

人被视为一种"认识着的东西而存在，人的第一使命就是向他之外的客观世界索取种种知识。"在以往的教育中强调"命题性知识与概念化的知识结构，视有逻辑地组织起来的知识结构和普遍知识为智力活动的理想结果，视个体为符号处理者，从根本上说，这是笛卡尔哲学认识论的延续，即知识是在个体心灵中用逻辑手段加以处理的事物，心灵完全孤立于物质世界、文化及社会环境之外。"在这种教育中，知识是一套冷冰冰的逻辑符号。

人们认为哲学与德育关系是共性与个性的关系，哲学指导德育，有一个原因是哲学的概念与规律比德育的概念与规律具有更大的普遍性，似乎越是普遍性的东西，其真理性程度就越高。不可否认，理性对人的认识具有重要意义。然而，理性上正确的东西在生活中未必正确，芝诺的阿基里斯永远追不上乌龟（只要乌龟与阿基里斯之间有一段距离，那么，这距离就可以切割成 1/2，然后 1/2 的距离又可以再切割成 1/2，以至无穷），在理性论证上成立，在生活中不成立。逻辑学上的三段论是正确的，然而生活中的人是不会严格按照三段论来说话的。齐克果说："一个逻辑的体系是可能的，一个生活的体系是不可能的。"人生并不等于求平方根，修身仅仅依靠理性是不够的。修身思想不能从日常语言、诗性语言的区隔中来建构自身，变成严格的证明与认证，使隐喻没有生存空间。

《大学》的认识活动不像今天认识论所设定的感性与理性的诸环节的相互作用、相互依存、相互促进。"格物"、"致知"并没有设定一条传统认识论意义上的认识路线，它们不是将活动的目的设定为把握事物的本质的活动，不能把格物致知的可能性压缩在狭窄的理性认识范围，排除了诗性等其他认识活动。中国古代教育思想不是教育学的教科书在追溯古代历史时所指认的人类认识的萌芽活动，理解它们要排除笼罩在对教育思想历史追溯中的认识论陷阱。

3. 唯理性的逻各斯中心主义影响

中国古代思想不是以概念性思维来推进思想，它们区别于苏格拉底、柏拉图的思想，后者追求普遍性思想，柏拉图指出"理性是灵魂的眼睛"。中国古代思想与苏格拉底、柏拉图思想的不同符号形式产生不同的教育理论的面相。"萌芽说"很难树立民族文化自信心。民族文化能够对教育有无贡献及多大贡献取决于这一文化的传承及特色，文化上的"矮化"，最终会失去文化特色与文化传承动力。

孔子说："夫玉者，君子比德焉。"《论语》以"如切如磋，如琢如磨"形容君子修养。《三字经》："玉不琢，不成器"成为今天塑造人才的箴言。宗白华说："玉质的坚贞而温润，它们的色泽的空灵幻美，却领导着中国的玄思，趋向精神人格之美的表现。它的影响，显示于中国伟大的文人画里。文人画的最高境界，是玉的境界。倪云林画可为代表。不但古之君子比德于玉，中国的画，瓷器，书法，诗，七弦琴，都以精光内敛，温润如玉的美为意象。"[1] 不仅君子以玉比德，而且中国的艺术与器具都渗透着以玉比德的精神。宗白华说："我们对最现实的器具，赋予崇高的意义，优美的形式，使它们不仅仅是我们役使的工具，而是可以同我们对语、同我们情思往还的艺术境界。后来我们发展了瓷器（西人称我们是瓷国）。瓷器就是玉的精神的承续与光大，使我们在日常现实生活中能充满着玉的美。"[2] 从理性认识上看，孔子的"夫玉者，君子比德焉"恰如黑格尔所说"这是毫无出色之点的东西。"它若属于不成熟的感性认识不会有什么特色，它若处于教育史的萌芽期也不会有什么特色，因为玉的光华已经被理性磨光，"从里面我们不能获得什么东西"。然而，它与理性不是一母同胞，它不是"感性认识"而是诗性的"灿烂感性"，它豁然洞开了一个诗性教育世界。

它首先出现于人格培育的比德的教育领域，进而渗透进画、瓷器、书法、诗、七弦琴等等非教育领域，渗透进的领域与教育领域相互呼应、相互补益，它们共同作用于人格培育，形成教育合力。在以玉比德

1　宗白华. 艺境 [M]. 北京：北京大学出版社，1999：180.
2　宗白华. 艺境 [M]. 北京：北京大学出版社，1999：157.

的历史发展中，看不到由感性认识向理性认识的发展线索，也看不到单一的以玉比德教育思想的发展。以玉比德在生活中无孔不入，玉的精神发扬光大，让中国成为瓷国（China）。玉文化培养了民众"默而识知"的以玉养德的生活的态度，这种教育力量弥漫天地。诗性"教育之道"是"百姓日用即道"。它有"百姓日用而不知"的不知不觉的习惯养成一般的潜移默化力量。理性教育史不能理解孔子所言，它与孔子操着不同的语言，以玉比德没有教育史赋予的那种历史意谓（萌芽）。教育史"写不出"也"写不下"这种诗性教育史。当把玉文化中的（比喻、类比的）诗性思维用理性标准切割成"感性认识"的要素时，就阉割了中国传统文化。

《说文解字》解释："学，效也。""学"是效法。中国传统文化中"学"突出了诗性教育特点，它的重要内容是效法自然。效法自然使传统诗性教育充满着蓬勃无尽的灵感气韵。比德式的诗性思维，创造出了松文化、竹文化、梅文化等等。笔者在《诗意德育》一书中专题探讨了以松比德、君子贵玉等等。教育史绝对不可能将它们作为专题加以研究。这些丰富的德育思想，由于其不符合教育史的理性化追求，不能写入教育的"正史"。教育史被理性逻各斯彻底说服了。

在西方后现代哲学中，唯理性被称之为逻各斯中心主义。这种唯理性基于西方文化传统，它认为肉体的、感性的东西低于精神的、心灵的东西。感性的、艺术的东西最早受到柏拉图的贬斥。尽管柏拉图有著名的洞穴隐喻，此一隐喻具有诗性思维。但在理想国中，他逐出了诗人。柏拉图认为只有理念才是真的。

逻各斯中心主义典型的文化特征就是说服，在西方文化史上它有势不可挡的控制力。逻各斯"通常的意思是'言词解释'；但这里，它近似'论证'或'推理'"。"逻各斯具有的让人难以逃脱的逻辑说服"。"听众被解释或被运用这种解释的人战胜、克服、拿下"。[1] 它使得西方

1　罗伯特·沃迪. 修辞术的诞生. 译林出版社，2015：12-15.

传统思维方式建立在灵魂与肉体二元对立的基础之上，它通过设立A项的优先性而迫使B项从属于它，A支配着B。这可以在希腊文中找到根据。首先，"'逻各斯'在语法上是阳性，'灵魂'在语法上是阴性。""灵魂一词之所以有意用阴性，是因为希腊文化认为：阴性本身是一个被动的对象，由主导性的阳性力量随意塑造。""逻各斯在说服它所说服的灵魂时，强迫了灵魂服从所言，迫使其认同所作所为。"[1] 逻各斯的说服与对灵魂的强迫相连，成功的演说家表现为对灵魂的强迫，逻各斯的说服性具有暴力倾向，尽管这与对身体的暴力全然不同。其次，逻各斯塑造灵魂。塑造"这个词表明了灵魂像蜡块或陶土一样被加工，毫无抵抗被逻各斯留下印记"。[2] 与逻各斯紧密相连的"塑造"一词加深了人们灵魂是纯粹被动的印象。逻各斯在宣传与说服中具有令人敬畏的力量。

西方哲学发展史是主导性的阳性力量的逻各斯说服灵魂的历史，这一历史渗透进西方教育学与教育史中。随着引进西方教育学与教育史，它也渗透进中国教育学与教育史。教育学与教育史服从逻各斯说服，成为逻各斯家族成员。曾经有过的教育学逻辑起点的讨论、教育本质的讨论都是为了建立一种理性教育学。仅教育学逻辑起点的讨论就有二十多种"论"（人本起点论、教师起点论等等），一些学者模仿黑格尔《逻辑学》中存在——本质——概念的框架，认为教育学的逻辑体系也应该是教育存在——教育本质——教育概念等等。在讨论中就有一种潜在的说服：只有严密的理性逻各斯才是真的，讨论的目的是试图依照黑格尔的《逻辑学》去建构教育学体系。教育学逻辑起点、教育本质问题曾经是教育研究中的显学，反映了逻各斯成为主导性的阳性力量。

教育史若借"逻各斯"书写，研究方法就可能沦为"制作说服的工具"，教育史就会越来越理性，离中国传统文化的源头越来越远。教育不是一直警惕着唯理性教育吗？为什么在教育史中就全然放松了警惕

1　罗伯特·沃迪. 修辞术的诞生. 译林出版社，2015：49.
2　罗伯特·沃迪. 修辞术的诞生. 译林出版社，2015：51.

呢？通过教育史的教学，唯理性教育不设防地渗透、塑造着学生的灵魂。"古人处于播种种子和守护萌芽阶段，今天的人处于让植物开花结果和收获的阶段"。教师叙述着关于教育史的"说法"，学生听教师关于教育史的"说法"。轮到他们说话时，就叙述着关于教育史"说法的说法"。当学生成为教师后，就叙述着关于教育史"说法的说法的说法"。教育史成为被逻各斯不断说服的"说法史"。事实上，教育史不就是从逻各斯的"说法"中诞生的吗？

逻各斯中心主义对中国传统文化"施加法术"，它把中国传统文化思维与西方传统文化思维视为同质的东西，在理性思维之下解析中国传统文化。古希腊哲学家高尔吉亚说："恰如视觉不能识别声音，所以，听觉不能听出颜色。"[1] 唯理性思维也不能识别和听出诗性文化。在教育中，唯理性思维轻而易举地说服了人们：由于中国传统文化中的教育思想是比喻、类比和经验性的，这些思想在理性的评价标准之下就变成了教育史上的"感性要素"，教育史从感性认识与理性认识的对立统一中思考这些要素。由于感性认识是认识的初级阶段，随着人类认识的发展，它最终目标是走向理性，例如，走向今天学者们编著的唯理性教育学、教学论、教育史。

唯理性教育就是在"听众的灵魂中产生说服"。玩弄逻各斯的人是"制作说服的工匠"。"一个主动的个体'使用他的逻各斯（演说）去奴役'被动的多数"。[2] 在德育中也有唯理性倾向，传统教育中我说你听，我打你通的方式与逻各斯的强迫灵魂服从有相似之处。强力可以逼迫出婚姻但不能逼迫出爱情，德育若一味地诉诸理性的"逻各斯"，使教育方法成为"制作说服的工具"，使教育者成为"制作说服的工匠"，结果会引发逆反心理。

海德格尔指出："学说（Logie）即关于什么的科学……学说则要回

1　转引罗伯特·沃迪. 修辞术的诞生 [M]. 南京：译林出版社，2015：75.
2　罗伯特·沃迪. 修辞术的诞生 [M]. 南京：译林出版社，2015：75.

溯到逻各斯。"Logie 所指的就是"关于……之科学"。学说具有逻各斯的特性，学说是关于课题域的命题和陈述的系统。德育学是靠概念、判断与推理组成的理性逻辑体系。如果德育只认理性学说为真，就会贬低诗性文化传统，忘记了诗性思维依然可以揭示真理。唯理性思维认概念性思维为唯一揭示真理的思维，走上了柏拉图重理性轻诗性的道路。没有理性，人不能成为人；仅有理性，人也不能成为人。

在中国文化研究者中，反对、抵制逻各斯说法的人有许多。新儒家学者刘述先说："读西方哲学的困难在其概念的抽象性与复杂性。受过西方哲学训练的人读中国的典籍所感受到的困难却在其缺乏概念的确定性与系统性。《论语》全书充斥了孔门师弟对于德性体会的相讥指点，所着重的是具体的情景，而非抽象的概念性思考。抱着西方哲学的先入之见去读《论语》，就会觉得一无所得。"[1] 同样，抱着概念化、理性化的标准解读中国传统文化中的教育思想也不可能有收获。诗性教育应该以它自身的经验发言而不是用理性代言，对诗性隐喻只能进行谱系学的分析，而不能进行理性的规划。

张岱年指出："中国哲学不注重形式上的细密论证，亦无形式上的条理系统。中国思想家认为经验上的贯通与实践上的契合，就是真的证明……中国思想家的习惯，即直截将此所悟所得写出，而不更仔细证明之……中国思想家并不认为细密论证是必要的；反之，乃以为是赘疣。"[2] 中国传统文化思维是非体系的，西方传统文化思维注重体系化。让一种非体系的思维去"适应"体系性思维，且一定要纳入体系性思维（理性的发展道路），从而去构造教育史，这一做法本身就不合理。对"夫玉者，君子比德焉"若进一步上升为概念、判断、推理，成为细密论证的东西，相对于诗性教育会成为"赘疣"。教育史应该听听不同的声音。

1　刘述先. 儒家思想与现代化 [M]. 北京：中国广播电视出版社，1992：42-43.
2　张岱年. 中国哲学大纲 [M]. 北京：商务印书馆，2017：29.

4. 唯理性教育史仿佛立于历史的制高点上

时间上的低位化（越是靠前的思想，在教育史上位置就越低）有两种倾向：一是理性化，将中国古代教育思想置于理性认识的前阶段——感性阶段。二是标榜现代时间意义上的创造性气氛。教育处于 21 世纪、改革开放、新技术革命的挑战等等令人激动的好时间，似乎历史赋予现代人前无古人的创造性好时光。诚如有学者说："历史并不故意使重大的创造活动都发生在两个世纪交替的时候。认为自己负有空前绝后的历史责任和创造使命，乃是当代人的一种自我狂想式的幻觉。"[1] "四书"有五万多字，影响了中国两千年，今天一篇教育史的博士论文常常十多万字，究竟能够有多大影响、影响多久真的很难说。我们并没有得天独厚的创造时代。古人的创造性绝对不低于现代人的创造性。试想，谁能够达到孔子的万世师表的影响力？

曾经有人讽刺说：马克思主义哲学是人类历史上最优秀的成果，中国的教育学是以马克思主义哲学为指导的，于是中国的教育学就是古今中外最优秀的教育学，这样，教育学作者就是古今中外最优秀的作者。教育史也有一种傲视历史的优越感："过去一切时代教育的唯一意义就是它为建构更高一级的教育奠定了基础、准备了条件或提供了材料（教育史研究中非常盛行的表述是'为……奠定了历史基础'），而更高一级的（特别是当代的）教育理论理所当然地被认为是在科学合理地汲取了先前时代一切有价值因素的基础上建立起来的，是一切优秀历史遗产的唯一合法继承者。作为这个判断的自然推论，就是当代教育以及接受了这种先进教育的当代人当之无愧地立于历史的制高点上，处于更高发展阶段的当代人自然有权利对过去的一切评头论足。这不仅满足了当代人的文化优越感，也赋予当代人以评判一切历史的权利。"[2]

借助于某一平台（马克思主义哲学思想平台或教育史学科平台）抬

1 俞吾金. 创造性思维三题议 [J]. 文史哲, 1999 (04).
2 张斌贤. 探寻教育史学科重建的出发点 [J]. 北京大学教育评论, 2016-07-29.

高现代人，这是学术上需要警惕的风气。"萌芽"说贬低古人，抬高现代人，使民族文化自我萎缩。如果是萌芽，又何必去向古人学习、向历史学习呢？主导性的阳性力量的逻各斯从堆积如山的中国古典文献中硬生生地扒出了唯一的一条通向理性之路。它对传统描述与论述得越多，对中国古代教育思想能够理解得就越少，教育史需要建立异质的连续体，它既有理性发展又有诗性传承，诗性教育不能还原于理性发展史，不能被理性总结与提升。理性认识不是教育史唯一真理性知识。

5. 教育研究单一的唯理性表达方式

表达与思想关系微妙，思想要通过表达来体现，表达又制约着思想。在现实的教育中只有一种表达方式——理性的论文与专著（专著本质上是大论文）的表达方式。论文与专著造就学者，论文造就学士、硕士与博士（不同的学位依次提供越来越长的论文）。这些学者和学生通过"论"的形式从事研究和获取学位，教育促成了特定思维习惯的形成，理性语言成为我们时代特定的表达方式，学术主体成为文化（包括中国传统文化）的理性的阐释者。

表达原本是顺畅地呈现思想，现在反客为主，表达主宰着思想。逻各斯说服了灵魂，使人们在学术上只能理性地思想，这就决定了思想只有一种理性逻辑的可能性，理性成为当下学者们的思想存在方式。潜在的学者们（学士、硕士与博士）在论文答辩时，如果听到导师说："论文写得不像论文"，这就成为可能无法获取学位的严重的问题。通过教育规训（论文写作符合科研规范），学生成为没有选择能力的人。它无形中影响着学者们的价值判断（只有理性的东西才是真正学术的），如此，对传统文化的诗性思维的传承造成冲击。在传统文化研究中，发展逻辑（理性的发展）与价值目标（弘扬传统文化）存在着冲突，越是理性高扬（此一高扬是以贬低诗性文化为基础的，算不上真正的高扬），就越是可能损害了传统文化。

从无语到道说是用符号意指非符号的东西，符号是连接意识与对象的桥梁，然而，符号并非一定是理性的。思维构建意义世界的方式既有理性的又有诗性的。传统文化中的诗性思维是不能理性化的。中国古代教育思想没有学科意识，所以它不会问："什么是教育？"不会追问教育本质（一个普遍性概念）和探讨教育规律（事物内在的诸因素的必然联系）。它不会成为对象性思维指导下的一门教育学科。

《论语》引《诗经》中的"如切如磋，如琢如磨"来形容人生修养，这是比德的诗性修养。荀子说："君子之学也，以美其身"[1]。诗性教育是"美其身"的教育。范仲淹面对"衔远山，吞长江，浩浩汤汤，横无际涯，朝晖夕阴，气象万千"的洞庭湖水，升华起"先天下之忧而忧，后天下之乐而乐"的平天下情怀。这是诗性的"美其身"，这种情景交融、道德情感与审美体验交融，反映出儒家的人格是从天地大美中养育出来。诗性思维不像理性思维远离现象，它并非要从现象走向本质。它是非对象化的思维，它融身于生成世界，没有硬化为概念。范仲淹的诗性情感升华是情景交融的动态生成过程。

不否认学科意识的价值。胡塞尔说："任何一门科学都是人们为了获得、为了系统地划定和阐述这个或那个真理区域所做的工作总称。"本研究立足于德育二级学科这一真理区域，研究区域从儒家德育到现代德育。胡塞尔引康德的话："如果人们允许各门科学的界线相互交织，那将不会使科学增多，而只会使科学畸形。"[2] 如果将德育活动领域与异质的物理学领域混合为一个统一的领域，就会使研究产生错误的目标，就会运用与本领域不相符的方法（如数学理性的误用）。学科边界的划定可以防止理论研究向异质领域超越。

没有学科意识，就没有教育学一级学科，也不可能有教育史二级学科。同样，也不可能有德育二级学科。学科发展越深入，研究内容就越精细。但仅仅局限于专业，就会一叶障目（唯有专业眼光看到的东西才是真的，才可信）。胡塞尔说："任何一个真理在科学中都不是孤立的，

---

1   荀子·劝学.
2   胡塞尔. 逻辑研究（第1卷）[M]. 上海：上海译文出版社，1999：4.

它和其他真理一起构成理论的结合体，通过理由和结论的关系得到统
一。"这种研究需要运用多学科交叉的方法与视角。局限于学科，借用
历史学家柯林武德的话来说，就会产生这样的结局："就是空前掌握小
型问题和空前无力处理大型问题这二者的一种结合。"[1] 人们对越来越小
的东西知道得越来越多，对大的东西（超出专业范围的东西）无法驾
驭。如此，就不能对古代教育思想有总体性理解，就仅仅从理性专业视
角看它。

教育学继承传统文化是为了人的全面发展。马克思指出："社会的
人的感觉不同于非社会的人的感觉。"[2] 这个"社会的人"是理想社会中
的人，它克服了异化。"五官感觉的形成是以往全部世界史的产物。"[3]
人的感觉是以全部历史文化为基础的。教育要有助于"创造着具有深刻
的感受力的丰富的、全面的人"就需要全面继承传统文化，以全部历史
文化为基础而不是以理性文化为基础来育人。

二、 以西方哲学遮蔽王阳明的格物致知

钱穆说："'知'只是仅知其事，'识'乃识其内里之情。内外一体，
始为真识。"[4] 连言的知识可以分开来说，知是带来新信息的消息，识是
对知的辨别与判断。对王阳明思想如何"识"与对《大学》的思想如何
"识"有着密切的联系。王阳明对《大学》有着独特的"识"，这在历史
上产生了久远的影响。王阳明在《大学问》中解释"大人"时继承了孟
子之义："大人者，以天地万物为一体者也。其视天下犹一家，中国犹
一人焉。"[5] "大人"是指能与自然万物成为一体的人。"大人"之心以

1　科林武德. 历史的观念 [M]. 北京：北京大学出版社，2010：149.
2　马克思. 1844 年经济学哲学手稿 [M]. 北京：人民出版社，1979：79.
3　马克思. 1844 年经济学哲学手稿 [M]. 北京：人民出版社，1979：79.
4　钱穆. 中国思想通俗讲话 [M]. 北京：九州出版社，2011：121.
5　王阳明. 大学问. 王阳明全集（下）. 吴光，钱明，董平等编校. [M] 上海：上海古籍出版
　社，1992：968.

"仁"为本质，"大人"之心可以体悟万物而无有分隔。人若能去除以自我为中心的私欲，使内在的善性（"明德"或"仁"）充分舒展，就可以体验并实践与万物同体之生命，而成就"大人"之心。能够称作"大人"的人，是那些能够把天地万物看作一个整体的人。他们把普天之下的众生万物看成一家，把整个国家当作一人。他对格物、致知、诚意有自己独特的见解。他说："然在常人不能无私意障碍，所以须用致知格物之功胜私复理。即心之良知更无障碍，得以充塞流行，便是致其知。知致则意诚。"[1] 他通过良知对格物、致知、诚意进行注解。当良知没有私意障碍，就达到了知致、意诚。如果对王阳明思想如何"识"产生困难，对《大学》的思想如何"识"同样就会产生困难。今天所产生的困难源于西方哲学的参照系。随着西方哲学的发展，这种困难不是被解决，而是越来越难以解决。

今天，对王阳明思想如何"识"成了一个问题，这个问题夸大了说，甚至可以变成"我们能理解王阳明吗?"这问题问得有些奇怪，在当今的学术研究中，这似乎不是一个"真"问题。我们几乎不提这样的问题。因为在今天的理论研究中，关于王阳明思想的研究论文、专著汗牛充栋。它给人们造成一种印象：似乎理解根本就不是问题。不仅理论研究者能对之进行解释，而且任何一位受过哲学常识教育的学生（中学以上的学生），只要了解了王阳明思想的字面意思，都能依据某种哲学常识的 ABC 对之进行解释。似乎对王阳明思想只存在理解得深浅问题（如中学生和理论家理解的深浅区别），而不存在能否理解的问题。在学术上，谁若一本正经地提出这个问题，就可能被视为浅薄无知。

下面，看看以往我们是如何解释王阳明的：

在《传习录》中记载着王阳明与他朋友的一段对话："先生游南镇，一友指岩中花树问曰：天下无心外之物，如此花树在深山中自开自落，于我心亦何相关? 先生曰：你未看此花时，此花与汝心同归于寂；你来

---

1   王阳明. 传习录 [M]. 北京：九州出版社，2018：15.

看此花时，则此花颜色一时明白起来，便知此花不在你的心外。"[1] 这是"知"。

如何"识"？在任继愈主编的《中国哲学史》中是这样解释的："花树在深山中自开自落，不会因为没有人看到它，它就不存在，这本来是用不着怀疑的。王守仁则从感觉证明花树不能存在于人的心外，人要知道花树存在，必须感觉到它，当人看见它时，它的颜色才明白起来，这就是说花的颜色完全是由人的视觉产生的。当人没看到花时，人没有感觉到它，这时花就与心同归于寂，不能认为花是存在着。王守仁的这种说法类似英国唯心主义者贝克莱的'存在就是被感知'的命题。"[2] 任继愈在《中国哲学史》四本教科书和《中国哲学史简编》中，多次强调王阳明的思想与贝克莱的主观唯心主义相同。这是任继愈对王阳明思想的"识"。

在过去的相当长的一段时间里，我们认为王阳明就是中国的"贝克莱"，搞中外哲学比较的学者甚至认为王阳明的"主观唯心主义"思想早于贝克莱近二百年。主观唯心主义的解释使我们自认为已经理解了王阳明。在相当长的一段时间里，这种解释近乎成了唯一性的解释，它很少遭遇其他学术思想的挑战。无挑战的思想就是无争议的思想，无争议的思想最终就变成了无问题的思想。这时，人们不会提出"我们能否理解王阳明"的问题。

随着西方学术思想的不断引进，海德格尔的大名频频出现在各类重要刊物和学术专著中，对王阳明思想的主观唯心主义的解释就受到了挑战。研究海德格尔诗意哲学的张世英在其《哲学导论》中对《传习录》中的对话作了与任继愈的解释全然不同的解释。他说："王阳明并不像过去一般所批判他的那样是主观唯心论者。通观他的整个思想，他实际上是主张，离开人心，天地万物就没有意义。例如在人未看深山中的花

1　王阳明. 传习录［M］. 北京：九州出版社，2018：252.
2　任继愈. 中国哲学史（第三册）［M］. 北京：人民出版社，1964：301.

树时，花虽存在，但它与人'同归于寂'，'寂'就是遮蔽而无意义，谈不上什么颜色美丽。只是在人来看此花时，此花才被人揭示而使得'颜色一时明白起来'。王阳明哲学关心的也是人与物交融的现实世界，而不是物与人相互隔绝的'同归于寂'的抽象之物。王阳明的真理观，如果套用海德格尔的术语来说，也可以叫作去蔽说。事物（例如花）因人的揭示而显示意义，是人使事物（例如花）成其为事物（花），花之为花在于它的花色。"[1]　由此，王阳明思想就不是主观唯心主义，它不是接近贝克莱，而是接近海德格尔。这是张世英对王阳明思想的"识"。

　　新的解释使老的解释产生了问题，老的解释已经不再是一种无争议的解释。任继愈的解释依据西方传统哲学观，张世英的解释依据西方现代哲学观，这两种解释是全然不同的，人们如果选择了前者，就不能再选择后者。依据前者的解释，就要否定王阳明的思想；依据后者的解释，就要继承王阳明的思想。我们到底应该选择谁的解释呢？在这里，没有最终的唯一性的选择。长期以来，人们主要相信 A 解释，今天又冒出了 B 解释，A 与 B 的解释都各有其道理。虽然，我们不知道王阳明在与朋友的对话中其话语的真正含义，但有一点是毫无疑问的，王阳明不可能在同一段话中说出两个全然不同的意思。也许王阳明的话语包含着 A 或 B 的含义，也许不包含 A 或 B 的含义，也许是学者们依据贝克莱或海德格尔的思想"偷"走了王阳明的思想。正是这些"也许"的存在使我们产生了困惑：我们能否理解王阳明？

　　上述两种解释都是名家的解释，在学术界具有一定的代表性。在这里，对王阳明思想的"识"需要有一个解释的思想框架，即"先入之见"。这种"先入之见"越是清晰、明确，所作出的解释就越是"精确"。任继愈的"先入之见"是"主观唯心主义"，这种主义的特征是否认物质世界的客观存在，认为个人的感觉和意识是世界的本原，是第一性的。其代表人物是英国的贝克莱。在有了这个"先入之见"后，王阳

1　张世英. 哲学导论［M］. 北京：北京大学出版社，2002：73-74.

明的这段话就根据这样一种现成的解释框架归入了主观唯心主义。张世英的"先入之见"同样是清晰、明确的：依据海德格尔的观点，事物存在之意义与人的揭示相关，是人使事物去蔽而显示其本来意义。事物离不开人的揭示。据此，可以认为，王阳明的思想是指出了人与万物的交融状态。

王阳明是贝克莱吗？贝克莱哲学的出发点是只承认感觉，他把感觉和引起感觉的物体割裂开来，断言感觉观念是唯一的存在。他说："例如某种颜色、滋味、气味、形状和硬度，如果常在一块儿出现，我们便会把这些观念当作一个单独的事物来看待，并用苹果的名称来表示它。"[1] 贝克莱所关注的问题是存在物是什么，在王阳明思想中并没有物是"观念的集合"这样的逻辑论证。王阳明断言花不在人心之外并非基于花的颜色、滋味、气味、形状和硬度这些感觉因素。

王阳明是海德格尔吗？海德格尔的真理观是去蔽说，事物因人的揭示获得其意义而不是其存在（这点区别于贝克莱）。真理就是事物通过人而"显示"自己的真相，人让存在者按其是什么和如何是而显示自身。王阳明的哲学并不是"存在论"的，他不可能像海德格尔那样去追问"存在"的意义。王阳明断言花不在人心之外，并非基于海德格尔的这种观点："此花（'存在者'）乃是通过人（'此在'）的'视'而显示、敞开了花的本来之所是，这种显示敞开就是'真理'"。[2]

贝克莱的主观唯心主义是要否定洛克的唯物主义思想，海德格尔的存在论是要否定西方两千多年的传统形而上学（他称之为柏拉图主义）。这两位思想家的产生与西方哲学思想的发展脉络密不可分，他们所要解决的哲学问题都是他们那个时代所面临的哲学问题。没有洛克关于第二性的质的主观主义观念，就没有贝克莱的物是"观念的集合"；没有尼采等哲学家对传统主——客二分式哲学思想的否定，也不会有海德格尔

1 十六——十八世纪西欧各国哲学 [M]. 北京：商务印书馆，1975：539.
2 张世英. 进入澄明之境——哲学的新方向 [M]. 北京：商务印书馆，1999：80.

的超越主客体的哲学道路。王阳明的思想并不在西方哲学的问题域中，他不可能有着与贝克莱或海德格尔同样的哲学问题。

以贝克莱或海德格尔解释王阳明基于（任继愈的）"类似"和（张世英的）"套用"，"类似"和"套用"的基础是思想"相近"，但王阳明思想不可能与两个完全异质的思想相近。这说明我们对王阳明思想并没真正理解。我们能理解贝克莱或海德格尔，不会将贝克莱解释成海德格尔，也不会将海德格尔解释成贝克莱，弄不准的反倒是我们祖先的思想。照理说，我们应该通过本民族的思想来理解外来文化，但在今天，这种文化理解似乎是颠倒的。书写中国哲学史，讲到王阳明，以前人们自然就会想到贝克莱，现在又想到海德格尔。然而，我们书写欧洲哲学史，讲到贝克莱或海德格尔，却很少有人提到王阳明，更不会以王阳明解释贝克莱或海德格尔。

不可否认，在哲学史的研究中，中外哲学家是可以做"类似"的比较的。我们也可以将王阳明的思想与贝克莱或海德格尔的思想作比较。但比较不是简单套用，如果套用贝克莱或海德格尔去解释王阳明，就把王阳明的思想归入了贝克莱或海德格尔的思想体系，将王阳明完全变成了贝克莱或海德格尔。比较必须是两个独立的东西相比较，而用A思想家去解释B思想家，就是用A思想家去"兼并"B思想家，在这种解释中，被"兼并"了的东方思想与西方思想并没有产生真正意义上的交往与对话。

在哲学史上，任何一位哲学家的思想都是独特的，不能将一个哲学家的思想套用在另一个哲学家的思想上。如果一个思想家是不能被另一个思想家所代替的，那么，一个思想家的思想就不能成为另一个思想家的思想的"注脚"，套用就是不合法的挪用。我们对王阳明的研究是"套用"式的研究，正是这种简单的"套用"出现了上述两个自相矛盾的王阳明。

在对王阳明思想研究中，我们始终没有解决好套用问题。在套用上，西方哲学思想达到什么程度，我们的解释就达到什么程度。我们的解释随西方哲学的发展而发展。这里就产生了一个问题：西方哲学还在发展，还会向我们提供更多、更新的解释框架，我们还会依据这些新的"先入之见"作出与上述两种解释全然不同的解释。如此，王阳明就是一个谜，且这个谜会随着套用的增多、解释的增多而不断增大。

海德格尔曾引用一位诗人的话说："一座美国人所理解的房子，一个美国苹果或一颗美国的葡萄树，都与我们祖先的希望和沉思所寄的房子、果实、葡萄毫无共同之处。"[1] 王阳明眼中的花与贝克莱、海德格尔眼中的花真的一样吗？王阳明的心是道德之心，贝克莱的心是个人知觉，海德格尔的心是此在的去蔽之心，在他们的心中呈现的花是不相同的。

海德格尔在研究尼采时曾认为，他自己比尼采本人更能理解尼采的思想。这是因为海德格尔研究的问题与尼采研究的问题相承接，他们都关注西方哲学上的"存在"问题。海德格尔发现尼采误将"存在者"认作"存在"，由此，海德格尔自认为可以比尼采更清楚地看到尼采哲学的性质和这种哲学在西方哲学史上所处的位置。当我们套用贝克莱或海德格尔去解释王阳明时，有海德格尔这般的自信吗？恐怕没有。因为我们不过是借用了并不知道王阳明何许人也、也不关注王阳明思想问题的人的思想观点来为王阳明的思想定性。对王阳明的理解必须将其纳入中国哲学的思想轨迹，从中国哲学发展的脉络上为其思想定位。

对王阳明思想的解释发生于对王阳明话语的考虑中，这种考虑将王阳明的话语分成了两个部分：一个是它的显性部分，即话语的字面含义。这是"知"，在这个层面上，理解没有歧义。另一个是它的隐性部分，即字面含义的背后的"世界观"是什么。这个"世界观"的寻求来自于一种假设，似乎王阳明思想一定有一个像贝克莱或海德格尔那样清楚明白的"世界观"，这是"识"。张岱年指出：中国哲学重了悟而不重论证，"中国哲学只重生活上的实证，或内心神秘的冥证，而不注重逻

1　海德格尔. 海德格尔选集（上）[M]. 上海：上海三联书店，1996：431.

辑的论证。"[1] 在王阳明的思想中并没有像贝克莱或海德格尔那样由概念体系、逻辑推论所构成的清晰的世界观。

王阳明有一段话："可知充天塞地中间，只有这个灵明。人只为形体自间隔了。我的灵明，便是天地鬼神的主宰。天没有我的灵明，谁去仰他高；地没有我的灵明，谁去俯他深；鬼神没有我的灵明，谁去辨他吉凶灾祥？天地、鬼神、万物离却我的灵明，便没有天地、鬼神、万物了；我的灵明离却天地、鬼神、万物，亦没有我的灵明。如此，便是一气流通的，如何与他间隔的。"[2] 这段话既像贝克莱的主观唯心主义（"天地、鬼神、万物离却我的灵明，便没有天地、鬼神、万物了"），又像海德格尔的去蔽说（"天没有我的灵明，谁去仰他高；地没有我的灵明，谁去俯他深；鬼神没有我的灵明，谁去辨他吉凶灾祥？"），甚至还有人指出像唯心主义泛神论。王阳明的思想不可能有如此的"普遍性"，它可以适应于三个或更多可能的世界观。

美国学者德马里教授说："当我们说到心学时，我们必须记住'心'既代表人的心情（heart），也代表人的心灵（mind），既是人的好恶情绪的本性，同样也是人的理性的本性。认为这个学派像西方的哲学的唯心主义模式，或者像新柏拉图神秘主义的模式，都是走入歧途。"[3] 同样，以贝克莱或海德格尔去为王阳明的思想定性无疑会走岔了路，这种定性会加进许多原本不属于王阳明而是属于贝克莱或海德格尔的思想。

王阳明并没有一个像西方哲学那样清楚明白的世界观，我们为什么一定要借助于西方某个思想家为王阳明编造出一个世界观呢？海德格尔在与一位日本学者的对话中曾提出了这样一个问题：对东亚人来说，去追求欧洲的概念系统，这是否有必要，并且是否恰当。他认为，欧洲人也许就栖居在与东亚人完全不同的一个家中。与之对话的日本学者说："我们受到欧洲语言精神所具有的丰富概念的诱惑而走岔了路，把我们

1　张岱年. 中国哲学大纲 [M]. 北京：中国社会科学出版社，1982：8.

2　王阳明. 传习录 [M]. 长沙：岳麓书社，2016：153.

3　转引韩强. 重读王阳明 [M]. 成都：四川人民出版社，1997：94.

的此在所要求的东西贬低为某种不确定的和乱七八糟的东西了。"[1] 借用这位日本学者的话说，我们不是受到西方哲学家们的诱惑，把王阳明的思想变成了越来越难理解的东西了吗？在"识"上变得越来越困难。

本土话语的迷失是当今学术界讨论的一个热点问题，对这个问题的讨论应该慎重。今天，我们研究"王阳明的哲学思想"，如果王阳明有知，对王阳明来说，就是无法理解的，因为"哲学"是个外来词。今天，我们不可能完全拒绝西方文化，发展出一种纯粹的本土话语。胡适写出了第一部中国哲学史（没有写完）。蔡元培曾为胡适的《中国哲学史大纲》作序，序文上说："我们要编成系统，古人的著作没有可依傍的，不能不依傍西洋人的哲学史。所以非研究过西洋哲学史的人不能构成适当的形式。"[2] 胡适受过汉学教育，在美国又学过西方哲学，第一部中国人写的中国哲学史只有从这样的人中才能产生。中国哲学史就是以西方哲学史为参照，依据西方的逻辑系统形式书写出来的。编著中国哲学史，在形式上，借鉴西方哲学也无可厚非。

然而，有学者指出："自胡适和冯友兰以来，以'逻辑的、科学的'方法来冶中国古学的做法几乎被各门派共同信奉。于是，'道'、'仁'、'阴阳'、'气'等等就被当作西方传统哲学和逻辑学意义上的'概念范畴'，还要追究其'逻辑发展的规律'。而任何不合乎这条概念化标准者，就被当作无思想含义的东西。……如果这种取舍的标准已经现成在那儿了，还有什么真实意义上的'史'和'古代思想'可言，不过是开肉铺，按'范畴'挂上那个被取者，设垃圾场，将那被剔除者囫囵个儿地埋掉罢了。"[3] 这或多或少地说明，在开始书写中国哲学史时，就存在着套用西方哲学概念去解释东方哲学思想的可能。至于胡适和冯友兰是否套用，要做具体的分析，不能妄自判断。但只要有形式上的借鉴，就存在着思想内容上套用的可能，这种可能就是受西方概念哲学体系的

1　海德格尔. 海德格尔选集（下）[M]. 上海：上海三联书店，1996：1007.

2　冯友兰. 三松堂全集（第1卷）[M]. 郑州：河南人民出版社，1985：199.

3　张祥龙. 从现象学到孔夫子 [M]. 北京：商务印书馆，2001：3-4.

"诱惑"。

本土失语不在于我们是否借用了西方哲学的研究形式，也不在于我们的语言是否是纯粹的民族语言。在今天的哲学史研究中，我们所要花大力气克服的是"诱惑"，受这种诱惑去研究中国哲学，就会使东方思想完全被西方思想所遮蔽，这才是真正的"失语"。因为这时，我们的祖先似乎已经不再说自己的思想、自己的问题，而是在说别人的思想、别人的问题了。

笔者所纳闷的是：研究王阳明难道一定要给他下一个"主观唯心主义"、"去蔽说"或其他什么西方哲学"主义"的定论吗？即一定要给他找到一个与西方哲学相对应的形态，找到一个西方哲学的"盟友"？似乎找不到这样的"盟友"就不是王阳明哲学思想研究，就没有对王阳明思想作出真正的解释。这种研究心态缺乏民族自信。凭什么认为东方的思想一定会与西方的思想相对应呢？难道西方哲学思想在类型上已经穷尽了所有人类的哲学思想了吗？如果王阳明的思想既不是主观唯心主义的，又不是存在论的，也不是泛神论的，那么王阳明思想相对于西方哲学思想就是一种"四不像"的思想，难道说"四不像"的思想就不能算作哲学思想了吗？

参考文献

1 马克思、恩格斯. 马克思恩格斯全集（第 42 卷）［M］. 北京：人民出版社，1979.

2 马克思、恩格斯. 马克思恩格斯全集（第 46 卷）［M］. 北京：人民出版社，1979.

3 马克思、恩格斯. 马克思恩格斯选集（第 1—4 卷）［M］. 北京：人民出版社，1995.

4 马克思、恩格斯. 马克思恩格斯文集（第 1—10 卷）［M］. 北京：人民出版社，2009.

5 列宁. 列宁全集（第 38 卷）［M］. 北京：人民出版社，1959.

6 毛泽东. 毛泽东著作选读（上、下册）［M］. 北京：人民出版社，1986.

7 毛泽东. 毛泽东选集（第 1—4 卷）［M］. 北京：人民出版社，1991.

8 邓小平. 邓小平文选（第 1—3 卷）［M］. 北京：人民出版社，1993.

9 中共中央文献研究室编. 十八大以来重要文献选编上册.［M］. 北京：中央文献出版社，2014.

10 中共中央文献研究室编. 毛泽东邓小平江泽民论思想政治工作［M］. 北京：学习出版社，2000.

11 习近平. 习近平总书记系列重要讲话读本［M］. 北京：人民出版社，2014.

12 习近平. 习近平谈治国理政（第 1 卷）［M］：北京：外文出版社，2018.

13 习近平. 习近平谈治国理政（第 2 卷）［M］：北京：外文出版社，2017.

14 习近平. 习近平谈治国理政（第 3 卷）［M］：北京：外文出版社，2020.

15 程颢、程颐. 二程遗书［M］. 上海：上海古籍出版社，2000.

16 朱熹. 四书章句集注［M］. 北京：中华书局，2006.

17 朱熹. 朱子全书［M］. 上海：上海古籍出版社、安徽：安徽教育出版社，2002.

18 亚里士多德. 尼各马可伦理学［M］. 北京：商务印书馆，2019.

19 笛卡尔. 第一哲学沉思集［M］. 北京：商务印书馆，1986.

20 黑格尔. 小逻辑 [M]. 北京：商务印书馆，1980.

21 黑格尔. 精神现象学（上卷）[M]. 北京：商务印书馆，1979.

22 黑格尔. 哲学史讲演录 [M]. 北京：商务印书馆，1996.

23 尼采. 偶像的黄昏 [M]. 郑州：河南人民出版社，1987.

24 海德格尔. 存在与时间 [M]. 北京：生活·读书·新知三联书店，1987.

25 马克斯·韦伯. 新教伦理与资本主义精神 [M]. 北京：生活·读书·新知三联书店，1987.

26 马克斯·韦伯. 儒教与道教 [M]. 南京：江苏人民出版社，1995.

27 卢卡奇. 历史与阶级意识 [M]. 北京：商务印书馆，1992.

28 胡塞尔. 逻辑研究（第 2 卷）[M]. 上海：上海译文出版社，1999.

29 胡塞尔. 现象学的观念 [M]. 上海：上海译文出版社，1986.

30 海德格尔. 海德格尔选集 [M]. 上海：上海三联书店，2000.

31 海德格尔. 论真理的本质 [M]. 北京：华夏出版社，2008.

32 海德格尔. 尼采 [M]. 北京：商务印书馆，2002.

33 海德格尔. 时间概念史导论 [M]. 北京：商务印书馆，2009.

34 海德格尔. 现象学之基本问题 [M]. 上海：上海译文出版社，2008.

35 萨特. 存在主义是一种人道主义 [M]. 上海：上海译文出版社，1988.

36 马丁·布伯. 我与你 [M]. 北京：商务印书馆，2002.

37 马克斯·舍勒. 爱的秩序 [M]. 北京：北京师范大学出版社，2017.

38 加达默尔. 真理与方法（上卷）[M]. 上海：上海译文出版社，1999.

39 伽达默尔. 哲学解释学 [M]. 上海：上海译文出版社，1994.

40 恩斯特·卡西尔. 人论 [M]. 上海：上海译文出版社，1985.

41 阿尔都塞. 读资本论 [M]. 北京：中央编译局出版社，2001.

42 德里达. 论文字学 [M]. 上海：上海译文出版社，1999.

43 德里达. 马克思的幽灵 [M]. 北京：中国人民大学出版社，1999.

44 弗洛姆. 逃避自由 [M]. 北京：工人出版社，1987.

45 弗洛姆. 占有或存在 [M]. 北京：国际文化出版公司，1989.

46 德勒兹. 哲学与权力的谈判 [M]. 北京：商务印书馆，2000.

47 福柯. 疯癫与文明 [M]. 北京：生活·读书·新知三联书店，1999.

48 福柯. 规训与惩罚 [M]. 北京：生活·读书·新知三联书店，1999.

49 亨廷顿. 文明的冲突与世界秩序的重建 [M]. 北京：新华出版社，1999.

50 哈耶克. 科学的反革命 [M]. 南京：译林出版社，2003

51 保罗·利科. 活的隐喻 [M]. 上海：上海译文出版社，2004.

52 布迪厄、华康德. 实践与反思：反思社会学导引 [M]. 北京：中央编译出版社，1998.

53 维诺格拉多夫、库兹明. 逻辑学 [M]. 北京：中华书局，1951.

54 乔治·斯坦纳. 海德格尔 [M]. 杭州：浙江大学出版社，2012.

55 约瑟夫·科克尔曼斯. 海德格尔的《存在与时间》 [M]. 北京：商务印书

馆，1996.

56 阿尔森·古留加. 黑格尔小传［M］. 北京：商务印书馆，1978.

57 安东尼·J. 马赛拉. 文化与自我［M］. 南京：江苏文艺出版社，1989.

58 苏霍姆林斯基. 少年的教育和自我教育［M］. 北京：北京出版社，1984.

59 保罗·弗莱雷. 被压迫者教育学［M］. 上海：华东师范大学出版社，2001.

60 吕迪格尔·萨弗兰斯基. 海德格尔传［M］. 北京：商务印书馆，1999.

61 马勒茨. 跨文化交流——不同文化的人与人之间的交往［M］. 北京：北京
大学出版社，2001.

62 马歇尔·萨林斯. 文化与实践理性［M］. 上海：上海人民出版社，2002.

63 让·格朗丹. 哲学解释学导论［M］. 北京：商务印书馆，2009.

64 斯拉沃热·齐泽克. 延迟的否定——康德、黑格尔与意识形态批判［M］.
南京：南京大学出版社，2016.

65 樱井哲夫. 福柯——知识与权力［M］. 石家庄：河北教育出版社，2001.

66 孙中山. 孙中山选集［M］. 北京：人民出版社，2011.

67 冯友兰. 中国哲学简史［M］. 北京：中华书局，2019.

68 冯友兰. 中国哲学史（上、下册）［M］. 上海：华东师范大学出版社，2011.

69 钱穆. 湖上闲思录［M］. 北京：九州出版社，2011.

70 钱穆. 钱穆历史与文化论丛［M］. 北京：九州出版社，2011.

71 钱穆. 四书释义［M］. 北京：九州出版社，2011.

72 钱穆. 晚学盲言［M］. 北京：九州出版社，2011.

73 钱穆. 中国思想通俗讲话［M］. 北京：九州出版社，2011.

74 费孝通. 文化的生与死［M］. 上海：上海人民出版社，2013.

75 费孝通. 中国文化的重建［M］. 上海：华东师范大学出版社，2014.

76 梁漱溟. 东西文化及其哲学［M］. 北京：商务印书馆，1999.

77 方东美. 方东美新儒学论著辑要——生命理想与文化类型［M］. 北京：中国
广播电视出版社，1992.

78 杜维明. 现代精神与儒家传统［M］. 北京：生活·读书·新知三联书
店，2013.

79 刘述先. 儒家思想与现代化［M］. 北京：中国广播电视出版社，1992.

80 南怀瑾. 原本大学微言［M］. 上海：复旦大学出版社，2018.

81 朱光潜. 无言之美［M］. 北京：北京大学出版社，2013.

82 宗白华. 艺境［M］. 北京：商务印书馆，2018.

83 张岱年、汤一介等. 文化的冲突与融合［M］. 北京：北京大学出版
社，1997.

84 张世英. 进入澄明之境——哲学的新方向［M］. 北京：商务印书馆，1999.

85 张世英. 天人之际——中西哲学的困惑与选择［M］. 北京：人民出版
社，1995.

86 张世英. 新哲学讲演录［M］. 桂林：广西师范大学出版社，2004.

87 高清海、胡海波、贺来. 人的"类生命"与"类哲学"［M］. 长春：吉林人民出版社，1998.

88 陈嘉映. 海德格尔哲学概论［M］. 北京：生活·读书·新知三联书店，1995.

89 杜小真. 一个绝望进的希望——萨特引论［M］. 上海：上海人民出版社，1988.

90 侯惠勤. 冲突与整合：如何认识我国社会主义改革实践过程对人们思想的影响［M］. 北京：中国人民大学出版社，2004.

91 中国社会科学出版社，2010.

92 侯敏. 有根的诗学——现代新儒家文化诗学研究［M］. 上海：上海人民出版社，2003.

93 胡为雄. 诗国盟主毛泽东［M］. 北京：当代中国出版社，1996.

94 孔安国. 尚书正义［M］. 北京：北京大学出版社，1999.

95 黎靖德. 朱子语类［M］. 王星贤点校. 北京：中华书局，1986.

96 刘北成. 福柯思想肖像［M］. 上海：上海人民出版社，2001.

97 刘易斯·科恩. 理念人［M］. 北京：中央编译出版社，2001.

98 钱理群. 学魂重铸［M］. 上海：文汇出版社，1999.

99 孙正聿. 思想中的时代［M］. 北京：北京师范大学出版社，2004.

100 孙正聿. 哲学通论［M］. 上海：复旦大学出版社，2013.

101 孙周兴. 我们时代的思想姿态［M］. 上海：东方出版中心，2001.

102 汤一介. 和而不同［M］. 沈阳：辽宁人民出版社，2001.

103 万美容. 思想政治教育方法发展研究［M］. 北京：中国社会出版社，2007.

104 王庆节、张任之. 海德格尔：翻译、解释与理解［M］. 北京：生活·读书·新知三联书店，2017.

105 王卫东、冉杰、胡潇. 当代语境中的思想政治教育［M］. 长沙：湖南人民出版社，2004.

106 夏可君.《中庸》的时间解释学［M］. 合肥：黄山书社，2009.

图书在版编目（CIP）数据

《大学》间架与当代德育/孙迎光，李瑞瑞著. 一上海：
上海三联书店，2023. 2
ISBN 978 - 7 - 5426 - 7547 - 7

Ⅰ．①大… Ⅱ．①孙… ②李… Ⅲ．①儒家 ②《大
学》－研究 ③德育－研究－中国 Ⅳ．①B222. 15 ②G41

中国版本图书馆 CIP 数据核字（2021）第 203327 号

《大学》间架与当代德育

著　　者 / 孙迎光　李瑞瑞

责任编辑 / 张大伟
装帧设计 / 徐　徐
监　　制 / 姚　军
责任校对 / 项行初

出版发行 / 上海三联书店
　　　　　（200030）中国上海市漕溪北路 331 号 A 座 6 楼
邮　　箱 / sdxsanlian@sina. com
邮购电话 / 021 - 22895540
印　　刷 / 上海惠敦印务科技有限公司

版　　次 / 2023 年 2 月第 1 版
印　　次 / 2023 年 2 月第 1 次印刷
开　　本 / 640 mm×960 mm　1/16
字　　数 / 320 千字
印　　张 / 21
书　　号 / ISBN 978 - 7 - 5426 - 7547 - 7/B · 748
定　　价 / 75. 00 元

敬启读者，如发现本书有印装质量问题，请与印刷厂联系 021 - 63779028